JN300969

物語りとしての心理療法

ナラティヴ・セラピィの魅力

Narrative and Psychotherapy

ジョン・マクレオッド 著 John McLeod
下山晴彦 監訳
野村晴夫 訳

献　辞

素晴らしいストーリィを何度か語ってくれたジャック・マクレオッド(1922-93)の思い出に捧げる。

NARRATIVE AND PSYCHOTHERAPY
by John McLeod

English language edition published by Sage Publications of London,
Thousand Oaks and New Delhi, © John McLeod 1997.

Japanese translation rights arranged with Sage Publications, Ltd. through
Japan UNI Agency Inc., Tokyo.

“Narrate”は、ラテン語のnarrare、つまり「語ること」(to tell) に由来する。この語は、やはりラテン語のgnarus、すなわち「知ること」(knowing)、「通暁すること」(being acquainted with)、「熟達すること」(expert in) と同根であり、いずれもインド・ヨーロッパ語族のＧＮＡ、つまり「知ること」(know) から派生している。ＧＮＡからは、「認識」(cognition) や「名詞」(noun) や「代名詞」(pronoun) の語源となったラテン語のcognoscere、ギリシャ語のgignoskeinが派生し、そこからgnosisを経て古期英語の過去分詞gecnawan、そして近代英語の「知る」(know) が派生した。したがって、先行する出来事についてや、それらの出来事の意味について「知る」(know) ことを求める省察的な活動を指すために、narrativeほど的を射た語はないように思えるのである。

(Turner, 1982, pp. 86-87)

……一人ひとりが一個の伝記であり、物語だからである。二つと同じものはない。それは、われわれのなかで、自分自身の手で、生きることを通して、つまり知覚、感覚、思考を通じて、たえず無意識のうちにつくられている。口で語られる物語はいうまでもない。生物学的あるいは生理学的には、人間は誰しもたいして変わらない。しかし物語としてとらえると、一人ひとりは文字どおりユニークなのである。われわれは「自分」であるためには、「自分」をしっかりもっていなければならない。つまり、自分自身の物語というものをもっていなければならないのである。必要とあらば、あとから所有するのでもいい。これまでの自分についての物語、内面のドラマというものを、回想してでももつ必要がある。それがないことには……。

(Sacks, 1985, pp. 105-106. 高見・金沢訳『妻を帽子とまちがえた男』二〇〇頁)

……私たちが自分たち自身の物語の共同脚本家以上の者では決してない (ときにはそれ以下の者である)。

(MacIntyre, 1981, p. 213. 篠崎訳『美徳なき時代』二六一頁)

序　文

〈新しい〉セラピィといったものは、存在しません。セラピィについては、昔からすでにさまざまな考え方や実践が行なわれてきています。したがって、〈新たな〉セラピィを創案したり、習得したりしたということがあっても、それは、既存の考え方や実践を無視しているだけのことです。心理療法の書物において、目新しく見えるアイディアが記載されていることがあります。しかし、それは、実際には、より広範な、より豊かな文化の伝統から引き出されたものなのです。したがって、心理療法の領域で独創性を主張することは、引き出された原典を無視することによってのみ可能となるのです。

しかし、同時にまた、「あらゆる心理療法は、〈新しい〉セラピィでもある」という表現をすることも可能ではあります。最近流行りのマニュアル化されたトレーニングでは、セラピストは、一連のガイドラインに則った実践を学ぶことになります（Moras, 1993）。そのようなガイドラインは、ある特定の心理療法のモデルを定義づけ、特徴づけているものとなっています。ところが、そのようなトレーニングであっても、セラピストは誰でも、その人に特有な経験や価値観を自らの実践に持ち込んでいるのです。そこで、心理療法のモデルは、個々の世界観やスタイルに統合され、結局はクライエントとの出会いは個別的になるのです（Lomas, 1981）。その点で「あらゆる心理療法は、〈新しい〉セラピィでもある」とも言えるのです。

本書は、心理療法におけるストーリィの役割と意義について検討するものです。執筆中、私は、自分の人生にストーリィが果たしてきた役割に思い至りました。長い間、私は、ストーリィを語り、聴くことに困難を覚えていました。私には、ストーリィの真価を認められない多くの理由があったのです。今になって、そのような理由を自覚できるようになってきました。

私の父母は、労働者階級の地域共同体出身です。そこでは、家族の生活に起きた日常的出来事や重大事件についての豊かで鮮やかなストーリィが、家庭での会話の中心を占めていました。しかし、私は、この地域共同体に属しているという感覚をもてないできました。それには、さまざまな理由がありました。かなり幼い頃から、私の気持ちは、労働者階級が生きる共同体とは異なる世界に向いていたということがありました。そして私は、一族のなかで、初めて大学で学位を得る者となったのです。この学位を得るまでの教育プロセスを通じて私は、生まれ育った共同体におけるのとは異なる考え方を身に付けてきたのです。つまり、私は、何が起きているのかを分析し、要約する〈表現コード〉（Bernstein, 1972）を好んで使うようになったのです。その結果、（労働者階級の人びとが属する地域共同体でしばしばみられる）要点を得ない、回りくどいストーリィには、耳を傾けようとしなくなりました。カウンセラーやセラピストになる訓練では、クライエントの言葉を（そして私自身の言葉を）聴くことを学びました。しかし、それをストーリィとして聴くことはしていませんでした。つまり、ストーリィを越えて、その向こうにある何らかの手がかりに耳をそばだてていたのです。その頃の私は、クライエントのストーリィを、いわゆるクライエントの自己概念や感情へと分析し、要約することを繰り返していました。もちろん、私が男性であったから、ストーリィとして聴くことをしなかったということもあるでしょう。おそらく、男性は、女性よりもストーリィを聴くことが苦手なのだと思います。

ここでこうした私自身の経験に言及するのは、ストーリィに関して、ほかにも私と似た経験をした人がいるのではないかと思うからです。現代社会では、地域共同体や拡大家族の口頭伝承から隔絶された人びとが非常に多くなっています。そして、心理援助の専門活動において主流を占めている人びとの多くは、ストーリィにほとんど重きを置かない教育システムで訓練を受けてきているのです。

しかし、私は、次第にストーリィの必要性が分かってきました。このことを教えてくれたのが、クライエントでした。彼らは、悲劇的で、しかも絶望的な内容の自己語り（self-narrative）を抱えて、私のもとを訪れました。これらの人びとは、自己のストーリィを語るなかで、やがて奮い立ち、それまで甘んじてきた人生のあり方に対して異を唱えることができるようになりました。そして、辛いと感じられていた出来事が、実は、より大きな人生のストーリィが展開するなかで起きたエピソードであるとの見方ができるようになりました。より大きな人生のストーリィが見えてくることは、そこに含まれている人生の意味と目的も感じられるようになることです。クライエントは、そのようなストーリィの発見を通して人生の意味と目的を見出し、それによって幼児期から形成されてきた人生のあり方を見直す気持ちになっていったのです。

そこで、私は、心理療法をナラティヴのプロセスとして理解することが理にかなっていることに気づきました。つまり、心理療法の過程は、自らの行動をストーリィとして語り、その内容を編集し、書き換えるというナラティヴのプロセスとして理解するようになったのです。ちょうどその頃、私は、ホワイトとエプストンによる著作『物語としての家族』（*Narrative Means to Therapeutic Ends*, 1990）に出会いました。そして、それによって、ストーリィと心理援助的関わりの意味を理解するための枠組みを得ることができました。かねてから私は、心理学と心理療法は、まずもって文化的な学問領域であり、個性やアイデンティティは（そしてそれらについての理論は）手近にある文化的資源から構成されていると考えていました。ホワイトとエプストンの著作のおかげで、私は、ナラティヴが文化と自己を渡す橋の役割を果たすことを見出しました。そして、この発見は、私自身の物語るという経験、ストーリィに対する私の感受性、私の社会的立場といったきわめて個人的な探求に私を引き戻したのです。

では、本書は、いったい何についての本なのでしょうか。本書で言わんとしていることは、「あらゆる心理療法は、ナラティヴ・セラピィである」ということです。あなたがセラピストであれ、クライエントであれ、あなたが心理療法においてしていること、あるいはしていると思っていることは、語ることと語り直すことという観点から理解することができるのです。ただし、いわゆる技法としての「ナラティヴ・セラピィ」なるものは存在しないのです。ナラティヴ・セラピィを実践する単一の技法などはないのです。心理療法の流通市場に現われた新たなブランド品として（トレーニング・マニュアル付きで）「ナラティヴ・セラピィ」を紹介することは、本来の意味を誤解させてしまうのです。したがって、ナラティヴ・セラピィは、単一の技法ではなく、さまざまな種類のナラティヴ・セラピィがあると考えるべきなのです。

もし仮にさまざまなナラティヴ・セラピィの間に共通の土台があるとしたら、それは、クライエントに対して自らのストーリィを語らせ、それに真摯に耳を傾け、また違った新しいストーリィを語るための空間を設える機会を与えようとする目論みということでしょう。しかし、ただ漫然と傾聴スキルを用いたり、ストーリィとは違ったタイプのコミュニケーションを求めて聴いたりするのでは役に立ちません。ストーリィを聴くことが重要なのは、ストーリィが出来事や経験の意味を組織化してやり取りするために用いられる基本的な方途を表わしているからなのです。もしストーリィを聴かないならば、セラピストとクライエントの双方が関わり得る、最も有用な談話モードをみすみす手放すことになってしまいます。

ナラティヴの観点を心理療法に適用すれば、数多くの重要な意義をもたらす方向性が自ずと導き出されると、私は信じています。すなわち、ナラティヴ・アプローチが私たちに再考を求めるのは、真実ということの特質、人という概念、セラピストとクライエントの関係性、心理療法の知識ベースについてです。今まさに、カウンセリングと心理療法の文献においては、ストーリィやナラティヴの取り扱い方について多大な関心が寄せられるようになってきています。同時にまた、少なからぬ混乱も引き起こされていると思われます。私がみるところ、この混乱の多くは、そこに関わっているセラピストの理論的立場の曖昧さに由来しているように思われます。ナラティヴという概念を既存の理論的枠組みに組み入れているだけの人びとがいます。また、社会構成主義的世界観をそもそもの出発点にしているセラピストもいます。問題なのは、両方の立場が判然としないまま議論が進んでいることです。後者の立場は、人間が、ストーリィを生成し、かつ消費する存在であるという意味を、概念的枠組みの中核に据えています。社会構成主義にもとづく心理療法におけるナラティヴの用法には一貫性がありますす。しかし、社会構成主義とは異なる、前者の立場の人びとは、ナラティヴの概念のなかで、従来からの考え方に適合する側面のみを選んで抽出し、活用しているだけなのです。結局、既存の考え方に適合しない要素は拒絶したり無視したりしているのです。

ナラティヴ・セラピィのセラピストは、社会構成主義（Gergen, 1985）に代表される特定の哲学的・政治的立場と深い関わりをもっています。そこで、本書では、カウンセリングと心理療法におけるナラティヴの適用方法を議論するのに先立って、ナラティヴと文化に関する中核概念をまずは解説することにします。私は、心理療法を、単にクライエントとセラピストとの間で起きるプロセスとしてだけではなく、研究、研修、組織などを含めて心理療法活動を取り巻く文化的様式とみなしています。そうした広範な領域に対してナラティヴ理論が持つ意義を検討することを本書の最終目標とします。本書の執筆にあたり、私は、ナラティヴ・セラピィというトピックがとても膨大であるのにもかかわらず、自分がそれについて知っていることがどれほど少ないかを痛烈に思い知らされました。そこで、全編を通じて、ナラティヴ、文化心理学、関連する心理療法のアプローチについて参考となる文献を引用することにしました。読者には、私が本書で充分に取り上げていないトピックに関しては、この豊富な引用文献のなかから、輝く原石を見出すように努力していただきたいものです。

多くの友人と同僚の支援と援助がなければ、本書をものすることはできませんでした。特に、スー・アリンガム、リン・アンガス、ソフィア・バラマウント、マイク・ビーニー、リンダ・バーマン、ミム・バーナード、シモン・ビッグス、ディー・クーパー、ロバート・エリオット、ジェーン・ギルバート、ソティ・グラファナキ、ゴードン・リンチ、シャロン・マクドナルド、リンダ・マシン、ミラー・メイアー、ジェーン・オーヴン、クリス・フィリップソン、デイビット・レニーとジョン・シェリーに感謝いたします。セージ出版のスーザン・ワーシーとローズマリー・キャンベルは目的を見失わない忍耐強い編集者でした。そして、私の家族――妻のジュリアそして、娘のケイト、エマ、ハンナの存在なしには、何事もなし得ませんでした。最後にこのことを、感謝の気持ちと共に書き添えておきたいと思います。

目次

第1章 心理療法、文化、そして物語ることは、どのように重なり合っているのか

心理療法は、二十世紀の半ばに至って初めて社会的な活動として展開するための制度的な基盤を得るようになりました。それは、単に専門機関や大学において組織的な地位が認められただけでなく、数多くの市民に利用されるようになり、現代社会において重要な意味をもつ活動として位置づけられるようになったことを意味します。心理療法には類似形態としてカウンセリング、カウンセリング心理学、臨床ソーシャル・ワーク、臨床神学、自助グループ、読書療法などがあります。これらの類似形態を含めて心理療法は全体として、二十世紀後半から次第に興隆を極めるようになってきています。それに伴って多くの国では政府が心理療法の実施に対して何らかの規制を設けるようになりました。具体的には、心理療法の実施を〈公式に〉許可する資格制度が発足し、心理療法の活動を管理運営する団体が設立されるようになったのです。それと同時に心理療法は、誰もが知っている日常的なものになりました。今や、雑誌やテレビ番組など、日々の生活に浸透している文化的なメディアにおいてごく普通に心理療法が紹介されるようになっています。その際、読者や視聴者は、心理療法がどのようなものであるのかについてはすでに知っていることが暗黙の前提になっています。

心理療法に関与する人間は、心理的問題に対する適切な〈治療〉や〈介入〉の方法として心理療法を位置づけ

ています。つまり、セラピストであれクライエントであれ、心理療法に関わる人間は、感情的な問題、行動的な問題、あるいは人間関係の問題が生じた場合、心理療法をそのような問題を解決するのに適したものとみなしているのです。だからこそ、心理療法を問題の解決の方法として活用しようとするわけです。しかし、実際のところは、心理療法が〈治療〉や〈介入〉の一種とみなされるようになったのは、歴史的にみるならば、ごく最近のことなのです。心理療法は、それ自体としては最近まで存在していませんでした。農民、法律家、医者といった職業は、昔から存在していました。それに対してセラピストやカウンセラーという職業は、少なくとも十七世紀や十八世紀には存在すらしていなかったのです。つまり、それ以後に心理療法を成り立たせるような何かが起こったのです。それでは、いったい何が起こったのでしょうか。心理療法は、その期間にどのような要因を背景として社会の表舞台に現われ、現在のような形をとるようになったのでしょうか。

心理療法は、十九世紀後期から二十世紀初頭にかけて出現しました。そのような現象が起きた理由の説明としては、基本的に二つの見解があります。一つは、心理学や精神医学の発展がこのような新しい形態の介入法や治療法の発明につながったとする見方です。このような観点に立つならば、心理療法は臨床心理学と精神医学の〈技術〉の一部とみなすことができます。つまり、心理療法の実践は、日常生活で生じてくる感情や行動の問題に対して科学的に妥当な理論と手続きを適用する活動ということになります。心理療法の発展に関するこのような見方は、近代社会に広く浸透している〈進歩〉や〈発展〉という枠組みのなかで心理療法が生じてきたという考え方にもとづいています。

心理療法の発祥を説明するもう一つの見解は、それを科学の進歩や発展の産物としてみるのではなく、過去の古い文化的伝統に遡る回帰とみなす見方です。この観点では、あらゆる文化は、その構成員がさまざまな問題を取り扱うことを可能にするような対処様式をもっていると考えます。つまり、それぞれの文化は、集団間や対人間の緊張状態、怒りや喪失の感情、目的や意味への問いといった問題に対する固有の対処法を備えているとみなします。そして、それらの対処様式は、人びとを〈癒やすもの〉として世代を重ねるごとに発展し、変容を遂げ、日常生活を織り成す「言わずもがな」の活動の一部となっていると考えます。このような見方からすれば、心理療法は、伝統的な対処様式が近代産業社会の価値やニーズを取り入れて変容したものといえます。つまり、近代産業社会の価値観を反映するものとなることで、現代において存在が認められた〈癒やし〉の一形態とみなすことができるのです。そうであるならば、心理療法は、科学者によって〈発明〉されたものではなくなります。むしろ、かつては普通の人びとによって執り行なわれていた癒やしの行為が変容したものということになります。したがって、そのなかにかつての名残りが多分に含まれているということになります。

心理療法に関する書物や論文のほとんどは、科学的観点にもとづいて書かれています。主だった学派の心理療法の訓練を受けたセラピストであれば、それがどのような学派であっても、心理療法についての何らかの理論を学んできているはずです。そして、それらの理論は抽象的命題と因果関係の枠組みで構成されており、その点で科学的観点に基づいているといえるのです。本書の読者は、少なくともこうした文献の概略には馴染んでいると思われますので、本書で改めて心理療法の主な学派の理論について繰り返すことはしません。たとえば、フロイト、ウォルピ、ロジャーズは、心理療法の理論や方法を創成しています。本書では、そのような理論や方法がどのように応用科学としての心理療法の基盤を形成したかに関して、科学的観点から改めて説明をするということはしません（この点については、Freedheim, 1992を参照）。

むしろ、本書で私が意図するのは、「なぜ、心理療法は現在のような形をとるに至ったのか」という問いに対して、私なりの答えを提示することです。その際、私は、次のようなアプローチを採用することにします。まず、心理療法の歴史を文化的観点から検討します。そして、心理療法を一種の文化形態とみなし、その理論と実践がもつ意味を探索します。このような議論を通じて心理療法の文化的起源、宗教から科学への介入モードの移行、応用科学領域としての心理療法の構成に関する私の見解を提示します。

私の基本的なテーマは、心理療法と文化をつなぐ根源的な結節点としての、ストーリィや物語ること（story-telling）の意味を明らかにすることです。つまり、私は、それが現代的な心理療法であれ、古典的な宗教上の癒やしであれ、いわゆるセラピィにおいて起きていることと、より広く文化で起きていることの双方をつなぐ根源的な結節点となっているのがストーリィであり、物語ることであると考えます。文化的観点からすれば、心理療法のセッションは、ある種のストーリィを、ある種の仕方で物語る場面とみなすことができます。人は、個人的なストーリィ、たとえば「私はどのような人か」「私はどのようになりたいか」「私を悩ませているのは何か」といったことを語ります。そのような場面において聞き手や聴衆は、そのストーリィを聴くことが求められます。私たちが日々生きている文化において〈ストーリィを聴く〉ことは、当然のこととして求められるのです。人は、このような物語ることを通して集団の一員となり、その集団が生きている現実を共有し、共に生活していくことが可能となります。物語ることが媒介となって、個人と集団の現実生活がつながっていく仕組みとなっているのです。私は、どのような文化にあってもこのような仕組みが備わっていると思います。逆にこのような仕組みを欠いた文化というのは、私にとっては想像しがたいといえます。

しかし、近年、この〈生活における語り〉（life narration）に深刻な問題が生じてきています。人間は、自らのストーリィを自らが望む仕方で相手に語ることを求めます。伝統的な文化においては、このような要求を満たす仕組みが豊かに備わっていました。ところが、現代社会においては、このような仕組みがもはや適切に機能しなくなっている可能性があるのです。心理療法は、現代社会においてこのような要求に対して適切な手段を提供できているのでしょうか。これが、本書の基本的なテーマです。

1 〈人びと〉の変容――個人という概念に関する文化小史

ここまで、心理療法やカウンセリングを歴史や文化の観点から理解することの重要性を述べてきました。しかし、実際のところは、文化史の観点から心理療法の意味を見直そうとしても、古い時代を生きていた人びとや他の文化で暮らす人びとの行動を理解することの難しさにすぐに気づくものです。まず、今日的な経験や実践から引き出された解釈枠組みを、異なる生活様式にあてはめて誤解してしまう危険性があります。また、かなり複雑な物事を単純化しすぎてしまう危険性もあります。こうした危険を完全に免れる詳細な記述をすることは、現在の私には不可能です。したがって、以下に述べるのは、心理療法の歴史や文化に関する、おおまかな素描といえるものでしかありません。素描ではありますが、私としては、本書の記述が契機となって詳細な研究が進み、心理療法の文化史の全体像を描き出す試みが発展することを期待するものであります。

さて、私は、ヨーロッパや北米といった高度に産業化された社会における文化は、主に次の三段階を経て発展してきたと考えます。最早期の第一段階は、伝統文化として特徴づけられるものです。この段階は、十八世紀頃には崩壊が始まっています。この伝統文化においては、人びとは、主に在郷の小規模な地域共同体（community）で暮らし、生活するために必要な素朴な技術を保有するに留まっていました。人びとは宗教や神話にもとづく規律に従って生活しており、それは、社会生活をするうえでの分かりやすい指針になっていました。

その後に続く近代社会では、科学とテクノロジーの発展とともに産業化が進み、生活様式は徐々に都市的なものとなっていきました。同時に、宗教に替わって進歩への信頼と合理性が人びとの心を占めるようになっていきました。さらに、現在のようなポストモダンの時代になると、近代の構造や前提は、解体してきたと考えられます。近代社会は、一つの時代的な〈企て〉として相対化されるようになっています。そして、近代的なあり方に

表 1-1　伝統期，近代，ポストモダン文化の基本的特徴

伝　統　期	近　代	ポストモダン
共同体・家族志向の生活習慣	個人主義的	“関係的”自己意識
外的要因による自己規定 ：名誉の重視	他から独立した自律的自己 ：尊厳の重視	断片的で“飽和した”自己
宗教を信じる	科学を信じる	知識が社会的に構成されているということを信じる
モラルの確実性	モラルの相対主義	モラルの枠組みの追求
変化しない社会	“進歩”に向けての取り組み	無政府状態・カオスへの怖れ
地域局在型の政治支配形態	国家	グローバル化された地域
農作業労働	産業労働	情報処理労働

対する疑問の声は、ますます強くなってきています。近代は、自らの終末を招いていると指摘されたり、あるいは人間の精神や生活環境である地球を破壊する元凶であると非難されたりするようになっています。このように議論百出の状況ですが、ポストモダンの社会が今後どのようになっていくのかは判然としないままになっています。

いずれにしろ、多くの人びとは、二十世紀末を移行期とみなしています。私たちが近代という時代を過去のものとして、そこから離れつつあるのは確かなことといえるでしょう。しかし、私たちは、いったいどこに向かっているのでしょうか。この疑問に対しては、実のところ誰も自信をもって答えられないのです。〈ポストモダン〉の文化というのは、特定の方向に進む社会的動向ではなく、せいぜい近代を振り返ったり、問いただしたりすることぐらいでしかないと言われることもあります。以上、簡潔に時代の変化を概観しました。表1-1に、伝統期、近代、ポストモダンそれぞれの文化の主なテーマをまとめて示したので参照してください。

心理療法は、歴史や文化といった時代的な風潮を受けて成立し、発展してきたものです。しかし、その心理療法が焦点を当てるのは、主に一人ひとりの事細かな生活上の問題です。つまり、伝統期、近代、ポストモダンの世界の違いは、単に社会組織、制度、コミュニケーション形態といった社会的な枠組みだけでなく、個々人の具体的な生活においても存在し

ているのです。これは、人として存在するということは、社会的に構成されているということを意味しています。人間存在は、生まれ落ちたときから、関係性という網目、信念や血縁のシステム、経済秩序などに拠って立っているのです。したがって、人として存在することの意味は、時代の変化とともに変容してきています。心理療法は、この変化から影響を受けると同時に、変化を促してもいるのです。

では、伝統期において人として存在することは、どのようなことだったのでしょうか。このことに関しては、フィリップ・アリエス（Philippe Aries）とアラスデア・マッキンタイア（Alasdair MacIntyre）の記述から、読み取ることができます。

> 歴史家たちは、かなり前から、国王は決して一人になることがないことを指摘してきた。だが事実は、十七世紀末までは、だれもが一人でいることはなかったのである。社会生活の密度が高かったことから孤立は不可能だったのであり、そしてまた、かなり長い間「個室」ないしは「執務室」のなかに閉じこもることのできた者たちは、類い稀なる行為として誉めそやされたのだった。同輩、同志の関係、また身分は同じであっても一方が他方に従属している関係、あるいは主人と奉公人たちの間の関係などといった日々刻々の関係があるために、人は決して一人になることはなかった。
>
> （Aries, 1962, p. 398. 杉山ら訳『〈子供〉の誕生』三七四頁）

> 英雄社会の中心的主題としてもう一つ、死が両者を差別なく待ち受けていることがある。（中略）もし誰かが私の友か兄弟であるあなたを殺したら、私はあなたに対してその人を死に至らせる義務を負うことになる。そして私があなたに対する私の負い目を返した暁には、その人の友とか兄弟がその人に対して私を死に至らせる義務を負うことになる。こうして、私の血族と友の体系が拡大されればされるほど、私は死に終局する類の負担をますます負う可能性が多くなるのである。（中略）それゆえ、なすべきことをなす人は自己の運命と死に向かって着実に進んでいく。最

後に控えているのは敗北であって勝利ではない。

（MacIntyre, 1981, p. 124. 篠崎訳『美徳なき時代』一五二頁）

読者の皆さんは、このような記述から、伝統文化の時代の人びとが生きた（あるいは今も生きている）ストーリィの一端を理解できることと思います。ここで示されたのは、伝統文化の時代における〈決して一人になることがない〉ストーリィや、〈自己の運命に向かって確実に進んでいく〉ストーリィです。伝統文化の時代に人として存在することは、他者ときわめて近接して暮らすことでした。それは、物理的な意味においてだけではなく、精神的・心理的な意味においてもあてはまることです。したがって、その時代に生きた人にとっては、〈内なる自己〉といった概念は、ほとんど理解不能です。「私が何者であるか」といった事柄は、歴史や血縁、義務や運命によって、外側から規定されていたからです。

ところが、近代社会となると、人として存在する感覚は、かなり異なったものになります。おそらくは、近代的な意味での〈人〉の概念の展開は、二つの側面に分けて考えることが役立ちます（Gergen, 1994）。一つの側面は、人や対人関係の概念をロマンチシズムの発想から構成するところに特徴があります。近代におけるロマンチックな発想にもとづく場合、人という概念は、他者との深い結びつきを通じて存在が成り立っていることになります。この点では、伝統的な概念の性格を失ってはいません。しかし、伝統的な概念で存立基盤になっていた地域共同体や歴史性は、対人関係（たとえば性的・婚姻関係的なパートナー）に置き換えられています。こうした近代的な人間観の側面は、二十世紀の心理学にも多分に反映されています。たとえば、心理力動論が焦点を当てるのは、内的な〈自己‐対象〉や対人的な親密さの獲得です。これは、〈地域共同体における人間〉から〈対人関係における人〉へと重点が移行したことをよく表わす一例です。このような「私であることの意味」の再構築には、同時に、主体として（with a capital S）の〈自己〉の発見、もしくは創出を伴っています。近代社会では、個人の幸福や自己実現、あるいは特定の他者を愛し、愛されることが人びとの目標となります。そして、そのような近代的あり方が成立するためには、自己というものに縁取られた個人という概念を描き出し、その存在様式を分かりやすく説明するロマンチストのナラティヴが必要とされたのでした。

近代的な意味における人という概念には、もう一つ重要な側面があります。それは、〈メ、カ、ニ、ズ、ムとしての人〉という概念です。伝統的文化の時代において重視されていたのは、宗教的ストーリィでした。そのストーリィは、「人は究極的には人智を超えた偉大なる力の意思と導きに従っている」という大きなナラティヴに包含されていました。それに対して近代の生活では、合理性、コントロール、そして危険性の回避が何をおいても重視されます。そして、科学的理論が宗教的物語にとって替わりました。科学的理論は、「科学はあらゆることを予測し、コントロールし、危険性を回避できる」という大きなナラティヴに支えられています。つまり、科学は、神に替わり人類が世界の支配者たることを可能にするものなのです。十九世紀においては、科学的な世界観は、主として科学者か、一部の進歩的な人のものに留まっていました。しかし、二十世紀には、私たちは皆、科学者となりました。精神分析、行動主義、認知心理学といった理論を知ることで、私たちは皆、（不完全な）メカニズムとなったのです。

このようにして近代においては　ロマンチシズムとメカニズムの相互作用の結果として個人性（person-ness）の概念が形成されました。さらに、クッシュマン（Cushman, 1990, 1995）は、そのような変化を資本主義経済の発展と結び付けて議論しています。資本主義経済は、多様なタイプの消費者を創り出すことを通して新たな市場を創ろうとしました。彼は、個人性の概念は、このような資本主義経済の発展に向けての努力の賜物であると論じています。アルビーら（Albee et al., 1977）によれば、資本主義では、人びとの関心は愛情や労働に集中していきます。その結果、個々人の注意は、自己の内面に向かい、性的行動が抑制されることになります。クッシュマンは、これが早期資本主義の特質であることを指摘し、それによって家族、伝統、地域共同体の喪失が進み、広範な疎外感がもたらされると述べています。つまり、資本主義経済が成熟した国では、いわゆる〈空虚な自己〉が広がるということになるわけです。

近代社会において人びとが買い求めるモノは、商品、カロリー、経験、政治家、恋人、共感的セラピスト等々、さまざまである。人びとは、時代に取り残され、孤立することを恐れる。そこで、モノを買い求め、消費することによって、取り残されないように、孤立しないように奮闘する。消費することで常に充足経験を追い求める存在、それが〈自己〉である。このような人びとの反応は、第二次大戦後の経済によって暗々裏に形作られたものである。戦後の経済は、さして重要でもなく、しかもすぐに廃れてしまう商品や経験を、消費者が絶えず購入し続けることで成り立っている。このような近代社会の人びとの自己は、他者との間に明確な境界をもち、自律的で、物事をコントロールしようとする特質をもつ。心理療法は、このようにして第二次大戦後の経済によって促進された〈(空虚な)自己〉を癒やすことを請け負う専門活動の一つである。しかし、不幸にして、多くの心理療法理論は、この問題を引き起こした元凶である〈自己〉の特質そのものを強化してしまっている。結局、そうすることで近代の自己に対処しようとしているのが心理療法である。

(Cushman, 1990, pp. 600-601)

クッシュマンは、個人性という近代的概念を生んだ諸条件を念入りな分析にもとづいて解説しています。そこでは、要因として産業革命の影響、高度資本主義経済の発展、科学性への世俗的偏重や都市型の大量消費社会に向かう動きが分析されています。さらにこれらの要因の背景には、それ以前から進行していた社会文化的プロセスが見え隠れしています。たとえば、歴史上における〈意識〉というものの緩やかな誕生(Jaynes, 1977)、文字の読み書きの普及(Ong, 1982)、西洋的意味での操作的な表出自己(Taylor, 1989)などが、そのような背景要因になっています。

近代的な人間観が成立したことによって、人が生きてゆくための新種のストーリィが大量にもたらされました。それらのなかには、伝統文化ではおよそ存在すらしていなかった種類のナラティヴも大量に含まれています。たとえば、それは、「自己実現を求める」「恋に落ちる」「離婚する」「心理療法を受ける」「新車を買う」といったストーリィです。

ところが、これで終わりということではありませんでした。人間の文化と歴史の歯車は、さらにもう一回転したのです。私たちが今まさに生きているポストモダンの時代においては、また別の人間観が再構成されつつあります。今まさに起きていることの意味を、確信をもって把握することは難しいものです。ただし、社会哲学者のケネス・ガーゲンは、おそらく他の誰よりも適切に、この課題を成し遂げているといえます。彼が提案した〈飽和した自己〉(saturated self) という概念は、今世紀末の高度資本主義経済下における生活の本質的な特徴を言い当てています。ガーゲン (Gergen, 1994) は、グローバル化した現代を生きる人びとの在り様を描き出しています。現代人は、世界の至る所で他者と知り合いになり、何らかの役割をとることが可能となっています。それは、一つの生活を無数の観点から眺める無限の機会が与えられることでもあります。また、ポストモダンを生きる人は、さまざまな情報の洪水に見舞われています。たとえば、衛星放送、ケーブルテレビ、ファックス、インターネット、携帯電話などの媒体がさまざまな情報を供給します。これらが招くのは、ひとえに自己の断片化です。一人の人が、他者や他の集団から一貫した全体像として把握されることはありません。そのような状況において人は、自分自身のことをその場その場で異なった自己として経験します。こうした断片化した自己をテーマとして取り上げているのが、最近発展してきている多重人格や部分自己 (sub-selves) の心理学であるといえるでしょう。

ポストモダンと呼ばれる現代において人びとは、新たな次元でストーリィを語るようになっています。そのような新たな次元のなかでもっとも重要なものは、省察性 (reflexivity) でしょう。現代社会でストーリィは、省察性によって広範に浸透していきます（Giddens, 1991）。人びとには、無数ともいえるライフスタイルのあり方が提示されています。まさによりどりみどりの状態です。衛星放送やケーブルテレビは、膨大なチャンネルを通して人の生き方のレパートリーを際限なく提供し続けています。ただし、最終的にこれらのコミュニケーション・メディアが家庭に伝えているメッセージは、ただ一つに収束するのです。それは、「あなたは、自分がなりたい自分を選択することができるのだ」というメッセージです。近年の社会心理学者は、可能自己の現象を論じるようになっています（Wurf & Markus, 1991）。それは、決して偶然ではないのです。近代とポストモダンの時代の人びとは、自分がどういう人間であるのかを見直すとともに、新たにこのような自分になれたらよいという可能性を考えることもできるのです。少なくとも近代以前の伝統期を生きていた人は、このような次元の考え方はできなかったでしょう。

　このように社会と文化の歴史を大別して伝統期、近代、ポストモダンの三段階に分けるのは、単純化がすぎるという面もあります。この三段階は、明確に分割されるというものではありません。伝統期の生活様式の一端は、近代にあっても残っています。さらに、ポストモダンの一角で伝統的な生活スタイルが復興している場合もあるでしょう。ただ、私が敢えて文化の歴史を三段階に分けることを提起したのは、「心理療法やカウンセリングは本質的には近代社会の産物である」という主張を浮かび上がらせるためでした。私の見解によれば、心理療法は、近代社会における文化的装置の欠かせない構成要素なのです。ポストモダンのさらに後に何が待っているかは分かりません。しかし、いずれにしろ、時代が進むにつれ心理療法の性質が本質的な変容を遂げていくことは疑いを得ません。伝統期から近代に至る過程で宗教的な〈魂の癒やし〉が精神分析に取って替わられました。それは本質的な変容でしたが、それと同じくらいの変容が近代からポストモダンに至る過程で起きてくるでしょう。

2　伝統文化における「心理療法」

私たちが〈心理療法〉とみなしているものは、さまざまな文化的要素が長い年月を経るなかで集積して現在の形をとるに至っています。ただし、実際のところは、心理療法が出現する以前のヨーロッパにおいて心理的な癒やしがどのように行なわれていたのかを知ることは難しいのです。そのことを扱った歴史書もありますが、その大半は、現代の医学、とりわけ精神医学の分類枠組みに則って伝統的な癒やしを分類し、解釈しようとするものです。医学の枠組みで物事を理解しようとする医学化現象が始まる以前の時代において、感情的、対人関係的、あるいは行動的な問題をもつ人びとがどのように扱われていたのかを明確に示す歴史研究はみあたりません（Neugebauer, 1978, 1979を参照）。しかし、非西洋社会や非産業化社会に関する文化人類学の研究は、こうした問題を考証するための根拠を与えてくれます。そこで、歴史学と文化人類学の研究の成果を総合すれば、伝統的な時代において〈生活するうえでの諸問題〉がどのように取り扱われたのかについて、その概略を描くことができます。

心理的苦悩への対処に関する歴史研究における主要なテーマの一つに、宗教のもつ意義があります。産業化される以前の欧米においては、心理的な苦痛に見舞われた人びとにとって司祭や牧師、あるいは教会が心理的援助の拠り所の役割を果たしていました。ホーリーフィールド（Holifield, 1983）の報告によれば、ローマカトリック教会におけるトリエント公会議のカテキズム（1564）は、〈魂のケア〉に携わる司祭への指示にも言及しています。ホーリーフィールドは、それを次のように記載しています。

ローマカトリックにおける魂の救済者は、教会の秘蹟を任じられていた。その権限には、罪を裁くこと、その罪を

赦すこと、法定の罰を科すことが含まれていた。悔悛者に対しては、罪ある倫理違反について、こと細かな説明の手順を要した。そして、教会区民は、悔恨と公正な魂、償いの行為を明示し、自らの罪業を詳しく述べる。こうした後にはじめて、司祭は赦免の定式を告げて、慰問することができた。

(Holifield, 1983, pp. 18-19)

こうした伝統的なカトリック式の魂のセラピィは、その核心に洗練された理論的枠組みを備えていました（それは現代においても維持されています）。この理論的枠組みが、苦悩の原因（罪）、健全な発達のモデル（救済に至る道のりの諸段階）、さらにはこれらの原則を個々の事例に適用するための一連の技法（決疑論）を規定していました。これを基本的な考え方として、異なる宗派（ローマカトリック、ルター派、英国教会、ピューリタンなど）は、それぞれ独自の方法を発展させました。また、個々の聖職者や司祭も、各自の工夫を発展させていったのです。

ホーリーフィールド（Holifield, 1983）は、キリスト教の牧師がこの魂のセラピィを実際にどのように実践しているのかについて豊富な具体例を挙げています。牧師による介入は、宗教的儀式であるので、そこには宗教特異的な内容が伴われています。しかし、それを脇におけば、牧師が行なっていることは、今日のセラピストが行なっていることと驚くほどよく似ています。強調されている点は、牧師の資質、牧師と教会区民との関係、感情の表出、信仰の審理、発達の道筋に照らした諸変化の意味です。救済を求める人は、こうしたプロセスを経て自らの苦悩（誘惑、罪、猜疑）のストーリィをできるだけ詳しく語ることが求められます。十八、十九世紀の神学の文献には、牧師によるケアをめぐって交わされた議論が見出されます。そこで探求されているテーマは、現代の心理療法の書物を読んだことのある者には、馴染み深いものです。たとえば、理性と感情の優劣、介入の技法の有効性といったものです。他にも十八世紀前半には、〈自己愛〉や〈自尊心〉の意義をめぐる議論が沸き起こったことがありました。この議論などは、自己受容が適応的な社会行動の必要条件であるという、二百年後のカール・ロジャーズ（Carl Rogers）の着想を先取りし、予見していたかのようなものでした。

科学が興るよりも以前、癒やしの実践にはもう一つの側面がありました。それは、共同体の集団的儀式のもつ役割です。地域共同体の成員が、現代の私たちが呼ぶところの心理的問題や精神障害を患ったとしましょう。そのような場合、地域の共同体をあげてその問題や障害に対処しようとしたようです。回復するということはなくても、その問題や障害と折り合いをつけることができるような、何らかの手段が講じられたのでした。このような癒やしの儀式には、通常ある種の〈告白〉の形態が含まれています。そこでは、主にその〈苦難〉に関与している人（あるいは人びと）が、率直に隠し立てすることなく、その出来事についての自らのストーリィを語ります。初期キリスト教の教会で用いられた告解などは、その好例です。マクニール（McNeill, 1951）が示したように十四世紀に至るまで、キリスト教の教会における告解は、人前で執り行なわれていました。贖罪や懺悔の機会もまた公共的な営みであり、地域の共同体全体を前にして辱めや罰を受けるという形を取ることも少なくありませんでした。

非医学的な心理的癒やし（psychological healing）において広く認められる第四の要素は、変性意識状態の活用です。キリスト教の儀式には、断食、歌唱、香料、長時間捧げられる祈りなどが含まれることがあります。また、中世の大聖堂の鮮やかな色彩のステンドグラスは、現実感覚を変容させる建築上の工夫にあふれています。こうした道具立てては、変性意識状態へといざなう働きがあります。変性意識状態になった結果、人びとは慣れ親しんだ日常生活の制約条件や精神状態から解き放たれます。

現代の心理療法につながる原初的形態の、最後の側面は、強力な先導者や精神的指導者の存在です。彼らは、プロセス全体の進行を司り、それを巧みにまとめ上げます。こうした人物は、地域共同体の成員からの厚い尊敬を集め、聖域（たとえば教会建築）や聖なる知識を統御していたと考えられます。このような精神的リーダーは、しばしば地域集団の〈はずれ〉に身を置き、その枠組みを越えるものとして自らの役割を位置づけようとしました。

精神科医のジェロム・フランク（Jerome Frank, 1973）は、以上の諸要素を集約し、心理的癒やしについての包括的で多文化に共通するモデルを提案しています。彼は、人が外部に助けを求めようとする際には、その根底に引き金として意気消沈（demoralization）の体験があると主張しています。〈生活するうえでの問題〉が生じたとしても、大抵の場合、人は、問題に対処するための資源を自分自身や家族の内にもっています。逆にこのような個人的資源が充分に機能しない場合には、その人やその周りの集団が意気消沈し、絶望し、外部の誰かの介入を必要とするのです。フランクの述べるところでは、どのような文化においても癒やし人（healer）というのは、社会的地位と倫理的権威が認められた人物です。そうした人が、問題の意味を説明し、不具合を緩和する一連の手続きを教示します。この介入プロセスの多くは、告白と感情的カタルシスを伴っています。

これまで紹介した非医学的な心理的癒やしの例は、いずれもヨーロッパのキリスト教を出典としていました。一方、人類学者のヴィクター・ターナー（Victor Turner）による、中央アフリカのンデンブ族の研究は、ヨーロッパ以外の文化圏における同種のプロセスを明らかにしています。そこには、〈セラピィ〉的とされているものの、西洋の心理療法クリニックで行なわれていることとはまったく似つかないプロセスの好例が示されています。ターナー（Turner, 1964）が示したカマハサニ（Kamahasanyi）の事例は、一人のンデンブ族の男性に関するものです。彼は、家庭内と村落内に、さまざまな対人関係上の葛藤を抱えていました。さらにカマハサニは、たくさんの症状を呈してもいました。獲物のレイヨウを捕まえられないことに始まり、性機能不全、背部、胸部、手足の痛み、人付き合いによる疲労とそこからの引きこもりにまで及んでいました。ターナーは、西洋精神医学の用語を用いて、これらの症状群を主に心身症と神経症として分類しています。

ターナーが観察したンデンブ族の一部のグループは、イハンバ（Ihamba）崇拝の信奉者でした。イハンバという語は、死んだ猟師の上顎の中央門歯を指します。この歯は、猟師が獲物を殺す力を秘めていると信じられていました。猟師が死ぬと、この歯が抜かれ、しかるべき親族に受け継がれて持ち運ばれたのでした。幸運をもたらすと考えられていたからです。しかし、ときとして、このマハンバ（イハンバの複数形）が生きている人の体内に入りこみ、苦悩と災厄を招くことがあると信じられていました。ンデンブ族の医師の仕事として、このマハンバが埋まっている位置を探り当て、それをその人の身体から除去するという儀式の執行がありました。カマハサニの事例では、この儀式が、イヘンビという名の医師によって執り行なわれました。ターナーはそれについて以下のように記しています。

> ……年の頃七十歳くらいの白髪の男である。なんともいえない威厳を漂わせている。しかし、とても柔和で人好きのする笑みを浮かべている。ンデンブ族の猟師に特有のしわがれた声であるが、言葉は明快かつ雄弁である。（彼は）王族の家系にあったが、王族内の他家との激しい争いに敗れた末、王位継承からは永久追放されていた。とはいえ、イヘンビは、広く信望を集めていた。いろいろな意味で、彼はンデンブ族の医師の典型だった。すなわち、有能で、カリスマ性と権威があった。その一方、社会構造的かつ個人的な理由から、世俗的な生活では中心から排除され、はずれに位置づけられていた。彼は、政治の世界の権威からは遠ざけられた代償として、儀式の世界では地位を得ていた。典型的な「アウトサイダー」であった。
>
> （Turner, 1964, pp. 240-241）

イヘンビと彼のアシスタントによって執り行なわれた治療の儀式では、村からやや離れた森を切り開いた一画に、村民全員が集められました。まず、患者の身体のそこここに、動物の角が伏せておかれました。これは、害をもたらしているマハンバが患者の身体から追い出された時に、それを捕らえるためでした。その後、この儀式は、二種類の対照的な作業が頻繁に入れ替わり立ち替わり繰り返されることで、進められました。あるときは、皆が参加して、太鼓の音に合わせて踊り、歌いました。それが最高潮に達すると、患者の身体に痙攣発作が起きます。痙攣によって身体の上の角が振り落とされると、イヘンビが乗り出してきて、その角を手に取って調べます。この時点で角のなかに何も見つけられない場合には、次のように儀式は進行します。

彼は集まっている民衆に向かって、なぜイハンバが「出てこない」のかについて口上を述べる。この口上には、通常、その患者のライフストーリィについての仔細な説明が含まれている。そして彼は、村民を性別や年齢の順に招き寄せ、彼らが患者に対してもつ秘密の悪感情を告白させる。患者本人も、同様に招き寄せられる。こうして数時間の後には、集まった民衆は、患者の身体からイハンバが取り除かれるように、気持ちを合わせて祈りはじめる。ここには太鼓によって煽り立てられた極度の興奮状態がある。患者の痙攣もある。そして、大勢で歌われる甘く切ない宗教音楽、あるいは狩人を鼓舞する宗教音楽がある。この歌は、「どうかイハンバ」と歌われる。それに続き、堰を切ったような告白の連続、初めて露わにされる数々の苦情……。これらすべての要素によって作り出される対話的、あるいは弁証法的な活動パターンが、強固な共同体意識を生み、互いの疑いを晴らし、患者への同情を最大限に高めてゆくのである。

(Turner, 1964, pp. 258-259)

ナラティヴ論の観点からするならば、ここでの出来事は、新たなストーリィを語ることを可能にする行事の構築として理解できます。この行事の最中、怨嗟と背信の古いストーリィが語られ、人びとはそれに耳を傾けます。それと同時に感情が高まり、親密さが深まります。医師の権威が介在することによって、そこで語られたストーリィの誠実性と信頼性が保証されます。そして、遂に新たなストーリィが形成されるようになります。今や、あたかも地域共同体に所属する誰もが口々に、「イハンバが見つかった。カマハサニは、本当に取り憑かれていた。でも、これですべてが変わる」と語り出すという状態になります。そして、ターナーのレポートによれば、実際に事態は動いたのでした。一年後、ターナーが再びその村を訪れると、村のなかの人間関係は、随分と好転していました。また、カマハサニは、症状は消失し、日々の生活を楽しんで暮らしているようだったとのことです。

カマハサニの事例では、感情に対する癒やしの前科学的・前医学的形態の諸要素が観察されました。ここで観察された諸要素は、たとえば宗教信仰、共同体の儀式、告白、変性意識状態、霊的導きなどです。これらの要素は、他の多くの〈素朴心理療法〉(folk psychotherapy) においても見出すことができるものです (Kiev, 1964を参照)。ただし、産業化されていない文化であればどこでも、それらが問題に対処するために確立された枠組みとなっているというわけではありません。個々の文化は、それぞれの対処法を発展させてきており、それらの間の差異もまた大きいのです (Prince, 1981)。それでもなお、現代の産業化された西洋社会も含めて、あらゆる文化において、これら癒やしの要素はさまざまな装いを取って姿を現わしているといえます。

このようにさまざまな文化において、心理療法につながる癒やしの活動が存在しています。しかし、異なる文化圏でそれぞれ実践されている癒やし活動の類似性をただ単に指摘するだけでは、私たちの生きる文化の意味を理解するためには充分とはいえません。これらの実践が、どのようにして現代の私たちが知っているような心理療法に転換していったのかに目を向ける必要があります。では、共同体の宗教的儀式が、いったいどのようにして現代の心理療法的な癒やしの形態に発展してきたのでしょうか。

3　現代文化における心理療法――宗教から医学・科学的枠組みへの変転

本節については、主にクッシュマン (Cushman, 1990, 1995) とスカル (Scull, 1979, 1981, 1989) を引用して解説します。これまで述べてきたように心理療法の確立は、さまざまな文化的要素の組み合わせに起因しています。つまり、心理療法は、宗教的価値観の世俗化、西洋的な自己の概念の変容、市場経済と植民地主義の興隆といった要素が重なり合って成立したといえます。これらの文化的要素はいずれも、伝統的な生活様式から近代的な生活様式への移行において出現した諸側面を表しています。

最初に挙げた要素である世俗化については、本章ではすでに多くの観察例などを通して言及してきました。伝統的文化においては、宗教はあらゆる事象に意味を付与する役割を与えられていました。しかし、バーガーら (Berger et al., 1974) が指摘しているように、その意味付与の役割は科学と近代によって大幅に侵食されました。これは、聖職者の人数の減少によって示されています。ハルモス (Halmos, 1965) の計算によれば、聖職者の人数の漸減は、カウンセリングや心理療法に従事する専門職の人数の増加と機を一にしています。つまり、聖職者が、カウンセラーやセラピストにとって替わられたということです。これは、困難に陥った人びとは、聖職者をあまり頼りにしなくなっただけでなく、聖職者を救いの源として信頼することがなくなってきたことを意味しています。従来は、生活するうえで起きてくる葛藤や転機を意味づけるために、宗教のストーリィが人びとを助けてきました。しかし、そうしたストーリィも、今となっては知る人すら少なくなりました。また、知ってはいても、めったに省みられることがなくなりました。宗教のストーリィは、救いを求める人びとの感情や意味づけのシステムの変化に追いついていけなかったのです。同様に、宗教的儀式もまた、少なくとも大多数を占める世俗化された年代層に対しては影響力をもてなくなってきています。

宗教が退潮した背景には、さまざまな原因があるでしょう。しかし、それを近代社会における包括的な信念システムの変容として論じるのは、本章が意図するところではありません。ここでの主な関心は、宗教が徐々に重要性を失うにつれて、それに替わる何かが求められ始めたことにあります。もちろん、宗教は、今もなお文化的な儀式や信念のうちに名残りを留めています。そこで、宗教的な様式には則らずとも、〈魂の救済〉(McNeill, 1951) の仕事を引き継ぐ者が誰かしら求められたのです。何か新たなもの、つまり宗教とは異なる〈心理療法〉として再定義され、魂の救済の方法が再構成されることになりました。

心理療法は、すぐさま宗教の後釜に座ったわけではありません。十九世紀後期から二十世紀初頭にかけて移行期がありました。その時期には、霊性的／宗教的なアプローチと医学的／科学的アプローチが西洋文化において共存していました。当初、牧師によるケア・モデルの信奉者は、新興の心理学者や精神医学者のアイディアを、宗教的な文脈に適応させようと試みました（Holifield, 1983；Scull, 1979）。しかし、次第に宗教的概念が周縁に追いやられるようになり、このような企ては成功を収めませんでした。ただし、現代の心理療法の主流となっている学派のなかには、人間の霊性的次元を大幅に認めるよう唱えるセラピストもいます。このような事実は、宗教的癒やしを心理療法として世俗化するプロセスが、成功とはいえないまでも、ある程度の成果を挙げたことを示しているといえます。

次に催眠が大衆の心を捕らえるようになりました。この出来事は、心の癒やしの様式が宗教から科学に移行するうえでの大きな転機となりました。十九世紀半ば、催眠状態は、精神医学の新進領域で活用されるようになりました。また、それと同時に麻酔を目的として医療全般で広く用いられるようになっていました。もっとも名高い催眠の唱道者であるアントン・メスメル（Anton Mesmer）は、ヨーロッパで名声を得ていました。クッシュマン（Cushman, 1995）は、十九世紀の半ばに、催眠術が米国に紹介されたときのことを記しています。女性を中心に、幾千もの人びとが催眠を習うようになりました。そして、その技法を使って感情の問題を治療しようとする、まったく新しい専門職が確立されました。

クッシュマンの論ずるところによれば、十九世紀の米国で催眠術が魅力を保ち、人びとの期待を集めた理由は、必ずしも個々の問題の緩和に対する催眠術の実効性によるわけではありませんでした。むしろ、当時の米国文化の生活に支配的だったいくつかのテーマと、催眠術との共鳴によるところが大きかったとのことです。つまり、大多数のヨーロッパ系移民にとって、当初の米国の未開地は、自己解放の可能性を示すものでした。しかし、十九世紀になって米国が産業化され、都市化された社会を形成すると、もはや未開地はなくなりました。それは、多くの市民にとっては外に向けての自己解放を諦め、意識を〈内側〉に向け、自己コントロールを目標とする方向に舵が切られたことを意味しています。市民は、〈パーソナリティ〉としての自己、そして自己に伴う〈内面生活〉(inner life) における自由とコントロールを目標とするようになりました。未開地は外側にあるものではなくなり、自己の内側に開けたものとなりました。そのような状況において催眠は、意識下の内的自己のもつパワーと可能性を、手っ取り早く、しかも具体的に米国の市民に見せつけることのできる技法だったのです。

その結果、十九世紀の終わりまでに、無意識という心の新たな理論を受け入れるだけの素地が、米国人にはできていたのです。当時、ピエール・ジャネ (Pierre Janet) は、医学校を巡って講演していました。フロイトとユングは、一九〇九年に米国を訪れています。ウィリアム・ジェームス (William James)、カルヴィン・ホール (Calvin Hall)、A・A・ブリル (A. A. Brill)、ジェームス・ジャクソン・パットナム (James Jackson Putnam) といった米国の心理学者や精神医学者は、無意識という概念を発展させ、それを学会や文学の世界において普及させていきました。一九〇五年のボストンで興ったエマニュエル運動は、このような考え方を、魂の救済というキリスト教の伝統と統合しようとする試みでした。この社会運動は、およそ十年の間、米国だけではなく諸外国も巻き込み、強い影響力をもち、〈心理学原理を宗教上の問題に適用すること〉を推進しました (Holifield, 1983, p. 202)。たとえば、エマニュエル運動は、一九〇八年に発刊された学術誌『サイコセラピー』を支援していました。ホーリーフィールドは、エマニュエル派の牧師が用いていた方法を紹介するために、マサチューセッツ州ノーザンプトンの司教制主義牧師の活動を詳しく引用しています。

> 彼がセッションを始めるときはいつも、まず暖炉の前の椅子に楽に腰かけるようにクライエントを促した。その後、規則的な呼吸法、筋弛緩、視覚イメージの練習を導入した。そして、安静暗示を施すことで、クライエントを

〈平穏なこころの静寂〉へと導いた。続く癒やし暗示では、しばしば聖書や短い訓話の朗読が差し挟まれた。その目的は、不健康な想念を意識下から追い払うことだった。さらに、牧師は、クライエントに率直に問いかけ、それを通してクライエントが自らの不快な真実に直面するようにもっていった。しかし、何より頻繁に用いられた技法は、恐怖や心配を、自信に満ちた考えで置き換えるというものだった。

(Holifield, 1983, pp. 205-206)

上記の引用は一九〇九年の資料にもとづくものですが、そこには、現代のセラピストにとっても馴染み深い要素がたくさん含まれています。たとえば、筋弛緩、誘導イメージ、直面化などです。しかし、最終的には、上述の運動の拡大を恐れた医療専門職が、精神障害を扱う市場で自らの優位を確立しようとして、巻き返しにかかったのでした（Scull, 1979）。医療専門職は、エマニュエル派の牧師との協調姿勢をとることを止めました。このようにして心理療法から宗教色を払拭するという動きが抗し難いものとなっていきました。そして、このような時流の影でエマニュエル運動は姿を消していったのでした。

魂の癒やしが世俗化して心理療法が生み出されるにあたって中心となった人物は、もちろんフロイトです。彼のアプローチは、一応科学にもとづいていました。彼は、生物学と心理学という現代科学を利用して、それを自らの理論の強力な後ろ盾としました。それに加えて催眠と宗教のさまざまな特徴を取り入れました。そして、それらを統合し、医師－患者間に特有な医学化された治療関係のなかにそれを組み込んだのでした。こうした新たな癒やしの形態において、患者はすべてを告白することになりました。ただし、そのやり方は、従来の形態に比較して、より巧妙かつ個人的なものになっていました。精神分析では、外の世界と隔絶した面接構造のなかで個人の秘密が重視されました。これは、他者との明確な境界をもち、自律的であるという、近代の自己観を反映したものでした。精神分析は、このような自己を繰り返し内面に向かわせます。そして、最終的に自己の内側をコントロールし、我が物にさせることを目指します。このような機会をクライエントに提供することが精神分析の目標でした。

このように精神分析は、フロイトの手によって近代への移行の象徴として成立しました。しかし、それが実際に花開くには、米国に持ち込まれるのを待たねばなりませんでした。フロイトの地元である二十世紀初頭のウィーンや中部ヨーロッパでは、精神分析の影響力は限られたものでした。上流階級の知識層の間で知られるに留まっていました。一九三〇年代のヨーロッパで台頭したファシズムは、主要な精神分析家が米国に移住する引き金となりました。また、一九〇九年にフロイトとユングがクラーク大学を訪ねた折、彼らが好意的に迎えられたことも、米国における精神分析の受け入れが進むきっかけとなりました。さらに、精神分析の発想が、精神医学自体よりも、むしろ広告業界で熱烈に歓迎されたことも、米国における精神分析の興隆の要因となりました。

さまざまな意味で精神分析と米国文化とは、このうえなく相性が良かったのです。売り物になるパーソナリティを「もちたい」という欲求、自己改善への意欲、居を定めずに移動が頻繁な社会における空虚な自己、消費行動か心理療法によって満たされることを望む虚無感などが、精神分析を求める動機となっていました（Cushman, 1990, 1995）。精神分析は、これらの問題のすべてに対して答えを与えてくれるように見えたのでした。さらに、その答えは、市場経済にはうってつけでした。しかも、心理療法を売り出しても、それは、政治的な秩序を乱すことはありませんでした。その点で心理療法の発展を阻害するものはありませんでした。

その後、心理療法は世に広まり、新種の療法や技法が生み出されていきました。それは、経済市場に未開拓の分野に入りこみ、商機と結びつくようにもなりました。このようにしてコヴェル（Kovel, 1981）が名づけた「アメリカのメンタル・ヘルス産業」は、大きく花開いたのでした。こうした心理療法の普及の背景にあったのが、自らの理論を他の文化にも押しつける植民地主義でした。それは、精神分析を絶対視し、精神分析以外の癒やし儀式を否定するという形で現われました。その結果、心理療法は、白人を中心とした社会階層に限られた営為に留まりました。それとともに、精神分析が肯定する自己とは異質なイメージや異質な生活様式を病理的なものとみなすことにもなりました。正常と異常を判断する権威となったのです。これは、相対的にみて弱者の側の信条や生活に対して、〈特権的〉な立場をとる精神分析の権威主義的傾向を促しました。心理療法の文化的起源には、このような権威主義が際立った特徴として見受けられます。西洋のセラピストは、この特徴の影響を受けているため、異文化の儀式や癒やしのストーリィを西洋文化の理論によって安易に解釈し、それを異文化に平気で押しつけてしまいます。

西洋流の心理療法を異文化の少数民族の集団に提供することの妥当性が疑われるようになったのは、つい最近です。むしろ、西洋のセラピストは、それを〈均等な機会〉の提供とみなし、積極的に推し進めようとしていました。さまざまな民族に固有な癒やしの形態は、西洋文化が世界規模で広がってしまった影響で、既に弱体化していました。それに加えて西洋的心理療法の植民地主義的な進出によって、各民族固有の癒やしの形態は、さらに侵害されることになりました。西洋のセラピストは、このような侵害が起きている点に気づくこともありませんでした。さらに言うならば、心理療法の理論と研究の領域だけでなく、心理療法の核である実践においても、クライエント自身の経験や判断が尊重されることは、さほどありませんでした。つまり、精神分析のセラピストは、クライエント自身が心理療法をどのように経験し、どのような介入を好むのかについては、さして気に留めなかったのです。

こうした心理療法の特質は、どこからもたらされたのでしょうか。その起源は、現代の産業社会の趨勢にあります。産業社会は、世界を席巻し、市場を獲得し、それをコントロールしようと企図します。対象となった市場は、商業や製造業などの営利分野には限りません。教育やヘルス・ケア、さらには飲食やレジャーなどのサービス業にも及んでいます。事実、西洋のほとんどのセラピストは、自らの活動を、単に西洋文化に特有なモデルを提供しているにすぎないと考えることはありません。むしろ、地域を越えた普遍的妥当性を備えた心理的癒やしのモデルを提供する者として自認しています。このような事実からも、心理療法の興隆が近代性の中核をなす市場の国際化という潮流の一部となっていることが理解できます（Giddens, 1991）。

上述したように伝統的な魂の癒やしが近代的な心理療法の形態をとるようになったのは，フロイトのような先駆者の功績に加えて，その背景に文化の影響力があったといえます。その後，心理療法はさまざまな形に分化し，〈ブランド名〉を競い合う数多くのアプローチが急増しました。このような変化が生じたのも，やはり文化の影響力と無縁ではないのです。クッシュマン（Cushman, 1990, 1995）は，社会批判的な観点から，精神分析の展開を幅広く論じています。精神分析は，当初ヒステリーという身体表出によって示される内的葛藤を治療対象としていました。ところが，精神分析は，次第にナルシシズムやボーダーライン心性を対象とするようになりました。つまり，ナルシシズムやボーダーラインの状態像で示される近代的精神の断片化と自己疎外の修復を試みて，〈自己〉の理論体系へと展開したのです。クッシュマンは，こうした変遷の理由を，フロイトが展開したヨーロッパ・ヴィクトリア朝風の発想が，米国という〈新世界〉に輸入された経緯と結びつけて論じています。クッシュマンのほかにも，心理療法の開発・発展に寄与した主要人物の発想に文化的要因や個人的経験の影響があることを指摘する声は多くあります。たとえば，ロジャーズが開発したアプローチは，米国文化の中核的テーマや価値観の多くを体現しているという見方も可能でしょう。すなわち，楽観主義や希望，あるいは専門家への疑念，平等主義などが，それに相当します（McLeod, 1993；Sollod, 1978, 1982を参照）。バーレット－レナード（Barrett-Lennard, 1996）は，ロジャーズの初期の理論化が一九三〇年代にルーズベルト大統領によって推進されたニューディール政策の思想や政治風土に影響を受けていることに注目しています。そのほか，ベイカン（Bakan, 1976）は，ロジャーズの思考傾向の背後にある文化の影響を論じています。郊外の農業地域で育った少年には，往々にして機械論的な説明や工夫を好む傾向がみられます。たとえば，このような傾向がロジャーズの思考傾向に影響を与えた要因として取り上げられています。

こうした社会・文化的要因は，近年に至っても，カウンセリングと心理療法への影響力を失ってはいません。

人びとに対する文化的圧力は、さまざまに変化・発展してきています。カウンセリングと心理療法におけるさまざまな学派の展開は、そのような文化的な圧力に対する一種の反応とみることもできるでしょう。たとえば、一九六〇年代に経済的な好景気が続いた時代には、人間性心理学の成長を重視する心理療法が出現しました。逆に景気後退期には、機会平等の法整備と足並みをそろえてフェミニスト的心理療法や異文化間カウンセリングの観点が広まり、さらに時間制限のあるカウンセリングへの関心も高まりました。

文化という観点からみるならば、心理療法の歴史は、文化のあり方と生活様式が連綿と折り重なる様子になぞらえることができます。歴史を振り返ってみれば、伝統期から近代に至る過程においても、本来の伝統期、産業化以前の時期、前近代の時期と段階を追って時代は進んでいます。そして、それぞれの段階に特有な癒やしの実践をおぼろげながらも見出すことができます。さらに、それらの癒やしの実践を近代社会に同化させる先駆けとなる過程もいくつかの段階に分けてみることができます。医学の枠組みへの導入、催眠、そして精神分析という段階を経て魂の癒やしは近代的な心理療法という形態になってきました。そして心理療法の歴史の最前線では、自己理論、人間性心理学、行動主義、認知理論など、各種の心理療法を通して同一のイメージの焼き直しが繰り広げられています。したがって、現代の心理療法のアプローチがもつ意味を知るには、これまでに堆積した層のもつ意味を踏まえる必要があります。

ただし、心理療法の文化的起源に関する状況は、〈折り重なり〉や〈堆積〉といったメタファーから想像されるほどには単純ではありません。初期の癒やしの形態が、消え失せたわけではありません。また、それらが都合よく背景に退いて、近代の（あるいはポストモダンの）心理療法だけが表舞台に残されたわけでもありません。これまで述べてきたようなあらゆる文化実践は、現代にも名残りを留めています。西洋の産業化社会においても、共同体の儀式、宗教的癒やし、告解に積極的に参加する一群の人びとが存在します。古典的精神分析や催眠療法などについてもしかりです。昔ながらの伝統は、再発見され、再開発されているのです。こうした癒やしの諸形態は、生き続けていて、自らの正当性を主張し続けます。つまり、いかにして人が苦難に陥り、そして何が救いをもたらすのかを説明するストーリィは、唯一つしかないというのではなく、それに替わり得る数多くのストーリィが存在するのです。

4 応用科学の一領域として心理療法が確立されるまで

これまで論じてきたように心理療法が一つの独立した学問領域として歴史を刻み始めたのは、パリのジャネ、ウィーンのフロイトのような精神医学を出自とするパイオニアが一八九〇年代に現われてからです。心理療法の前史においては、〈狂人〉や〈精神的な病者〉を援助するための術として催眠が用いられていました。エレンベルガー（Ellenberger, 1970）によって詳述されている通り、心理療法が成立するうえでこの催眠の影響が大きいといえます。フロイトらの偉大な功績は、患者の言葉に誰かが耳を傾けることが、その患者を癒やし得るという事実を発見したところにあります。自らのストーリィを語る機会が患者に与えられ、それによって回復が生じることが明らかとなったのです。ただし、これはあくまでも後付けの理屈です。当時フロイトらは、自分たちの試みを自然科学的な枠組みに適合させようと腐心していました。心理療法のパイオニアは、いずれも科学の訓練を受けた医師であり、精神分析という新たな学問を一連の医学的な手法や原理のなかに取り込もうとしていたのです。たとえば、患者は〈早発性痴呆〉や〈強迫神経症〉といった〈精神疾患〉を患う者として分類されていました。さらには、「エゴ」や「イド」といった心的概念の生物学的な基盤を発見することにも力が注がれていました。精神分析の訓練を受けることができるのは、医学を専門とする者にかなり限定されていました。そして、精神分析の面接構造は、医師 - 患者間の伝統的な診察の特質を多分に模したものだったのです。

心理療法が開発されて発展してゆく過程では、さまざまな新しい科学の技術（テクノロジー）が取り入れられました。カウンセラーやセラピストのなかには、心理測定的な手法を用いる者もいました。たとえば、パーソナリティや適応度の質問紙、投影法、行動記録票などがクライエントの諸機能を測るために用いられました。正確な測定を行なうには、〈科学の女王〉である数学を活用する必要がありました。その他にも心理療法の場面で機械装置を用いたり、心理療法上の諸問題に対して工学的な解決が試みられたりしました。時代を下ると、皮膚電位反応（ＧＳＲ）などのバイオフィードバック装置、オルゴン・ボックス、ビデオ・フィードバック、双方向的コンピュータ・プログラムなども用いられるようになりました。これまでのところ、こうした装置は広く普及するまでには至っていません。ただし、近年、セラピストは、クライエントが示すさまざまな問題を研究し、個々の問題に対応できる技法を数多く開発してきています。その開発過程で心理療法の技術は、成長を遂げてきています。それらの手法や技法の多くは、認知行動療法において発展したものです。たとえば、系統的脱感作法、思考中断法、ＥＭＤＲ、フラッディングなどがそれにあたります。また、人間性心理療法の技術として（Farson, 1978）、ゲシュタルト療法の〈二脚椅子のワーク〉、体験過程的フォーカシング、誘導イメージ、集団メッセージ・ゲームなどがあります。

おそらく応用科学としての心理療法の確立をもっともよく表わす好例は、心理療法の内実に迫ろうとした研究の領域に見出すことができるでしょう。心理療法の研究は、たいていの心理学研究と同様に種々の自然科学的方法を盛んに適用しています。そうした方法には、正確な測定、統計的分析、実験、予測力の追求、第三者的な観察者の関与が含まれています。スタイルズとシャピロ（Stiles & Shapiro, 1989）が指摘したように心理療法の研究の大半は、〈薬物メタファー〉を暗黙の前提として計画されています。つまり、心理療法は、患者に投与される薬物と同様に扱われてきたのです。したがって、研究者にとっての課題は、当該の問題に最適な薬物を発見し、さらに、最良の結果をもたらす薬物の成分や投与量を発見することとなります。近年では、異なる心理療法／薬物の間の相対的な経済的コストをも考慮した効果研究が盛んになっています。

心理療法における最初の中心的人物であるカール・ロジャーズが、医師ではなく、心理療法のプロセスと効果を系統的かつ科学的に研究したパイオニアであったことは、特筆に値します。フロイト、ユング、パールズ、モレノ、ウォルピ、ベックは、いずれも医師でした。そして、彼らは、医学の自然科学的知識ベースに依拠して、自らの仕事を正当化しました。その一方、ロジャーズは心理学者であり、自ら開発したクライエント中心療法の科学的基礎を示すためには、研究に頼る必要があったのでした。また、マイケンバウム、エリス、マホーニーのようなセラピストも、精神科医ではありませんでした。そのため、彼らも、同様に研究に携わる必要がありました。

この他にも心理療法を科学として正当化しようとする流れは、カウンセラーやセラピストになるための訓練において見出すことができます。心理療法の訓練は、大学の医学部や心理学部で行なわれることが多くなってきています。そのため、大学の訓練コースを運営する教員は、大学組織の要求に従うという圧力から逃れられません。大学では、何をどのように教えるのか、そして学術研究者たる者はどのような種類の研究を行なうべきであるのかが問われることになります。修士課程や博士課程に在籍している心理療法の訓練中の学生は、テーマを選んで研究することが求められます。その種の研究では、やはり心理療法を科学的な〈変数〉や〈モデル〉によって記述し、分析することが求められます。さらに訓練プログラムの成果やプログラムの構成要素自体も、自然科学的研究によって検証されます。訓練の方法のなかでもカーカフ、アイビー、ケーガンのモデルは、効果研究によって有効性が検証されています（Baker et al., 1990）。このような研究成果によって、心理療法の技能訓練においても科学的妥当性のある方法を選択する傾向が強くなっています。

このように心理療法は、さまざまな点で科学としての形を整えるように作られてきたといえます。心理療法の理論、知識体系、実践、訓練は、いずれも科学的な思考と推論の枠組みによって形作られています。しかし、実際のところ、セラピストはいったん訓練課程を修了してしまうと、自分の職業が科学によって支えられていることをほとんど意識しなくなるようです。たとえば、モロー - ブラッドレイとエリオット（Morrow-Bradley & Eliott, 1986）やコーエンら（Cohen et al., 1986）の調査によれば、セラピストのなかで研究論文を読む者は、きわめて少数でした。また、研究のもたらす知見が、クライエントとの実際の面接に大きく影響していると考える者も少数でした。ここから、心理療法にとっての科学の意義がどこにあるのか明らかとなります。つまり、科学は、セラピストが心理療法の最中に行なう意志決定を導くような顕在的なルールを備えているわけではありません。心理療法の理論も研究も、心理療法の方法について大まかな示唆を与えることはできるにしても、面接の場をはじめとする心理療法の現実場面におけるセラピストの行為を厳密に基礎づけることはできません（ただし、Moras, 1993 のように〈心理療法のマニュアル化〉を提唱する一部のセラピストには、この点については異論があるでしょう）。

むしろ、心理療法にとっての科学の価値は、次の二つの領域において見出すことができます（その二つは、緊密に結びついています）。第一は、科学の訓練がセラピストに〈科学的〉な思考様式を養わせることが挙げられます。それによって、クライエントの問題や心理療法のプロセスを、不安、無意識、自己概念といった仮説構成体や仮説的要因を用いて原因結果の連鎖として概念化することが可能となります。第二には、科学の装置（研究、専門誌、データ、理論）がセラピスト自身の介入形態を擁護することが挙げられます。つまり、介入形態が妥当であり、確固としたエビデンスによって支持されており、祈禱、瞑想、占星術よりも正当性を備えていることを主張できます。

このように考えると、心理療法のもつ合理的で、エビデンス・ベーストな科学的な側面は、あたかも心理療法が外部の世界と対峙するためにまとった鎧のように思えます。ところが、心理療法の内実は、このような鎧とはまったく様相が異なります。心理療法が応用科学として確立されたことによって、心理療法の実践が内包する真の文化的基盤が覆い隠されたといえます。うわべの理論や科学の装いを取り去れば、心理療法は、結局は会話の一種であり、出会いの一タイプであり、社会的ドラマの一形態であることが分かります。伝統的、もしくは前近代的文化においては、人が聖職者、癒やし人、シャーマンと会うことは、その人のストーリィが共同体のストーリィとの間で再調整され、最終的には共同体のストーリィに同化されていく出来事と考えられます。それによって、人は〈再教化〉(re-moralised) されます (Frank, 1973)。そして、文化の道徳的秩序に再び受け入れられることになります。同様のプロセスが現代の心理療法においても生じています。ただし、それは、個別化されており、科学的な専門用語に縁取られています。その結果、心理療法は特異なタイプのナラティヴの再構築をもたらし、二十世紀後半の産業社会 (特に米国) の文化的環境に定着したといえます。

5　心理療法と文化との相互作用

心理療法の草創期にあってさえ、フロイトの患者たちは、彼の著作を読んでいました。今や、読書療法のための書物は、膨大な数に上ります。それらの書物の役割は、セラピストのもとを訪れることなしに、読者が自らの問題を解決する方法を提供するというだけではありません。それに加えてセラピストに相談しようと決めた人びとに対しては、「心理療法は、あなたに何をしてくれるのか」というストーリィを提供する役割もあります。つまり、心理療法における物語行為についての物語、つまりメタナラティヴを提供してくれるのです。さらに、西洋の産業化された国々では、数百万もの人びとが大学で何らかの心理学をすでに勉強してきています。あるいは、雑誌、小説、映画やテレビを通して心理療法についての知識を得ている人びとも相当数います。

もちろん、セラピストに相談する人びとが皆、心理療法で語られる物語の筋書きの性質に等しく精通しているわけではありません。たとえば、ヒルマンは、以下のような観察記録を著しています。

> 開業しているセラピストのもとを訪れる人びとのなかには、洗練された〈心理療法のお得意様〉がいる。彼らは、すでに心理療法の類型のなかに自らのストーリィを当てはめている。すなわち、そのストーリィは、すでに自己内省的であり、中心人物の〈問題〉に焦点を合わせている。〈精神病院の患者〉のレベルの人びとについては、ストーリィを形成するには往々にして聴き手による指導が必要となる。そこでは、登場人物（投映）があまりにも多い。心理療法の物語の筋書きとしては、効率性がよいことが求められる。このような効率性の観点からすれば、精神病院の患者が語る出来事は、散漫にすぎる。さらにいえば、時間的順序のほか、ナラティヴの定義に欠かせない要素が、すべて欠落しているのである。
>
> （Hillman, 1975, p. 136）

ここで重要なのは、心理療法の〈ストーリィ〉は相当数の人びとにとってはすでに馴染み深いということです（Hillman, 1983）。心理療法にすでに馴染んでいる人びとは、心理療法の〈ストーリィ〉を内部に取り込んでいる文化を生きているといえます。そのような文化は、創造的な緊張を孕みつつ周囲の文化に波及してきています。たとえば、心理療法に由来する発想や実践は、ある種の波紋を呼びつつも現在では広く社会に行き渡ってきています。ペネベイカー（Pennebaker, 1993b）は、両親の離婚を経験したことがある、さまざまなコホートの人びとを対象にした調査研究を行なっています。そこでは、両親の離婚経験について感じたことを、これまで誰かに話したことがあるかどうかが問われました。その結果、こうした類の話題を他人に開示する傾向には、世代間に大きな差があることが明らかになりました。つまり、若年層の方が、老年層よりも感じた苦悩をずっとオープンに話していたのです。もちろん、戦後のベビーブーマー世代が、自分の親の世代に比べて苦しい感情をより多く話す傾向があることには、いくつもの理由が考えられます。しかし、彼らの自己形成期に心理療法の文化的影響力が強かったのは確かです。研究結果をもたらした重要な要因が、この点に存在することは間違いないといえます。

また、心理療法は、周囲の文化からさまざまな発想や実践方法を吸収し、それを活用しています。初期の心理療法が、告解、医師‐患者関係、催眠などの既存の文化的要素から成り立っていたことは、既述した通りです。しかし、その後心理療法が発展していく過程でも、他の日常的な文化的要素を援用することは続いています。サイコドラマが、演劇から概念やテクニックを援用しているのは明らかです。セックス・セラピィは、売春婦の用いるテクニックを流用しています。漸進的筋弛緩やＥＭＤＲは、もともとはヨガの手法を適用して生まれました。異文化に関わる活動に従事するセラピストの多くは、その文化固有の癒やしの儀式を自身のアプローチに組み込んでいます（Parson, 1985 参照）。どのようなオリエンテーションをもつセラピストも、描画、造形、作文を自身の実践に取り入れる方法を工夫してきています。これらの例を通して文化的実践としての心理療法の意味が強化されていきます。文化の構成員が利用できる個人的な自己表現には多様なモードがあります。心理療法は、それらのモードと相互作用し、共存しているという意味で、一つの文化形態なのです。

では、心理療法が一種の〈文化形態〉であると主張することには、どのような意味があるのでしょうか。そもそも〈文化形態〉という概念には、互いに重複する多様な意味が含まれています。第一に、ある特定の集団の内部で当然と考えられ、広く行き渡っている活動という意味があります。つまり、〈常識〉の一部になるということです。第二に、その活動が、当該の集団において、特有の〈スクリプト〉をもつと理解されるということが挙げられます。第三に、文化形態が〈行為のスクリプト〉のみならず、一連の概念、信念、着想をも含んでいることが挙げられます。心理療法に関連する概念としては、〈変化〉〈発達〉〈パーソナリティ〉などがあります。西洋における心理療法の利用者は、このような概念を説明するための豊かで洗練された考え方を自分のものとして活用するようになります。第四に、文化形態が制度化されていることが挙げられます。つまり、心理療法を特定の場所で実践することが認められるとともに、セラピストには、そのための社会的資格が付与されます。最後に、どのような文化形態も、文化的な居場所を得るということが挙げられます。文化的な居場所とは、他の文化形態と重なり合ったり、逆に隔たった位置関係を保ったりする場のことです。たとえば、心理療法は、ヘルス・ケア、教育、宗教と文化的には密接な関連をもつ位置づけにあります。これらの文化形態は、ある一定の考え、技法、人的資源を共有していると考えられます。その一方、心理療法は、スポーツ、レジャー、広告業とは隔たった位置づけにあります。さらには、政治、金融、農業といった文化形態とは、実に縁遠い関係にあるといえます。

では、文化形態とはいったい何のためにあるものなのでしょうか。文化形態は、より広範な文化システムのなかに埋め込まれています。そのため、広範な文化システムにおいて何らかの目的で行なわれる活動に対して開かれており、そこに関与することになります。言い換えるならば、どのような文化形態でも、文化システム内の活動と関わり、それについて意見を交える場となるのです。たとえば、経済活動であれば「誰が儲かるのか」、権力関連の活動であれば「誰が支配しているのか」、ジェンダー関連の活動であれば「女性は同等の権利を得ているのか」、価値観に関連する活動であれば「公正に行なわれているのか」といったテーマを巡って交流が進むことになります。もちろん心理療法という文化形態は、心理的問題や対人関係的問題に悩む人びとを援助するために存在しています。しかし、同時にまた職業として生計を立てるためにも存在しています。この点では経済活動と交流が生じます。あるいは、特定の集団が権力を行使するために存在するということもあります。さらには、ジェンダーのステレオタイプに従うか否かを表明するために存在するということだってあります。このように権力関連やジェンダー関連の活動とも関与することになります。心理療法を文化的な観点からみることは、このように現象のもつあらゆる側面を考慮することにつながります。文化的な観点に立って心理療法を理解することは、学際的な課題となるのです。心理学以外にもさまざまな学問領域の知見を適用することが求められます。それらは、歴史学、経済学、神学、哲学、社会学などにも及ぶことになります。

それでは、文化形態としての心理療法の実質は、どういうことになるのでしょうか。現代社会の文化は、巨大化し、きわめて複雑な様相を呈しています。そのようななかで心理療法は、どのように位置づけられるのでしょうか。上述したように心理療法は、二十世紀後半の社会において専門的活動として、また職業として確立しました。そして、その過程には文化的要因が関与していました。そこで、これまでの議論のなかに心理療法の興隆を支えた中核となる文化的要因を見出すことができます。以下にその文化的要因を整理して解説します。

1．科学に裏付けられる社会的正当性

心理療法の概念や手続きは、たとえばソーシャル・ワークとは異なり、合理的な科学の研究と理論による承認を常に求められてきました。しかし、個々のセラピストのレベルでは、宗教や人文諸科学の非科学的な領域との結びつきを保とうと努める場合もあります。そのため、科学と個人の信条という異なる二つの領域に身を置こうとするセラピストも出てきます（Halmos, 1965）。それは、異なる領域間に二股を掛けるといった試みであり、たしかに心地よいものではありません。このような試みを維持しようとする努力は、しばしば葛藤として経験されます。しかし、文化的には、この二股を掛ける試みは、心理療法が生き残るための適応的な戦略となります。さらにまた、創造的な緊張状態をもたらすということもあります。このような創造的な緊張感は、心理療法の書物に際立った革新性と開放性をもたらす源となっています。したがって、心理療法は、表向きは合理的かつ科学的な顔をもつと同時に、〈水面下〉では魂とも関わるような非合理な精神性の流れを保っているとみなすことができます。

2．医学との文化的協調と、その影響力の利用

心理療法の内部では、医学モデルに反対する声は根強くあります。たしかにカウンセリングや心理療法の意義を評論するだけなら、医学モデルに反対していればよいということもあります。しかし、心理療法を実践する場

合には、やはり医学に負うところが非常に大きいのも事実です。たとえば、時間を制限した予約制の面接、医療機関との密接な連携、研究において優勢な〈薬物メタファー〉などは、心理療法がいかに医学モデルに負っているかを示す例といえるでしょう（Stiles & Shapiro, 1989）。また、医学と手を結ぶことによる経済効果も大きいといえます。人びとがお金を払うのは、あくまでも〈治療〉の対価であって、おしゃべりの対価ではありません。そしてまた、医学と結びつくことによって心理療法は、自ずと信頼に足る科学的原理にもとづいた営為とみなされるようになります。

3．個人主義へと向かう避けがたい文化的趨勢

既述してきたように伝統的文化において個人の問題は、地域共同体全体が関わる集合的な様式によって対処されてきました。欧米文化においても、以前は同様でした。しかし、現代の心理療法の実践は、家族療法のような一部の例外を除き、そうした様式とは明らかに一線を画した方向へ進んでいます。人間は、一人ひとりが他から独立した自律的な個人としてみなされているのです。心理療法では、プライバシーという概念が重要視されています。これは、このような個人主義の存在を裏付けています。カウンセリングも心理療法もプライベートな個人的な行為であり、仕切られたプライベートな空間で行なわれます。そして、それらは、日常生活でお互いのプライバシーを尊重し、認め合う一群の人びとにこそ、有用なものなのです。

4．市場経済における専門化された商品としての位置づけ

現代文化で力をもっている中核的なイデオロギーとして、市場経済の原理があります。実は、この市場経済の原理が心理療法にも強い影響力を与えているのです。心理療法は、それまで経済活動として見落とされていた特定のニッチにおいて、高度に専門化された商品として流通されるようになってきています。これまで、多くの人

間性心理学のセラピストや改革派のセラピストは、心理療法における平等主義とエンパワーメントを主張してきました。また、セルフヘルプ・セラピィが現われたり、「心理学を離れよう」「心理療法に決別しよう」という動きさえ出てきたりしていました（Miller, 1969）。しかし、こうした動向にもかかわらず、心理療法は、訓練を受けて専門職と認められた者によって提供されるようになっています。また、心理療法は、専用のオフィスで専任の受付担当者を介してのみ受理される傾向をいっそう強めています。心理療法は、〈決別〉されるどころか、逆に活発に市場化され、商圏を拡大し、流通してきています。

5. モラルの否定

心理療法場面におけるプライバシーの重視は、公共的なモラルの退潮と機を一にしています。現代文化の論者は、モラルについて議論する場さえも失われつつあることを指摘しています。モラルについては、メディアで取り上げられて議論されることはあります。しかし、それは、モラルを軽視した議論であったり、歪曲されてセンセーショナルに取り上げられたりするものがほとんどです。多くの西洋社会では、モラルについて語られることがなくなってきています。その原因は、おそらく宗教をはじめとする伝統的な規範の影響力が失われてきたことにあるでしょう（MacIntyre, 1981）。伝統的文化においては、モラルに関する議論は重要なテーマです。それに対して科学は、〈価値中立的〉と考えられています。カウンセラーもセラピストも応用科学者であり、その点でセラピストは、モラル的に中立となります。セラピストの多くは、モラルに関しては中立な介入枠組みを設定し、維持することに力を注いでいます。ここでいうモラルに関しての中立とは、セラピストが、自らの信条や価値観をクライエントに押し付けないという意味です。その意図するところは、クライエントが自分自身のモラルにもとづく判断に到達できるようにすることにあるのです。

このように文化形態としての心理療法には、現代社会における主要なテーマと緊張状態が映し出されています。たいていの心理療法における人間関係は、本質的にプ、ラ、イ、ベ、ー、トな性質をもっています。心理療法における人間関係の文化的意義を理解するためには、このプライバシー重視という性質が鍵となります。プライバシー重視は、ある意味で、自己という概念の重層的な捉え方と密接に関わっています。つまり、自己は、その外側に〈偽りの〉殻をまとい、内部の核を隠し、守っているという捉え方です。その核は、精神分析においては、危険、粗暴かつ性的です。人間性心理学においては、情愛があり、感受性豊かかつ創造的と考えられています。このような自己の意味づけ方から導かれる考え方は、人が非常に安全でプライベートな場を必要とするということです。そして、そうした場を得てはじめて、内部の〈本当の〉自己が現れ出ることが可能になるというものです。また、心理療法におけるプライバシー重視は、社会的趨勢とも関連して心理療法に興隆をもたらす役割も果たしています。というのは、現代社会が豊かさを求めるのは、市民にプライベートな場を供給するためなのです。市民は、社会が豊かになり、プライベートな空間が手に入ることで豊かさを実感するのです。たとえば、市民は、プライバシーが確保されることで、自分の好きなように社会生活を送り、都会で誰にも邪魔されずに静かに暮らすことができるようになります。

心理療法は、人びとが苦難にまつわる個人的なストーリィを語るための文化的形態であり、文化的領域です。そこには、苦難のストーリィを聴くための訓練を受け、そのための技能を備えた専門家であるセラピストがいて、人びとがストーリィを語るのを援助します。このような点では心理療法は、既述した伝統的な宗教にもとづく癒やしとよく似ています。しかし、心理療法の場に訪れるクライエントが語るストーリィは、特殊な構成となっています。クライエントのストーリィでは、社会文化的文脈やモラルの文脈は大幅に削ぎ落とされています。その代わり、クライエント個人の内面に横たわっている病理的構造を明らかにするのには都合のよい構成となっているのです。二十世紀の後半に発展した心理療法は、その時期の時代精神を反映している面があります。それは、人は修復可能なメカニズムであるという見方です。その単位は一人の個人であり、そして、消費者、顔のない統計値であるとみなされます。

ここに、現代の心理療法のパラドックスが見えてきます。多くの人びとにとって、面接室は、親身になって話を聞いてもらえる唯一の場所です。そこでは、自らのストーリィを語り、受け入れられることができます。これによって、心理療法は、現代の生活における強力な要素となり、また魅力的な商品となりました。しかし、ストーリィを語ることの効果は、伝統期のそれとは異なってしまっています。昔のようにストーリィを語っても、それによって、その人が共同体で共有された大きなナラティヴに再統合されることはなくなっているのです。つまり、ストーリィを語ることは、大きなナラティヴに語り手を再統合する働きをしなくなったのです。むしろ、心理療法の場でストーリィを語ることは、集団から孤立した自己を際立たせる働きをするのです。かつては、集団の大きなナラティヴによって、その文化集団のメンバーの結束が保たれていました。ところで、現代において苦難のストーリィを受け止める、いわゆる〈メンタル・ヘルス産業〉(Kovel, 1981) は、それとは逆のことをしているといえます。メンタル・ヘルス産業については、人びとに対して効果として請け負っていることと、それが実際にもたらしている結果との間にはギャップが存在しているのです。今後、近代の生活様式や構造が透明性を高め、疑問の声や改善の要求に開かれるようになっていけば、このギャップは、さらにはっきりしたものとして誰の目にも明らかになるでしょう。

6　ポストモダンの観点からみた心理療法

現在、社会は、近代からポストモダンの時代に変化しつつあります。そして、心理療法の性質と、その文化的な位置づけも、ポストモダンの時代の実践形態に向けた大きなうねりのなかで変容し始めています。本章のはじめに、ポストモダンの主要な特徴として、グローバリゼーション、省察性、〈大きなナラティヴ〉に取って代わる〈ローカルな知〉の台頭を挙げました。今日の心理療法には、こうしたポストモダンの一連の着想と歩を同じくする数多くの潮流がみられます。たとえば、カウンセリングと心理療法におけるもっとも顕著な発展の一つとして、心理療法の主要学派がもたらす影響力の低下と、それに代わる折衷主義や統合主義の進展があります。後者においては、個々のセラピストやそのグループが、さまざまな概念や技法を自分のブリコラージュ（訳注：創意工夫。レヴィ・ストロースの造語で、「器用仕事」とも訳される）に取り入れることで、〈普遍的な〉理論よりも、一群のローカルな知を作り出すようになっています。こうした潮流の背後には、多元論への傾倒が存在します。さらには、セラピストがそうであるように、クライエントもまた、幅広い心理療法のナラティヴを求めるようになってきているということもあります。今日では、フロイト、ユング、ロジャーズ、スキナーらが提案したさまざまな考え方は、すでに日常の会話に浸透しています。そのため、個々の学派の考え方に頼っているだけでは、近代的な専門職というセラピストの存在意義が失われてきています。かつては、心理療法の主要学派は、自らの理論の正しさを主張し、それを他に押しつけようとする傾向が強くありました。しかし、ポストモダンの時代では、そのような植民地主義は、他の文化的実践や、現代流の文化の陰に埋もれていた伝統から、次第に異議申し立てを受けるまでに至っています。また、心理療法は、近代の後半になってからは、合理的研究に裏づけられた近代的学問領域としてアカデミズムにそれ相当の地位を確保するための努力も積み重ねてきました。そのような心理療法の動きについても、ポストモダンの時代に入った現代では、フェミニズム、政治的積極行動主義、宗教、霊性的実践、文化固有の癒やし儀式から、新たなアイディアを付加されて変容を遂げつつあるのです。

専門職というのは、ヒューマン・サービス（たとえば医療や法曹）の一部門を独占的に担う権限を国家から与えられるような職能集団を意味しています。この専門職という概念は、きわめて近代的なものです。伝統期には徒弟制度や技能者集団によって行なわれていた活動を法制化によって専門活動として制度化し、専門職を確立していく動きは、近代というプロジェクトを推進する力の一つです。心理療法やカウンセリングは、近代の最後期になって、この専門活動の制度化の動向に加わりました。その点でセラピストやカウンセラーも、新進の専門職といえます。ただし、心理療法やカウンセリングが専門職化の最後尾に加わった頃には、すでに専門職が人びとの生活に与える影響力の弱体化が始まっていました。というのは、ポストモダンの社会では、人びとの生活に影響を与える要因として政治的圧力や経済的動向に加えて新たにサービスの利用者自身が積極的に関わる動きが加わりました。利用者自身が専門職の活動を主体的に選び取る傾向が強くなってきたのです。

現代人は、モラルが失われつつあることによって、逆に良質な生活はモラルなしには成り立たないということを意識するようになっています。心理療法は、そのような意識を徐々に反映したものにもなってきています。エマニュエル運動をはじめとする十九世紀の宗教団体にみられる心理療法の萌芽からは、モラルは追いやられていました。ところが、モラルの重要性は、心理療法についての議論のなかで再び注目を集めてきています。そうした動向は、近年では、心理療法のモラル的側面を是認する下地が整ってきたことに現われています（Sugarman & Martin, 1995）。この変化の一部は、心理療法に対するフェミニスト・アプローチの影響の高まりに起因しています。フェミニスト・アプローチは、明確な政治的スタンスと、一群の価値観に拠って立っています。また、フェミニスト以外にも、心理療法と宗教的信念体系との間にある関連性を明らかにしようと試みる理論家や実践家もいます。さらに、心理療法とモラルとの関連については、急進的な立場から〈批判的〉な見解を声高に主張する者もいます（Cushman, 1995）。

急進的な相対主義は、私たちが暮らしている世界は構成されたものであるという見解にもとづく二十世紀末期の思潮と関わっています。この相対主義は、オマーとストレンジャー（Omer & Strenger, 1992）が近年に提唱した、心理療法的メタナラティヴという概念に暗々裏に現われています。彼らの見方によれば、セラピストが信奉する心理療法の理論は、クライエントが自らの人生（life）のナラティヴを形成するうえで、包括的ないしは支配的なストーリィとして機能するということになります。

セラピストは、クライエントに関わる面接技能として反射や解釈をします。そのような反射や解釈は、それがどのようなものであっても、人生とはどうあるべきかを示すストーリィを序々にクライエントに伝達する手段として機能しているというのが、彼らの見解です。この点に関してシェーファーは、広範に用いられる精神分析的なメタナラティヴの代表例を、以下のようにまとめています。

フロイトのダーウィン主義的ストーリィ：獣として、あるいはいわゆるイドとしての乳幼児期から一生が始まる。その後、生来の本性にとって生きづらい文明社会で育ち、欲求不満のなかで手なづけられ、飼いならされた獣として、一生を終える。

フロイトのニュートン主義的ストーリィ：（心というものは）慣性の法則に従う機械であると考えられる。すなわち、何らかの力が作用しない限りは、機能しない。それは、ある種の閉鎖系システムとして働く。つまり、エネルギーの総量は不変であって、一つの領域でエネルギーを貯蓄、消費すれば、他で用いられるエネルギーは減少する。したがって、厳密に数量的なことを言えば、他者に対する愛は自己愛（self-love）の量を制限するように働き、異性に対する愛は同性に対する愛をやはり制限するように働く。機械にはメカニズムが付き物である。たとえば、防衛やその他のさまざまなチェック機能、バランス維持機能といった、自動制御メカニズムをもっている。

メラニー・クラインのストーリィ：子どもも大人も、胸のうちでは、乳幼児期以来のたけり狂った精神病から回復する途上にある。私たちの一生は、狂気に始まる。これには他者の狂気から取り入れたものも含む。そして、幸運に恵まれるか、分析の助けを借りるかして救われることはあるものの、私たちは多かれ少なかれ、この狂気を持ち続ける。

コフートのストーリィ：子どもは、ほとんど本能的に従うように駆り立てられ、一貫性のある自己を実現しようとする。ところが、子どもは、養育者との密接な関係のなかで、共感不全を被ることによって、多かれ少なかれ、発達を阻まれ、傷つけられる。その結果、成長のための努力は、さまざまなやり方で妨害される。たとえば、反動的に自らを慰める誇大な空想、防衛的なスプリットや抑圧、情緒的「未統合の産物」などがそれである。あるいは、自己を守り、癒やし、成長し続けようと試みながら、自己がちりぢりに砕かれることも、妨害のやり方の一つである。

(Schafer, 1980, pp. 30-35)

シェーファーがここで投げかけている疑問は、「フロイトは、何をなそうとしていたのか」ということです。フロイトは、科学に基礎をおいた理論を構築しようとしていたのでしょうか。あるいは、人が人たることの意味についての独創的なストーリィを作り出そうとしていたのでしょうか。実際のところは、そうしたストーリィにはたくさんのバリエーションが存在し得ると考えたほうがよいでしょう。たとえば、フロイトの後継者であるウィニコットやラングらは、やはり独自の精神分析的ストーリィを考えていました。どのセラピストもやはり、いかに人生は生きられるべきであるのかを語るストーリィをもち、そのストーリィをクライエントに伝えることを余儀なくされるのです。シェーファーが指摘するようにセラピストのなかには、互いに絡み合う、二つないしはそれ以上のメタナラティヴを信奉している者がいます。フロイト自身がそうであったといえます。そして、こうしたメタナラティヴは、自らの仕事に影響するさまざまな文化のテーマを映し出しています。ハンフリーズ(Humphreys, 1993)が論じているようにセルフヘルプ・グループもまた、メタナラティヴを保有し、それを謳い文句にしています。断酒会(Alcoholics Anonymous)でいう「十二のステップ」は、そのもっともよい例でしょう。心理療法のメタナラティヴという概念は、心理療法を科学の領域から微妙に遠ざけるように働きます。つまり、心理療法の理論の正当性を科学的に示そうとしたとしても、それは単にストーリィの一種でしかないという見方を提示し、その相対性を明らかにするからです。

このように考えると、カウンセリングや心理療法に対するポストモダンの影響力が垣間見えてきます。ポストモダンの衝撃は、心理療法を脱構築し、特権的な科学の知、権力、確実性という看板を剝ぎ取ります。そして、この衝撃は、私的なストーリィを語る場という、心理療法の核心部を露わにするのです。

7　物語ることの変容

これまでに述べてきたように、伝統的時代から近代、ポストモダンへと移り変わる文化のなかで心理療法的な癒やしもさまざまに形を変えてきています。私たちが知るところの〈心理療法〉は、まさしく近代の産物です。しかし、変容を続ける心理療法の本質を理解するためには、ただそれを歴史的・文化的コンテクストに位置づけるだけでは不十分です。心理療法は、物語行為（storytelling）の一形態と考えることができます。そのように考えるならば、心理療法においてクライエントや患者は、自らの人生のストーリィの語り手となる機会が与えられるとみることができます。そのような観点に立つならば、心理療法の変化を考えるためには、現代という時代においてストーリィを語るという経験それ自体がどのように変容し、発展しているのかを考慮に入れる必要があります。ここで私が提起したいのは、心理療法に関して起きていることは単に心理療法内部の出来事を反映しているものではないということです。ポストモダンの現代では、心理療法を越えた、より広範囲な文化において、人びとが〈物語世界〉（storied world）に参加する仕方が大きく変化してきています。今日、心理療法に関連して起きている事柄は、まさに広範な文化で生じている物語世界への参加の仕方の変容を反映しているものなのです。社会の変化やテクノロジーは、ストーリィの語られ方、そしてストーリィの聴かれ方を根本的に変えてしまったのです。

ストーリィを生成して語ることの歴史的変遷を研究しようとすると、トピックが広大無辺になることは避けら

表1-2　伝統期，近代，ポストモダン期における物語ること

伝　統　期	近　代	ポストモダン
口頭文化 参加型・共同体でストーリィを物語る	文字・印刷文化 受動的・個人でストーリィを読む	テレビ・インターネット文化 電子メディアを通じた擬似的交流の可能性：口頭伝統の復権
共同体的なモラル・宗教信仰の枠組みに埋め込まれたナラティヴ	世俗化された日常のリアリティに遍在するナラティヴ	グローバル化された日常のリアリティ
相対的には限られた種類の神話・宗教的ストーリィ	多岐に渡り入手可能なストーリィ	表面的には無限な選択肢をもつナラティヴ
英雄譚的なテーマ	ロマンティックなテーマ：誰もがなり得るヒーロー	皮肉なテーマ：英雄への望みの拒絶
循環的・反復的なストーリィ構造：音楽性，詩情の活用	時系列的で論理的なストーリィ構造（たとえば探偵小説）	崩壊し，実験的で脱構築されたナラティヴ構造
文化に埋め込まれたストーリィ	文化差を探索するストーリィ：ただし，異文化を危険で原始的とみなしがち	異文化のストーリィの称揚と同化吸収
私的もしくは家庭的問題に関するストーリィが，公共の場で共有される	問題のストーリィが，一人の相手に対して内密に語られる	問題のストーリィが，より公共の目に晒される：証言，サバイバーの体験告白の集い「オプラ・ウィンフリー・ショー」（訳注：80年代米国のトーク番組。ゲスト出演者の告白で人気を博す。）
問題のストーリィが，モラルや宗教的用語で理解される	問題のストーリィが，科学の用語で概念化される	問題のストーリィは，多岐に渡る仕方で意味づけられる
ナラティヴの単一性や整合性が，共同体のレベルで追求される	ナラティヴの単一性や整合性は，個人のレベルで追求される	ナラティヴの単一性の希求自体が疑問視される

れません。そこで、本章で議論してきた伝統期、近代、ポストモダンという時代区分に限定し、時代ごとにストーリィの用いられ方がどのように異なるのかを対比的に整理したのが、表1-2です。まず、近代の特徴からみていきましょう。おそらく、もっとも目を引くのは、物語行為の一形態である心理療法が、小説のような他の近代的なナラティヴの形態のもつ特徴の多くを具現していることです。たいていの心理療法のストーリィは、小説と同様、一人の英雄／自己が、身動きの取れない状況に直面して、そこから意味や充足感を見出そうとする試みを取り扱っています。また、小説も心理療法のストーリィも、基本的に線形的な時系列に沿って過去と現在を結びつけ、人の人生の筋書きを構成するものです。さらに、小説も心理療法のセッションも、文化の小さな単位といえるものです。つまり、いずれも利用者が費用を支払って購入し、ある期間においては生活の重要な要素になりながらも、目的を果たした後には用無しになるというものです。最後に、小説家もセラピストも特権的な語り手の地位にあり、出来事に対しては全知なる〈神の目〉の視点を与えられていることも、小説と心理療法において共通している点です。

次に、伝統文化における物語行為についてみていきましょう。伝統期には、近代とはまったく異なった性質がみられます。そこでの物語行為は、共有された共同参加の経験であるところに特徴があります。人は、生涯を通して一定のストーリィを生きています。人生のさまざまな局面においても、同じ物語が繰り返し語られます。ストーリィは口頭で伝達されます。その結果、人が話（tale）を思い出す場合には、ストーリィと音声とがある程度融合して想起されたと考えられます。たとえば、神話のように伝統文化における集合的なストーリィは、一個人の生を時間的に超越して形成されていました。また、癒やしのストーリィが語られる相手は、特定の人や集団に限られていました。そして、その聴き手と語り手は将来に渡って見知った間柄でした。

最後に、近代文化の終末期ともいえるポストモダンの時代のストーリィの特徴をみていきましょう。現代におけるストーリィの語られ方は、きわめて多岐に渡るようになっています。映画やテレビ番組のジャンルは、線形的な時間枠を打ち砕いてしまいました。たとえば，映画では〈フラッシュバック〉というアイディアが活用されるに至っています。ストーリィの語り手も，その聴衆も，語られたストーリィを容易に解体することが可能になっています。ストーリィは，省察性と皮肉に満ちています。同時に，そこでは，語り手と聴衆は，基本的には分離されています。神話的なストーリィも，もはや聴衆がそこに〈入り込む〉ことができるような相互に共有された経験ではなくなっています。現代の神話的なストーリィは，たとえばＣＮＮによって中継され，数百万の視聴者の目に触れています。こうしたストーリィは，ことばよりも，むしろイメージによって語られています。現代文化における心理療法のストーリィの形式は，こうした文化に色濃く影響されています。心理療法がグローバル化され，世界中のセラピストは，同一の介入マニュアルにもとづいて作成された標準化された方法を用いるようになっています。しかし，同時に心理療法の利用者も，昔に比べれば格段に目が肥えてきています。その結果，クライエントは，自らのストーリィもセラピストによって提示されたストーリィも，どちらも解体することができます。〈心理療法〉自体が，クライエントとセラピストの両者それぞれの内省的な批評に晒されるようになっています。

8　結び——ナラティヴ，そして心理療法の文化的基盤

現代文化における心理療法の位置づけを理解することによって，心理療法がもつ重要な意味がいくつか浮かび上がってきます。第一の意味として，心理療法は，普遍的な人類の企てではなく，またそうなろうとしてもできないということです。たしかに，人間の社会であれば，どのような社会でも人びとは〈生活する上での問題〉を経験しています。そして，現代の産業社会であれば，そうした問題は，心理療法の技法である傾聴，リフレーミング，カタルシス，解釈，行動変容によって取り扱われることになります（Frank, 1973）。そのように多くの

社会に心理療法が普及してきているものの、私たちが知っているカウンセリングや心理療法といった活動は、西洋の伝統文化に由来する方法でしかないのです。文化土着性という点で言うならば、心理療法は、ユダヤ教とキリスト教の都市型産業社会に暮らす人びとにとってのみ、土着文化固有の救済法ということになります。つまり、心理療法は、西洋文化に由来する心理学の一部でしかないのです。いわゆる心理療法が根を下ろしてはいない文化は数多くあります。また、たとえ心理療法が行なわれていたとしても、その影響力が一部に留まっている文化も多く存在するのです。

心理療法を文化的観点から見ると、個人の変容と社会の凝集性との間の逆説的な関係が浮き彫りになります。この逆説（paradox）は、多くのセラピストの認めるところです。しかし、それを解く試みはうまくいっていません。一人の個人としてのクライエントにとって、心理療法は、測り知れない価値をもつでしょう。そして同時に心理療法は、地域共同体や社会の凝集性の崩壊を導くかもしれません。たとえば、不適切な試験と退屈な授業のために無気力になっていた一人の学生が、大学のカウンセラーの力を借りて、無事に単位を取れたとしましょう。それは、それでよかったといえるかもしれません。しかし、この学生が大学に対して感じていた怒りや失望感は、大学当局の運営組織にフィードバックされることは、あるのでしょうか。この点に関して、クッシュマンは、次のように指摘しています。

> 患者が、空虚感と混乱を抱えていると診断された場合には、たいていその空虚感と混乱をもたらした社会歴史的状況に注意が払われることはない。そのため、心理学にもとづく会話や実践といった援助活動は、介入しようとする、まさにその問題の原因を温存することになる。
>
> (Cushman, 1990, p. 600)

クッシュマンがここで〈社会歴史的状況〉と称していることは、マッキンタイアー（MacIntyre, 1981）が中世社会に生きた人びとに見出した英雄的〈負い目〉〈運命〉〈義務〉とさして変わりません。伝統文化の人びとは、どのような〈問題〉であれ、それを意味づけるためには、個人という境界をはるかに超えたナラティヴのなかに問題を位置づけました。たとえば、先祖や一族の源流へと遡ったのです。近代文化の人びとは、このようなことはしません。自己についての近代的なナラティヴでは、〈問題〉は、個人のパーソナリティ構造のなかに位置づけられるからです。あたかも個人が、世界を縮約した小宇宙であるかのようにみなしているのです。

過去を理解しようとする努力は、精神分析に代表される近代的な心理療法を発展させました。もちろん、過去を理解しようとする努力は、伝統的な癒やしの実践や宗教においても行なわれていました。しかし、その場合、過去は、神話やストーリィを介してやり取りされる地域共同体の歴史として位置づけられていました。それに対して近代文化では、個人が口頭伝承の過去にまで遡ることは稀です。遡ってもたかだか祖父母の時代までです(McKay, 1993)。したがって、一人の個人が知っている過去は、おぼろげな家族の歴史のうちに包含された個人の歴史に限られます。それらを超えたものとしては、ある権威のもと、公的に書き下ろされた一般的な歴史のみが存在しているだけです。近代世界でも、自分よりも少し前の世代に、戦争、移住、社会変動などによって喪失を経験した者も多いといえます。そのような人びとは、生活の術、土地、文化を失う経験をしています。しかし、心理療法では、そうした問題を扱いません。そこでは、過去とは、幼児期に始まるものなのです。

カウンセリングや心理療法を文化の発展という観点から考えた場合、自ずと長期的な視野に立たざるを得ません。カウンセリングや心理療法は、たかだか五十年程度の歴史しかありません。そして、社会の変化のスピードは、ますます速くなってきています。今や、カウンセラーやセラピストは、明確な職業アイデンティティのもとに結集し、援助職や医療のなかで自らの地盤を築いてきています。しかし、さらに五十年の後には、心理療法はどのようになっているのでしょうか。今、私たちが活用している心理療法のストーリィは、今後の五十年間も、やはり同様の意義を保つことができるのでしょうか。

文化は、思考と行動を司るシステムとして存在しています。心理療法も、その一つです。そして、文化を構成するメンバーはそれぞれ、自らが生きる歴史上のこの時、この場所において〈人間であること〉の意味の追求に取り組んでいます。心理療法は、その取り組みのための一つの方法です。心理療法が機能するための主要な局面は、ストーリィを語ることを介して成立します。クライエントや患者は、心理療法に訪れれば、ともかくも自らのストーリィを語り、そして語るべき新たなストーリィを見出し、あるいは構築します。通常、セラピストは、自分の個人的な問題についてのストーリィを開示することはしません。その代わりにセラピストは、人がどのように変わり、あるいはどのような生活が可能なのかについての、より一般的で、ほとんど神話的なストーリィをクライエントに提供します。これらのセラピストのストーリィに暗々裏に含まれているのは、〈良き生活〉のイメージです。もちろん、心理療法の場以外にも、欲求充足、自己改善、自己管理についてのナラティヴは、至るところで聴くことができます。映画、小説、広告板、あるいは雑誌のアンケートなどからも、良き生活のためのストーリィが提供されています。しかし、こうしたストーリィの種子を文化という土壌の深部に植え付けるためには、心理療法を活用する以上に有効な方法はあるでしょうか。つまり、親密な会話を通じてその人自身のストーリィを獲得する機会を与える以上に有効な方法はあるでしょうか。おそらく人は、このような心理療法の機会を通じて、自らの生活の鋳型となるナラティヴを身に付け、良き生活のバージョンを手に入れることができるのです。

このような心理療法の文化的基盤を考慮に入れると、眼の向く方向が変わってきます。心理療法の出会いは、単なる〈治療〉ではありません。それは、むしろ会話的、ナラティヴ的な出来事であり、文化の構成メンバーが活用できる物語行為の実践の場とみることができます。このように心理療法を理解すれば、現代の心理療法の技法と考え方を身につけようとする多くの人びとは、容赦なくその視点をずらすことが求められることになります。つまりは、視点を内部から外部へとずらすことです。哲学者のマッキンタイアー（Alasdair MacIntyre）

は、人間が「本質的に物語を語る動物」であるという見解を提起しています。「〈私は何を行なうべきか〉との問いに答えられるのは、〈どんな（諸）物語のなかで私は自分の役を見つけるのか〉という先立つ問いに答えを出せる場合だけである」と彼は書いています（MacIntyre, 1981, p. 216. 邦訳前掲二六五頁）。私たちの生を構成するストーリィの大部分は、私たちが生まれる前から、そして死んだ後も〈そこにある〉のです。文化のなかで、人間として生きるための課題は、個人の経験と〈自己を見出すことができるストーリィ〉との間に、充分な調整を加えることです。セラピストの仕事は、特にこの調整がうまくいかなくなった危機や葛藤に際して、再調整を促すことです。ナラティヴの観点に立つと、リンチ（Lynch, 1996, p. 7）が示した方向で心理療法を考え直すことを余儀なくされます。つまり、一人ひとりの個人的な経験へと〈内向する〉のではなく、文化のストーリィへと〈外向〉することが迫られるのです。彼の言い方を借りれば、「特定の文化における言語や象徴へと、外に向かう旅立ちとしての心理療法」ということになるのです。

近年では、心理療法の場面で起きていることの意味を探って、ナラティヴや物語行為というアイディアに関心を持ち始めるセラピストが多くなっています。本書の第3〜5章は、セラピストたちが、どのようにナラティヴ概念と関わってきたかを概観します。ただし、ナラティヴ概念は、多様な意味を伴っています。ナラティヴの語を用いるセラピストの大半は、それらのなかでも、ごく限られた意味を自分たちの仕事にあてはめているにすぎないように思えます。したがって、ナラティヴや物語行為の性質をより精査しておくことが重要となります。ストーリィとは何なのでしょうか。人がストーリィを語るときには、何が起きているのでしょうか。次章では、こうした論点を吟味します。

第2章
認識としてのナラティヴ
——心理療法における物語ることの特質と機能

本章では、ナラティヴと物語ること（storytelling）の特質を、より詳しく吟味することを目的とします。第1章で論じてきたのは、近代世界の到来によって、科学、合理性、秩序に重きがおかれた一方で、物語ることを媒介とする人と人の間のつながりが不当に低く扱われたことでした。近代社会の生活では、人びとに関する重要な情報の多くが、数値という抽象的な形式によって表わされます。歴史的にみれば、心理療法は、ストーリィを語る機会が人びとから失われていくことに対する反動ともみなすことができるでしょう。セラピストは、クライエントが語るどのようなストーリィにも耳を傾けます。また、クライエントのストーリィを信じ、真摯に受け止めます。では、ストーリィとは何でしょうか。ストーリィを語ることは、何を意味しているのでしょうか。心理療法にとってのストーリィの意味を明らかにするために必要なのは、物語ることを認識の一方法として位置づけることです。物語ることを認識の方法としてみた場合、物語ることがもつ、固有の豊かさを理解することが可能となります。

心理学者のジェローム・ブルーナー（Jerome Bruner）は、人間が世界を認識する仕方には異なる二種類の方法があることを指摘しています。彼は、この二種類の認識方法の相違に着目することの重要性を非常に精力的に強調しています。ブルーナーによれば、人間の認識とは、ストーリィを通じて獲得されるものと、科学を通じて獲得されるものの二種類に分けられます。ブルーナーは、英米における理論家、研究者として長年に亘る卓越した経歴をもっており、その重要な功績は社会心理学（Smith et al., 1956）、発達心理学（Bruner et al., 1983）、認知科学領域（Bruner et al., 1956）に及んでいます。おそらくは、彼のもっともよく知られる業績は、ピアジェの生物学的・構造論的発達理論と、ロシアの心理学者ヴィゴツキーの、より明確に社会に基礎をおいた着想とを統合しようとした試みでしょう。しかし、近年は、それら一連の仕事を貫く〈文化心理学〉の構築というテーマに立ち返っています。

ブルーナーによれば、文化心理学という概念の中核に据えられるのは、パラディグマ的認識と物語的認識の区別です。パラディグマ的認識とは、科学的な思考モードに端を発し、抽象的で命題的な認識を通じて、世界を表象します。一方、物語的認識とは、人びとが自らの経験を語るストーリィを通じて、組織化されます。ブルーナーは、物語的認識方法も、パラディグマ的認識方法も、どちらも人間が世界を意味付ける能力の一側面としています。ただし、物語的モードの方は、パラディグマ的モードに比較してあまりよく理解されていないと指摘しています。心理学者や他の領域の研究者は、科学的であろうと試みるなかで、もっぱらパラディグマ的で命題的な認識の方に焦点を当ててきました。その一方で、物語的認識を、非合理的で捉えどころがないだけでなく、的外れでいくぶん非論理的であるとみなして軽視してきたということがあります。

1　物語的認識の退潮

物語ることを介したコミュニケーションは、人間の諸活動の基礎となっています。聖書やその他の宗教的テクストは、一連のストーリィで構成されており、それを通して道徳的な教訓を私たちに教えています。また、社会集団としてのアイデンティティの価値や意義は、伝説や神話を介して世代から世代へと受け継がれています。より日常生活的なレベルでいえば、私たちは、噂話、ニュース、小説、映画、テレビドラマなど、さまざまなストーリィに囲まれています。

しかし、近代社会の際立った特徴の一つとして、ストーリィの意義を無視、もしくは軽視する傾向があります。私たちは、ストーリィに娯楽としての価値を簡単に見出しはしても、それを真剣に受け止めようとはしません。近代人にとっては、ストーリィは、魅力的で心奪われるものではあります。しかし、それが真実であることを素朴に信じることはありません。むしろ、それは、単なる〈お話〉にすぎないではないかという意識が常にあります。ストーリィが真実を伝えていることが明確でない限り、近代人は、ストーリィが伝える情報にもとづいて実際の行動を起こすことはしないものです。

社会の都市化と高度産業化を特徴とする近代世界では、科学的知識だけが真実性を主張します。そして、それゆえに科学的知識のみが合理的な行為の根拠たり得るということになります。過去二百年にわたる科学とテクノロジーの発展は、真実をコミュニケートする手段としてのストーリィの正当性が徐々に失われたことと機を一にしています。正確で信頼できる知識に到達する方策は、科学的手続きの妥当性への信頼にとって代わられたのです。

このような趨勢が生じてきた理由は、分かりやすいものです。人びとが物理的な世界をコントロールできるようになるために、科学やテクノロジーが多大な貢献を果たしました。科学の進歩が生活の質を改善することは、常にとは言わないまでも、これまでほぼ約束されていました。科学は、医療、物流、コミュニケーションのような領域で、さまざまな技術的発明を成し遂げてきました。これらの成果に触れずに育った人が、近代の技術文明の社会をみたならば、それは、まさに〈驚異の世界〉として映るでしょう。ラジオ、避妊ピル、地球の衛星写真、スーパーマーケット等、成果は枚挙に暇がありません。

科学的な世界に参加するために、私たちは、科学的に思考し、コミュニケーションすることを学ばねばなりませんでした。つまり、抽象的な命題的知識という領域に慣れ親しむことが求められたのです。たとえば、車を設計し、製造するという科学技術的な課題を遂行しようとしたとき、そこにはどのようなことが含まれるか、考えてみてください。車のエンジンの設計一つとってみても、「体積」「重量」「密度」「引っ張り強度」「熱」といった抽象的存在を考慮することが求められます。これらの変数は、複雑な公式により、互いに関連付けられます。この公式を用いることで、設計者には、ある条件のもとで、あるタイプのエンジンが、どのような挙動を示すかを予測することが可能となります。さらに、それぞれの変数を測定したり、公式やモデルの正しさを検証したりするための手続きも用意されています。

科学的な認識方法は、現代社会のほとんどの人びとにとって、馴染み深く、あたりまえのことのように思われています。しかし、馴染み深いといっても、それは、私たちの生活そのものに根ざしたものとはいえません。科学的な認識は、一連の特有な仮説や手続きに依拠しています。第一に、社会的文脈を考慮することが必要とされません。エンジンを設計する場合における熱と金属構造との関係は、いったん決まってしまえば、どのような時と場所においても普遍的であると仮定されます。この公式は変わることがなく、誰が実験するかによって影響を受けることもありません。科学によって言い表わされることは、抽象的で一般的な真実です。すなわち、科学は、ある特定の対象物や一例ではなく、変数間の関連を描き出すのです。第二に、科学的知識は、ふつうの日常言語でやり取りされるものではありません。たとえば、「もしXならばY」「a + b = c」といった一連の命題的な表現形態によって定式化されます。第三に、科学的命題には、曖昧さがまったくないか、あってもごくわずかです。将来に起きることを高い精度で予測することが目指されます。千マイル走ったところでエンジンが暴発しないということは、誰しも知っておきたいと思うものです。

つまりは、科学的思考は、抽象的・非人称的で、社会的文脈に無関係で、論理的・予測的なものなのです。それとは対照的にストーリィは、すでに起きた具体的な出来事を述べるために用いられる、思考・コミュニケーション様式です。ストーリィは、語り手と聞き手が共有する世界の社会的文脈に埋め込まれており、意図や感情を伝達します。また、ストーリィは、本質的に口頭伝承の文化に根差しています。それに対して科学的思考は、文書や印刷技術によって支えられています（Ong, 1982）。前述したエンジンの設計は、科学的な公式によって表現可能でした。ただし、設計チームのメンバーは、どのようにその公式に至ったのかを語る自らのストーリィをもっているということはあるでしょう。

2　ナラティヴの再発見

素朴な日常的思考からすると、エンジンのような工業製品は精密に設計され、組み立てられ、素晴らしい機能をもつという点で、ある種の不思議さや驚きを伴う物です。科学的思考は、そのような物を設計するためには非常に役立つといえます。ところで、科学的思考は、人間に関わることに適用した場合、やはり工業製品を作るのと同様に役立つでしょうか。たとえば、私たち自身、人間関係、人間が作り出した社会について科学的に考えてみた場合、どうでしょうか。この問題は、十九世紀後半に始まった社会科学や心理学では、中核をなす問題です。また、心理療法の実践に際しても、やはり非常に重要となる問題でしょう。心理療法においてクライエントは、自らに関するストーリィを語ります。その一方で、セラピストは、クライエントの変容を促すために、科学にもとづいた理論や介入を活用するといえます。

体系立てられた知識の総体である心理学は、科学的で命題的な知識という基礎のうえに成り立っています。心理療法は、心理学に依拠するところの大きい実践領域であり、やはりこのタイプの知識に基礎を求めています。しかし、こうした状況に批判の声も高まっています（Gergen, 1985；Mair, 1989a；Rennie, 1994b；Shotter,

1975)。つまり、人びとを対象とした研究に、自然科学の考え方や方法を適用するには、どうしても限界があるというのです。それでは、人びとの振る舞いや感じ方を理解するための信頼に足る方法は、どのようにしたら開発できるでしょうか。この問いに対する一つの答えが、現われてきています。それは、人びとを能動的で社会的存在とみなすことを前提とする考え方です。能動的な社会的存在である人間は、ナラティヴや物語ることを通して個人的現実や文化的現実を構成しているといえます。そこで、人びとの振る舞いや感じ方は、人びとがナラティヴや物語ることを通して現実を構成していく仕方を知ることで理解が可能になると考えられます。これは、新たに提案されている、科学とは異なる人間理解の方法です。

このようにナラティヴや物語ることに関心を向ける物語論的転回（narrative turn）は、一九七〇年代から一九八〇年代にかけて心理学と社会科学において地歩を築き、勢いを得てきました。表2-1に、このテーマに関する著作を年代別にまとめてみました。最初期の著作は、包括的で哲学的な論点に焦点を当てていたといえます。むしろ、このような〈物語論〉（narratology）が、教育、研究法、心理療法といった実践的領域に適用されたのは、ごく最近のことにすぎません。心理学や社会学における物語論は、ポストモダン流の社会分析に向かう動きに刺激を受けて発展したという面はあります。しかし、それと同時に、それらの物語論そのものが、ポストモダン流の社会分析を推し進める起動力になっていたともいえます。また、このような学問的動向以外にも、単純にナラティヴや物語ることへの関心が高まってきたということも、物語論的転回が生じた要因として考えられます。いずれにしろ心理学者や社会学者などの社会科学者は、日々の生活において自らの面前で起きていた事象の意味に気づくようになってきています。それは、人間はナラティヴや物語ることを通して経験を構造化するということです。

表2-1 ナラティヴ・アプローチの発展：主要な著作

哲学

Wiggins, J. B. (Ed.) (1975) *Religion as story.*

MacIntyre, A. (1981) *After Virtue : A study in moral theory.*
邦題『美徳なき時代』篠崎榮訳，みすず書房，1993.

Polkinghorne, D. E. (1988) *Narrative knowing and the human sciences.*

心理学

McAdams, D. P. (1985) *Power, intimacy, and the life story : Personological inquiries into identity.*

Bruner, J. S. (1986) *Actual minds, possible worlds.*
邦題『可能世界の心理』田中一彦訳，みすず書房，1998.

Sarbin, T. R. (Ed.) (1986) *Narrative psychology : The storied nature of human conduct.*

言語学

Labov, W. & Waletzky, J. (1967) *Narrative analysis : Oral versions of personal experience.*

Polanyi, L. (1982) *Linguistic and social constraints on storytelling.*

Gee, J. P. (1986) *Units in the production of narrative discourse.*

その他の社会科学領域

Mishler, E. G. (1986) *Research interviewing : Context and narrative.*

Kleinman, A. (1988) *The illness narratives : Suffering, healing and the human condition.*
邦題『病いの語り：慢性の病いをめぐる臨床人類学』江口重幸，五木田紳，上野豪志訳，誠信書房，1996.

Birren, J. E. et al. (Eds.) (1996) *Aging and biography : Explorations in adult development.*

心理療法

Schafer, R. (1980) *Narration in the psychoanalytic dialogue.*
邦題『物語について』所収/W. J. T. ミッチェル編，海老根宏ほか訳，平凡社，1987. 8.

Spence, D. P. (1982) *Narrative truth and historical truth : Meaning and interpretation in psychoanalysis.*

White, M. & Epston, D. (1990) *Narrative means to therapeutic ends.*
邦題『物語としての家族』小森康永訳，金剛出版，1992. 5.

Journal of Constructivist Psychology, Journal of Cognitive Psychotherapy-Special issues on narrative approach, 1994.

3　ナラティヴの現象学

ここでは、ストーリィを作り、それを用いることには、どのような意義があるのかを考えていくことにします。そのためには、物語る‐聴くというコミュニケーション形態が、人びとにどのように経験されているのかを検討することから始めるのがよいでしょう。つまり、ナラティヴの現象学から検討を始めるということです。まずもって区別できることとして、ストーリィとナラティヴとの違いが挙げられます。ストーリィとは、ある特定の出来事についての説明のことです。しかし、たいていの場合、ストーリィは、他のストーリィと互いに結びついています。そのため、それぞれのストーリィの間には、それらを結びつけるための一節が存在します。ストーリィについて思い巡らしたり、類型化したり、その真実性に言及したりするなどといった一節です。一方、〈ナラティヴ〉という語は、〈ストーリィ〉という語に比べると、ゆるやかに定義されます。ナラティヴは、ストーリィにもとづく出来事の説明です。しかし、単なるストーリィの提示だけでなく、それに加えて〈物語る〉というコミュニケーション形態も含まれています。用法という点では、ストーリィの方が、ナラティヴよりも、世間で広く用いられています。それは、ストーリィの方が、より身近ですぐに手が届き、人びとが日常生活レベルで取り扱えるものだからです。ナラティヴという概念の方は、学術的な議論のなかで頻繁に見受けられます。なお、一般的な用語として、語り手（narrator）という語もあります。この語は、一般的に用いられていますが、ストーリィよりもナラティヴに近い意味を含んでいます。語り手（narrator）とは、ストーリィを語る者を意味します。そして、物語ることを通して、単なるストーリィを示すことを超えたコミュニケーションを意味することになります。たとえば、ストーリィの筋から脇に逸れたり、急に終わりを告げたりすることで、単なるストーリィを越えたコミュニケーションとなります。

会話や文書をやり取りするコミュニケーションのなかでストーリィをそれとしてあからさまに分かる形で示す方法には、さまざまなやり方があります（たとえば、Young, 1986を参照）。いずれの方法が用いられた場合でも、人は、語り手や聴き手としてストーリィに参加するという経験をすることになります。そのような経験の典型は、まさにストーリィが語られている間に、そのストーリィに巻き込まれていくことでしょう。この現象がもっとも顕著に現われる状況を挙げてみましょう。たとえば、熟練した語り手が、子どもに向けてストーリィを物語るとき、子どもはストーリィに〈没頭〉し、魅せられています。同じような類のことが、ストーリィが語られるという出来事では常に起きています。人間には、物事を経験するだけではなく、その経験をモニターし、その経験の意味を思案するという、自らを省みる能力が備わっているものです。ところが、ストーリィが語られている間は、まるでこの能力がほとんど停止してしまっているかのようです。ストーリィが語られている間に、自らを省みすぎると、この〈呪縛〉が解け、語り手も聴き手も話の筋を見失い、ストーリィは崩れ落ちてしまいます。そのようなことが起きないためにもストーリィは、通常、それが終わった後に省みられるものとなっています。

ストーリィの現象学的側面として最後に挙げられることは、それが構造化されているという点です。どんなストーリィも、パターンや雛型にうまく合うことが求められます。こうしたパターンに収まらないと、奇妙で不完全な印象を与える結果となります。非常に単純化すれば、ストーリィ構造という概念は、ストーリィには〈開始〉と〈中間〉と〈終了〉があるということとなります。ストーリィの構造は、単にこのようなことを意味しているにすぎないという理解も可能です。しかし、〈優れた〉、あるいは〈よくできた〉ストーリィは、もっと複雑な構造や、〈物語文法〉を持ち合わせる傾向があると指摘する論者も少なくありません（たとえば、Stein & Glenn, 1979 ; Labov & Waletzky, 1967）。

ストーリィの現象学を吟味することによって、いくつかの事柄が明らかになります。まず、ストーリィは、他と区別される単位をもっています。さらに、自然発生的であり、ストーリィが語られている過程では、自らを省みることがあまりありません。ストーリィの文法は、まだはっきり特定されたとまでは言えませんが、誰しもそれを直観的には用いています。以上の特徴をまとめると、ストーリィは、人間のコミュニケーションにおける基本的構成要素であると考えられます。幼児のナラティヴ能力を調べた発達研究は、こうした考えを裏付けています。

4 ストーリィを語る能力の獲得

物語る能力は、発達早期に獲得されます。それは、子どもが言語使用を覚えるのとほぼ同時期です。ブルーナーと彼の研究グループが行なった魅力的な研究に、エミリーという名の女の子の二一カ月齢から三六カ月齢の間に亘る言語発達の研究があります（Bruner & Lucariello, 1989；Feldman, 1989）。彼らの方法は、彼女のベッドルームにテープレコーダを据え付けるというものでした。その目的は、毎晩、彼女が眠りに落ちるまでの間の独り言をとらえるためです。エミリーの独り言の多くは、明らかにストーリィとみなすことができました。しかも、それは、時を追うごとに構造化され、より複雑になっていきました。彼女がナラティヴを用いるのは、自分の経験した世界を再現すると同時に、問題を解決するためのようでした。トレバーセンは、出生後一年までの時期に焦点を当てた研究を行なっています（Trevarthen, 1995）。この時期の子どもは、エミリーのように言語を用いることはしません。しかし、養育者とのコミュニケーションにおいて、音声や動作の豊かなレパートリーを用いていました。これらの研究では、主に母子相互作用を記録したビデオが分析されました。トレバーセンの観察によれば、赤ん坊と、（たいていは）その母親との間に生じたコミュニケーションは、ナラティヴの特質を有していました。母親は、赤ん坊といっしょになって、ダンスや動作を演じ、歌を歌っていたのです。たとえば、昔の曲ばかりか、現代のポピュラー音楽のリズムに合わせて手拍子をつけるということもみられました。

トレバーセンが示したのは、母親がこのように音楽や詩に合わせて直観的に演じるそのやり方が、赤ん坊に物語ることの基礎的構造を理解させ、それを用いる能力を築くことに役立っているということでした。

> ビデオの微視的分析によって、母親の振る舞いが乳児の興味と情動を喚起していたことが明らかになった。乳児は、その振る舞いを熱心に見つめ、時宜を得て喜んで笑い、時には不安そうに次に何が起きるかを待っていた。しかし、母親が乳児に引き起こしていたことは、それだけに留まらなかった。乳児に対して、導入、盛り上がり、クライマックス、終結という一連のストーリィのリズムを学ばせていたのである。（Trevarthen, 1995, p. 10）

トレバーセンは、ナラティヴ能力は乳児の〈生得的な音楽の才〉から生まれると主張しました。彼は、そのような見解にもとづき、学齢期以前の教育では、音楽的な経験の他者との共有を優先することを求めました。物語ることと、それに関わる詩や音楽のような自己表現形態、コミュニケーション形態との関連については、心理療法についてふれる後続章で検討することにします。ここでは、音楽や歌、詩が、子どもの発達にいかに基礎的なものであるか、さらには、それらの能力がいかに早期から現われるかという点を強調しておくに留めます。

5　世界のモデルとしてのストーリィ

ブルーナーは、意味（meaning）を伝達する手段として、物語ることの中核的特徴を同定しようと試みました（Bruner, 1986, 1990, 1991）。彼の主な研究テーマは、ストーリィがどのように「現実を構成する心的道具の機能を果たしているのか」を理解することでした（Bruner, 1991, p. 6）。私たちは、優れたストーリィとはどういうものかを直観的に知っています。私たちは、自然にストーリィを作ります。そのようなときは、ストーリィを作っているという行為を意識することはありません。これは、一見すると単純な作業のように思えます。しかし、ストーリィが多種多様なレベルで意味をやり取りすることを可能にするためには、多くのプロセスが存在しているのです。この点に関して、ブルーナーは、ナラティヴを世界の表象形態とみなし、そこには複雑なプロセスが含まれていることを指摘しています。それとともにナラティヴには、世界の表象形態として鍵となる特徴があることも主張しています。その一つは、経験を順序に従って秩序立てる能力です。ブルーナーは、これらの特徴をかなり専門的に、あるいは分かりやすい形で説明しています（Bruner, 1990, 1991）。ここでは、こうした事柄についての彼の複雑で広範な説明を単純化して、その着想を解説することにします。したがって、その意味するところを、より精細に吟味するためには、原典にあたっていただくことを読者にはお勧めします。

順序性（sequentiality）

ストーリィは、出来事の順序性から成り立っています。ストーリィのなかには、行為や感情状態を明確に指し示す部分が、たいていいくつかあります。しかし、ブルーナーは、「これらの構成要素は……それ自体では、なんら生きた意味をもたない」と指摘しています（Bruner, 1990）。それぞれの出来事は、それが全体の順序性や筋立て（plot）のなかに置かれることで、初めて生き生きとした意味が与えられるというのです。そこで、ストーリィを意味付けるためには、聴き手はこれらの構成要素から筋立てを抽出しなくてはなりません。このような側面がナラティヴにあることによって、プロセスとしての経験の感覚をやり取りすることが可能となります（どの行為にも、それに先んじて他の行為があり、また、後に他の行為を導きます）。こうしたストーリィの順序性は、コミュニケーション形態として、「次なること」（nextness）という感覚をもたらします。ストーリィの断片一つひとつが、そして、行為や感情の一つひとつが、やがて来る未来を示しているのです。脈々と流れる歴史という感覚は、ストーリィを介することで伝達されることになります。ストーリィの順序性は、未来に形を変えつつある過去を意味しています。このことをナイメイヤーは、次のように述べています。

> ナラティヴは、歴史と予期という二つの次元をもつ。歴史的次元とは、現実か想像かを問わず、選択的に採用された過去の出来事という意味においてである。予期とは、明快さや確信に多少の差はあれ、結論や終着点に到達することを目指す推進力という意味においてである。
>
> (Neimeyer, 1994, p. 238)

したがって、ナラティヴは、時間性という経験、時間のなかで生きるという経験をもっとも適切に捉えるコミュニケーションと表象のモードということになります。エドワード・ブルーナーは、ナラティヴのこの側面を強調して、次のように書いています。

> ナラティヴの構造は、メタファーやパラダイムとして、他の関連概念よりも秀でている。それは、ナラティヴが、秩序や順序を強調しているからである。ストーリィは、現在に意味を与える。つまり、現在を、過去と未来を結ぶ一続きの一部であることをわれわれが理解できるのは、このストーリィによってである。
>
> (Bruner, 1986, p. 153)

通常性からの逸脱を説明する

出来事がストーリィに仕立てられて経験されることを〈物語化〉(narrativised) されるといいます。この物語化された経験と、そうでない経験との間には、基本的な相違があります。日々の生活というのは、主に〈いつも〉の出来事や、〈あたりまえ〉の決まりきった経験から成り立っています。概してこうした経験は、〈優れた〉ストーリィや〈面白い〉ストーリィにはなりにくいものです。ブルーナーによれば、往々にしてストーリィが語られるのは、予期された標準的な規範からの逸脱に対処したり、それを説明したりするためということになります。たとえば、「私は店に出かけて新聞を買った」というのでは、ただ単に文化的に期待される一連の行動を記述したにすぎません。これが、「新聞を買いに店に出かけたのだが、そこは、もぬけの殻だった」となると、それは、後に続く行動や結末などについてのストーリィの土台となります。「新聞を買う」ことは、それ以上の説明を要しません。しかし、「もぬけの殻の店に入る」ことは、暗黙の文化的規範に反しており、何らかの説明が求められます。ここでポイントになるのは、どのようなストーリィであれ、その意味の一端は、語られた例外的な出来事と、違反された通常の決まり事との間にできた緊張から生じるということです。したがって、ストーリィというのは、暗黙裡の社会文化的規則の存在をほのめかすと同時に、それに拠って立ってもいるのです。そしてまた、ストーリィが人びとによって語られることで、こうした一群の共有された規則は、さらに補強されます。しかし、ストーリィ自体は、いわば問題解決の手段であり、例外的な事柄と期待される事柄との間の緊張を緩和させるように働いているという面もあります。

主観性のコミュニケーション

ストーリィが伝える情報は、語り手の内的世界や、そのストーリィで話題とされた人物の内的世界についてのものです。したがって、ストーリィは、単に時間経過を追った出来事の年代記ではありません。意図（だから私は……しようと決めた）や感情状態、信念についての表明を含んでいるのです。ブルーナーは、こうしたナラティヴの側面を指して、〈主観化〉という語を用いています。彼によれば、それは「時間を超越した真実を眺める全知の眼によるのでなく、ストーリィの主人公の意識というフィルターを通した、現実の描写である」（Bruner, 1986, p. 25. 田中訳『可能世界の心理』四一頁）ということになります。ストーリィは、〈行為の風景〉のみならず、〈意識の風景〉に人を招き入れるのです。したがって、ストーリィの意味の重要な特質は、アイデンティティ、意図、語っている当人の感情についての表現の内に存在するのです。

多義性

ストーリィは、特定の具体的な出来事を言い表わすものです。もちろん、ナラティヴから一般的な教訓（たとえば、道徳的な話）を引き出すことはできます。しかし、通常の物語では、ある特定の時と場所で起きたことが物語られます。ただし、物語られた出来事は、実際に起きたこともあれば、想像上のこともあります。想像と現実が入り混じっていることもあるでしょう。ブルーナーが指摘したのは、どのような言語であっても、事実のストーリィと想像上のストーリィとの間に、文法的には明らかな区別を設けられないということでした（Bruner, 1990, p. 52）。事実と虚構を区別するのは、容易いことではないのです。そこで、ストーリィがどれくらい事実に根ざしているのかを知るためには、そのストーリィが分類されるジャンルに、ある程度頼ることになります。たとえば、「患者が医者に語る病いのストーリィ」というジャンルは、ある種の物語り方のスタイルを指し示すだけではありません。そのストーリィに含まれる情報が、まぎれもない事実に限りなく近いという認識も共有されます。一方で、「おとぎ話」は、それが架空の話であることをはっきり指し示します。「昔々」で始まるストーリィであれば、西洋文化に生きている人びとは、それをフィクションとみなします。ただし、ストーリィがある特定のジャンルに属するとみなすことによって、そのナラティヴに含まれる事実を超えた意味をそこに読み取ってしまうことに注意しなければなりません。たとえば、ジャンルでナラティヴを判断した場合、そこに語り手と聴き手の関係性が示されることがあります。また、報告される出来事の種類に制約が加えられることもあります。

こうしたストーリィの多義性は、ブルーナーによって〈仮定法化のための仕掛け〉（subjunctivising device）と呼ばれることで、概念として洗練されたものとなりました（Bruner, 1986, p. 26）。この〈仮定法化〉という概念は、ストーリィの内に暗黙の意味が込められることを指しています。その際、ストーリィの構造が利用されることで、〈言外の〉意味が付与されます。多くの場合、ストーリィの語り手は、出来事について直接的には表現しないものです。むしろ、語り手は、読み手や聴き手が「そう思わざるを得ない」となるような、導入的な仕方で出来事の前提条件を語っていきます。例を挙げれば、「新聞を買いに店に出かけたのだが、そこは、もぬけの殻だった」という前述のストーリィで、読み手が導き入れられる前提条件というのは、「これまでその店を訪れたときはいつも、カウンターの後ろに誰かしら居た」ということです。もちろん、このような条件が明示されているわけではありません。このストーリィを言い表わすには、他にも一般的な言い方があります。たとえば、「私はふらりとその店に立ち寄ろうと思って……」とか、「どうしても新聞を買いたくて……」といった言い方もあり得ます。こうした言い方では、ストーリィの意味づけが一つに決定されているわけではなく、さまざまな意味を想定することが可能となっています。つまり、語り手が意味しようとしていることについて、聴き手が〈意味を与える〉前提条件の幅が広がっています。あるいは、メタファーが使われることもあります。「私が店に足を踏み入れると、そこは悪夢のようだった」という表現では、意味を読みとる幅がさらに広がり、多様な意味づけが可能となります。ブルーナーの見解では、こうしたさまざまな語りのテクニックは、ナラティヴが「確固たる確実性ではなく、人間の可能性をもっぱら扱っている」(Bruner, 1986, p. 28. 前掲『可能世界の心理』四二頁)という事実を反映しています。

物語るという出来事自体、特定の時と場所における、ある種のパフォーマンスです。この事実もまた、ストーリィを多義的なものにしています。語られたナラティヴは、多かれ少なかれ、常に聴衆の存在によって成り立っているものです。この点に関して人類学者のE・ブルーナーは、次のように述べています。

ナラティヴは、移り変わる。あらゆるストーリィは、全体のなかの一部を表わすにすぎない。あらゆる意味もま

た、完結してはいない。過去について固定された意味などないのである。なぜならば、新たな語りでは常にコンテクストが変わり、聴衆が変わり、ストーリィが修整される。そして、われわれは新たな意味を見出すのである。

(Bruner, 1986, p. 153)

こうした多義性が、ストーリィの基本的性質です。それによって、読み手や聴き手は、ひとたびストーリィを前にすると、意味生成という能動的な過程に関わることとなります。したがって、ストーリィには、確定的な〈読み〉というものはあり得ないのです。一つのストーリィであっても、聴衆が異なれば、自らの関心や観点によって解釈が異なってきます。ナラティヴのこの特質は、文学研究では非常に明白です。そこでは、一つの小説に対して、幾多の批評的な解釈がなされ得ます。しかし、日常的な物語行為でもまた、同様のことが起きています。たとえば、明確化のために聴き手が語り手の物語る行為をさえぎることがあります。また、語り手の意図したストーリィの要点が聴き手には理解できないということもあり得ます。クライエントの語るストーリィに対して、(異なる意味の生成に向けて)セラピストが積極的に介入するという事態は、エデルソン(Edelson, 1993)によってもっともよく描き出されています。

6 問題解決としてのストーリィの構成

ストーリィは、経験を表象するための一つの手段とみなすことができます。しかしまた、ジレンマや緊張状態を解決するための手段でもあります。このようなストーリィの用いられ方は、さまざまな場面で見受けられます。前述のようにストーリィを語ることを可能にする特質の一つは、例外的な事柄と通常的な事柄との乖離に関わっています。つまり、珍しくて注目される何かが起きたという経験が、ストーリィの基盤となっているといえます。反対に、決まりきっていて予測可能な一連の行為というのは、優れたストーリィをもたらすことはありません。ブルーナーが述べるようにストーリィは、それらの経験を説明するための構造を提供します。彼は、「ストーリィの機能は、正当とされる文化パターンからの逸脱を緩和し、あるいは少なくとも理解可能にするような意図的な状態を見出すことである」と述べています（Bruner, 1990, p. 49-50. 岡本ら訳『意味の復権』七一頁）。このプロセスの一例は、下記のカールの事例のなかに見出すことができます。この事例でクライエントは、自分を悩ます物事を指して、「身近な友だちに対して……自分が感じていることを話したり、自分の感じていることを表現したりすることができないんです」と表現しています。そして彼は、この問題を例にとって、ストーリィを語り続けます。このストーリィは、基本的には独り言でした。このことは、注目に値します。ここで彼は、なぜ自分が身近な友だちに自分の感情を話すことができないかという難問を〈理解可能にする〉手段を探しているのです。彼は、語ることを続けます。そして、それが終局に向かうにしたがい、この難問の答えに近づき始めます。彼は、友だちに感情を話すような状況において、先に進めなくなりました。それは、どうやら、他の人から〈強要される〉感じを受けることで、よりひどくなっているようでした。彼は、そのことに気づいていきました。こうしたストーリィが、心理療法の初めの数分間のうちに、クライエントから語られました。その分析の全貌（このクライエントの語った他のストーリィも）は、マクレオッドとバラマウトソー（McLeod & Balamoutsou, 1996）に詳しく記載されているので参照してください。

カウンセラー　さて、どうぞ話したいことについて、どこからでも、どんなことからでも始めていいですよ。

クライエント　ええ、話したいことというのは、うーん、長いこと苦しんできた一つの問題についてですね。ある場面になると、身近な友だちに対して、自分が感じていることを話したり、自分の感じていることを表現したりすることができないんです。なぜかというと、もしもそのとき、自分がどんなふうに感じているかを彼らに話すと、彼らを傷つけやしないかとか、もう友だちではいてくれないんじゃないかって思ってしまうんです。そんなふうに感じるのは、とても居心地が悪いです。

カウンセラー　とすると、それは、いつどこででも起きることじゃないんですね。ある場面になると、あなたはその強い感情や情緒に襲われる、そして、それによって彼らから遠ざけられてしまうように感じるんですね。

クライエント　たとえば、こんな具合です。二週間前、一人の友だちがオランダから電話をくれました。九月半ばには私はオランダにまた戻る予定で、その友だちと私はいっしょにアパートを借りて、二人で住むことに決めていました。以前に私がオランダにいる間、彼女に話しかけて、「どこに行ったら何か仕事を見つけられるかな？」とか「どこで仕事を見つけられるか分からないんだ」と言いました。どこで仕事を見つけられるのか、そのために自分には何ができるのか、まったく分からなかったんです。そうしたら彼女は、学校の先生をしている人を知っているって言いました。私、教師なんです。そう、教師なんです。その人物に電話をかけることも、自分にいくらかでも教える時間を担当させてもらえそうかを尋ねることもできました。それで、私は彼女に、自分で尋ねるって言ったんです。その後、二週間前にこちらに戻ってきたら、彼女から電話でこう訊かれたんです。「あの人に電話したの？」って。私は「いいや」と答えました。すると、さっき話したような感じが起きました。ああ、なんで彼女は私のやり方に任せてくれないんでしょう。なんで、自分でさせてくれないんでしょう。どうして、私にそうさせたがるんでしょう。彼女に対して「気にかけてくれるのは本当にありがたいけれど、正直言って、あんまり気乗りしないな。自分でそんなふうにしようとは思えない」とは言えませんでした。だって、そうしたら彼女は私のことを拒むようになりそうで怖くて。それで、彼女にそうは言えませんでした。今、私は彼女に強要されているような感じがしています。

(McLeod & Balamoutsou, 1996)

聴き手や聴衆は、ナラティヴを共同構成する際に、浮かび上がってきたストーリィに自分なりの意味を加えた説明を与えたり、質問を差し挟んで明確化を図ろうとしたりします。したがって、ストーリィを語ることは、コミュニケーションの構造に特別な機能を与えることになります。まず、不確実性や多義性を伴った世界の感覚を伝える機能が付与されます。また、不調和を和らげ、コントロールや秩序の感覚を再確立するための手段を提供する機能も与えられます。これは、物語が語られることを通して、世界について統合された解釈が再構成されることによって可能となります。

ストーリィには、問題解決に役立つ機能がもう一つあります。それは、無秩序な経験を因果的な筋道に当てはめて理解するのを促す機能です。それによって、人は、出来事がどのようにして、なぜ起きたのかを理解することが可能となります。このようなストーリィの機能は、危険やトラウマにさらされた状況において特に効力を発揮します。たとえば、大事故に出動する消防士にとっては、緊迫したなかで迅速な行動を求められます。そのような消防士にとって、事故への対処が一段落したとして、それですべてが終わったわけではありません。隊員には一連の解決すべき問題が残されています。彼らは、「どこで、どのようにして、そしてなぜ、火災が起きたのか」「なぜ建物のこの部分が倒壊したのか」「もしわれわれが違ったやり方で対応していたら、結果はまた違ったものになっていただろうか」「自分は、時宜を得て適切な行動をとったか」といった問いに答えなければなりません。これらは、緊急性を要する職務に就く者にとって、個人的にも職務的にも、高い水準の回答が求められる重要な問いです。ドカティ（Docherty, 1989）は、消防士が実際にこうした難問を解く様を描き出しています。そこでは、消火部隊の各々のメンバーは何が起きたかを説明し、それらがつなぎ合わされて出来事についての一つの整合的なストーリィが創り出されていました。

消防士のストーリィは、たいていの人びとにとって非日常的な、常識を超えた出来事に関して創り出されたものです。そのような特異な状況でないにしても、誰にとってもまごつくような経験はあるのです。ある意味では、そうした経験は、誰かに語られたり、日記や何らかの方法で〈物語化〉されたりして初めて〈完結する〉といえます。経験をストーリィの形式に当てはめることは、起きた事柄を順序立て、意味付けるために有効な手段なのです。

このように物語ることは、問題解決の方法となっています。そして、すでに存在していたストーリィを改めて語り直すことも、問題解決のための方法となります。ストーリィを語り直すことを通して、語られた事柄を再経験することになります。つまり、語り手は、ストーリィの再語りによって、新たな経験をする機会が与えられるのです。そして、それは、それまで取り入れることができずに残されていた経験を、ナラティヴの要素に同化させる機会となるのです。

7　ナラティヴの社会的構成

ストーリィは、人から人へと語られるものです。そこには、語り手と、何らかの聴き手がいます。これは、敢えて述べることのないほどに自明なことではありません。しかし、とても重要なことなのです。ナラティヴには、認識の一手段として関係的な世界が含まれています。つまり、ストーリィは、語り手と聴き手との間の空間に存在しているのです。語り手によって創り出されるものではありません。しかし、それは、常にある特定の聴き手との関係において創り出されるものなのです。したがって、聴き手が、語り手からストーリィを引き出しているという側面もあります。このようにストーリィとは、語り手と聴き手との間で生じる、ある種のパフォーマンスなのです（Langellier, 1989）。小説のように、ただ一人で書いたストーリィであっても、聴き手（読み手）の存在が想定されているのです。

物語ることの社会的な機能のなかでももっとも直接的なものは、一人の人間を誰かに知らしめる機能です。ストーリィを語ることは、あなた自身に関する事柄を他者に語るための一つの方法です。そして、相手から共感的な反応を受ける（受けられないこともありますが）ための門戸を開く方法でもあります。〈私の問題〉〈私の人生〉といったストーリィは、他者に知ってもらうための非常に直接的な方法です。しかし、「サッカーの試合で、どのようにしてゴールキーパーが退場させられたか」といった、一見すると表層的なストーリィであっても、語っているその人に関して多くの事柄を伝えることができます。それは、語り方や、さらには語り手がこのストーリィを語ることを選んだという、まさにその事実に拠るのです。他にもストーリィ中の登場人物に担わされた感情や価値観、さらにはストーリィに含意されたモラルも物語ることを通して伝えられるのです。

ブルーナーは、「ストーリィは往々にして対人葛藤場面との関連で語られる」と示唆しています。対人葛藤場面は〈通常性からの逸脱〉に結びつき、さらにそれを説明する場合には、サスペンスや緊張感が生み出されます。ストーリィを記憶に留めさせ、人びとを楽しませる特徴のなかには、このようなサスペンスや緊張感があります。そして、ストーリィは、コミュニケーションの一形式として、少なくともその緊張感の一部を弱めるように構造化されます。そのために、ストーリィにおいて例外的な事柄を予測される物事の秩序に引き戻すように〈解決〉や〈モラル〉が提供されたり、行動の規範（prescription）が提供されたりします。

さらにまた、ストーリィは、語り手が社会や文化のなかでどのように位置付けられるかについても、直接的・間接的な情報を伝達します。そのためには、二つの方策が採られます。第一に、ストーリィの序盤では、通常、出来事が時間的・空間的に位置付けられます（たとえば、「それは、私たちがゴルフ・コースに向けて車を走らせているときのことだった。その車が故障して……」と始まります）。このようなナラティヴの手法により、ストーリィ中には、話し手に関する社会的・文化的手がかりが織り込まれます（たとえば、「私はゴルフをする」「私は車を持っている」）。しかし、このようなスタイルによってストーリィが語られるとき、その他にも社会的地位や役割を教えるサインが現われることになります。これが第二の方策となります。たとえば、バーンスタイン（Bernstein, 1972）は、中産階級と労働者階級の子どもたちが語るストーリィを研究しています。そこでは、労働者階級の子どもが〈限定的なコード〉を用いて出来事を語ることが見出されました。すなわち、人びとの動機や役割について説明する情報が、比較的少なかったのです。一方で、中産階級の子どもは、それとは対照的に〈精緻なコード〉を用いており、説明に要する情報が頻繁に現われていたのが特徴的でした。バーンスタインの示唆するところでは、労働者階級の子どもは、話し相手が誰であっても、皆共通の経験と前提を有しているのが当然であるとみなすような環境に育っていると考えられます。他方、中産階級の子どもは、この種の分かりやすい相互主観的経験には縁が薄い多様な聴き手と出会うことが多いのでしょう。そのため、語り手には、自分が何を言わんとしているのかをはっきり説明することが求められます。その他にも、社会的アイデンティティと関連していると思われる語りのスタイルの要素としては、ストーリィが直線的な形式に則る度合いがあります。西洋の教育を通じて健全に社会化された人びとは、よく整った、論理的な構造をもつストーリィを産み出す傾向が高いといえます。そうではない人びとは、時系列的に行きつ戻りつするエピソード的なストーリィを語ることが多いといえます。最後に、声の質やアクセントも、生活する社会の違いや身分を示す強力な指標になるということが挙げられます。

　このように、ストーリィは、語り手と聴き手の社会的コンテクストやアイデンティティについての意味を伝達します。しかし、ストーリィの側が、コンテクストやアイデンティティに影響を及ぼすということもあります。たとえば、ある集団のメンバーが、ある種のストーリィを語る場合、語り手は物語ることを通して自分がメンバーである正当性を主張しているということにもなります。もしもストーリィが長く、強圧的で、会話の空間を独占しているならば、そのストーリィは、語り手の優位性を確立し、維持する結果をもたらすということがあるかもしれません。あるいは、習慣的に「自分は落伍者だ」というテーマにまつわる個人的なストーリィが語られていて、その後に成功や手柄についての話が語られることもあります。この場合、新たに生まれたストーリィは、語り手の周囲の人びとがその人についてもっているイメージに挑戦することになるでしょう。周囲の人びとの、語り手に対する振る舞い方にも、変化が生じると考えられます。人から成功のナラティヴを連想される人は、失敗のナラティヴに終始する人に比べて、プロジェクトや新規事業に加わるよう誘われる可能性が高くなります。

このようにストーリィ（あるいは会話のあらゆるタイプ）が単に情報や経験の表象の形式であるのみならず、社会的・対人的な行為の形式でもあるといった考え方は、ヴィトゲンシュタインやガーゲンといった思想家の著作で脚光を浴びました。これは、カウンセリングや心理療法における物語行為を理解するうえで決定的に重要な考え方です。つまり、ストーリィを語っているクライエントは、ただ単に一連の出来事を報告しているだけではないのです。同時に、社会的なアイデンティティを構築しているのです。心理療法に訪れるクライエントの多くは、社会的に孤立し、ソーシャル・サポートが欠けています。したがって、彼らにとっては、自己を語り、そしてそれを価値あるものとして聴いてもらえるという経験は、まさに、自らの存在の新たな意味の創造に向けた一つのステップなのです。心理療法の場で、新鮮なストーリィを創り出し、もしくは見出すことは、単に洞察の問題に留まらないのです。これらの新しいストーリィは、日常世界に再び持ち帰られ、これまでとは異なる対人関係や感情のパターンが築かれることになるからです。

おそらくは、ナラティヴのもっとも重要な社会的次元は、私たちが〈語られた世界〉（MacIntyre, 1981 ; Mair, 1989a, 1989b ; Sarbin, 1986）に生きているという事実の内に存在します。家族、社会集団、文化の構成員であるためには、その集団に属する人びとがもつ伝統や価値観を担っているストーリィを知っている必要があります。そこで語られたストーリィは、どれもその集団における既存のストーリィの膨大なストックから引き出されているのです。

8　ナラティヴを通じた感情と情動のやり取り

ストーリィの機能は、感情（feeling）や情動（emotion）を広範な意味の枠組み内に当てはめて位置付けるための手段を提供するところにあります。サービン（Sarbin, 1989a, 1989b）は、心理学者やその他の科学者は情動を内発的で自動的な反応とみなしてきた傾向があると指摘しています。さらにその反応は、人体の生理に内在するものとして経験されると考えられてきています。情動についてこのように理解することによって、感情は巧みに具象化されます。たとえば、怒りや恐怖は、内側に在る〈もの〉〈かたまり〉〈それ〉とみなされます。情動をこのようにみる観点は、第１章で述べた〈自律的で他と切り離された自己〉という考え方と一致しています。また、人間の経験や行為を、客観的かつ測定可能な生物学的次元や変数を用いて説明しようとする心理学者の性向とも一致しています。しかし、サービンの指摘するところでは、情動を表現するために日常生活で実際に用いられる語句の用法を分析すると、情動状態が通常はナラティヴのなかに位置付けられることが分かります。サービンもまた、アベリル（Averill, 1991）、バウマイスター（Baumeister, 1995）、ド・リヴェラ（de Rivera, 1991）といった情動に関する他の論者と同様に人間が基本的に社会的な存在であるという立場から論を起こしています。つまり、〈情動〉は、社会的、対人関係的な観点から検討しなくてはならないと考えているのです。以下に、サービンの挙げる例を示します。

配管工のアルバート・ジョーンズは、仕事の不手際の責任をめぐって、同僚のドナルド・ミラーと激しい口論をしていた。アングロ・サクソン系で使われる罵詈雑言を並べ立て、指を突き立てる身振りを繰り返し、ミラーはジョーンズを辛らつに侮辱した。ためらうことなく、ジョーンズはミラーの頭を十四インチのパイプ・レンチで殴った。その後、警官に自分のしたことを説明するときに、ジョーンズは言った。「ただもう、自分のなかに怒りが込み上げてくるのを感じて、爆発してしまったんだ」。

(Sarbin, 1989b, p. 188)

警察の記録から抜粋したこの事例は、情動を〈筋立に組み込む〉ために、どのようにストーリィが用いられるかをよく表わしています。そこでは、激情が物語化されています。つまり、この特異な出来事は、〈怒り〉のストーリィとして構成されたのです。意見の食い違いが、口論を引き起こし、果ては暴力沙汰を招きました。〈怒り〉は、そこで何が起きたかを説明するために用いられているのです。この事例だけではなく、ストーリィがもたらすコンテクストにおいては、怒りのような情動が行為の倫理的正当化を可能にするのです。この点に関してサービンは、以下のように書いています。

怒り、悲しみ、恥じらい、歓喜、嫉妬、これらは、他者や自分に対して、自らの倫理的主張を納得させるために意図された修辞的行為である。自分の倫理的なアイデンティティを維持し、強化することが目論まれているのである。

(Sarbin, 1989b, pp. 192-194)

ジョーンズとミラーのストーリィでジョーンズは、自分が道理をわきまえた人間であるという自意識や世間の評判を保つことができています。それが可能になったのは、暴力的振る舞いが、他人を傷つけるという何らかの一般的性向や倫理感の薄さのせいではありません。むしろ、その場の状況で一時的に生じた〈(怒りが) 込み上げてきた〉や〈(怒りが) 爆発した〉といった修辞的な表現を用いる工夫がなされているためなのです。

ここで示唆されることは、「情動はどこかに存在するようなものではない」とか、「人は自己正当化の目的のために、ある種の感情をもった振りをする」といったことではありません (こうしたこともあり得るのですが)。

情動は、十分に現実味を帯びています。サービンの功績は、情動とナラティヴとの間に固有の関係を見出したことです。もしも自己感の重要な要素が人の経験する情動や感情の内に見出されるとしても、それらの情動や感情は、単に自律的な経験の〈塊〉のようなものではありません。このことをサービンは示しているのです。さらに言えば、情動は、ラザルスが述べるような知覚と認知によって介在されるものでもありません（Lazarus, 1984）。情動は、自己や知覚・認知の内にあるのではなく、人びとの生活における役割や意味に結びついており、それらが埋め込まれたストーリィによって介在されているのです。

ド・リヴェラが展開した情動の理論は、〈語られる〉ものとしての情動の本質を明らかにしています（de Rivera, 1989, 1991 ; Lindsay-Hartz et al., 1995）。リンゼイ - ハーツらは、情動を「人が世界における客体、他人、出来事との個別的関係を転化させたもの」と説明しています（Lindsay-Hartz et al., 1995, p. 274）。彼らは、情動が四つの別々の要素から成り立っていると主張しています。第一に、〈状況〉が挙げられます。これは、人が所与の出来事を解釈する方法です。第二に、情動には〈転化〉が含まれます。これは、身体的な経験や時空間の感覚など、世界におけるその人のあり方の変化として表わされます。第三に、情動は特有のやり方で振る舞うように働きかける〈教示〉や衝動を意味しています。この〈教示〉の単純な例は、恐怖の感情に襲われて逃げさせる力や、愛情を感じさせる他者に近づかせる力です。最後に、情動のこれら三つの要素を寄せ集め、その核となる感情価を表出、維持、保存するための〈機能〉が挙げられます。一連の調査研究で、ド・リヴェラとその共同研究者らは、調査対象者に面接し、罪悪感、羞恥心、不安、抑うつといった情動の経験を語ってもらいました。調査者は、詳細に探り、そうした情動経験をできるかぎり詳しく説明するよう促しました。そして、これらの面接で得た情報を材料にして、研究チームは、さまざまな情動に共通する抽象的な表現を抽出したのです。こうして抽出された情動の〈中核的意味〉のタイプは、さらに募った一群の対象者によって検証にかけられました。対象者らに求められたのは、まずある特定の情動についての自身の経験と、前述の要約された表現との適合

表 2-2　罪悪感の基本構造

情動の構成要素	内　容
状　況	私たちがこの情動を体験するのは，モラルの秩序が侵されたときである。そして，その侵犯は自分に責任があり，なおかつ，自分で事態を回避する能力も義務も有していて，それが回避されたならば何ら侵犯は生じなかったと分かっている場合である。モラルの秩序の侵犯には，何らかの不公正や過失といった偶発的事件が含まれるほか，すべきではないことをしてしまったり，その反対にすべきことをしなかったりといったことも含まれる。モラルの秩序は，一部の特定の価値観に基づくモラルを含むが，潜在的には，各自が属しているコミュニティのメンバーに是認されている。そして，私たちの方も，そのコミュニティに留まろうとするならば，そうした価値観を是認しなければならない。なぜならば，私たちは，モラルの秩序の侵犯に，責任を負うのだから……。
転　化	……この情動を体験するとき，私たちはこの世界での在り方にダイナミックな緊張感をはらんでいる。我ながら，良からぬ人物のような気がしている。その一方で，たとえ良からぬ事をしてはいても，まったくの悪人というわけではないことも，分かっている。そして，その場に居たたまれず，途方にくれ，孤独で世間や他人から孤立しているように感じている。動揺し，心穏やかではない。ときには，過去の行為や出来事を繰り返し執拗に考え続けてしまい，そうした考えを自分の頭から追い払うことができない。そうかと言って，今はその考えと折り合いをつけることもできない。過ぎた行為のせいで，モチベーションにも陰りが見えている。あるいは，自分がなぜ良からぬことをしてしまったのか，あるいはまた，自分のしでかしたことの何が悪かったのかも，定かには分からないことすらあるだろう。
機　能	モラルの秩序を是認し，コミュニティと折り合いをつけ，赦免を要求する。そして，出来事に対してコントロールを加えられることを信じさせる。
教　示	私たちは物事を公正に保とうとし，モラルの秩序に侵害があれば，何とかして修復しようとする。

〔出典　Lindsay-Hartz et al., 1995.〕

度を判断することでした。さらにまた、その要約表現が、対象者に新たな洞察を引き起こしたか否かが問われました。

表2-2と表2-3には、リンゼイ-ハーツら（Lindsay-Hartz, 1995）が作製した羞恥心と罪悪感の要約表現を再掲しました。これらの表現を見て驚かされるのは、その説得力（compellingness）ばかりではなく、ナラティヴの質です。たとえば「罪悪感を感じる」という経験を分かりやすく述べようとすると、どうしても〈罪悪のストーリィ〉を語り、もしくは構成することになります。同じ罪悪感を説明するにあたっては、単な

表2-3　恥の基本構造

情動の構成要素	内　容
状　況	私たちがこの情動を体験するのは，自分自身を他者の目を通して眺めることによって，自分が，実際にはそうありたいと望んでいるような人間ではなく，だからと言って，今のような人間であるより他はないことに，気づいたときである。私たちは常に，自分自身が望ましくない人間になることを，なんとか避けようと試みている。しかし，ときにはそれが避けられないこともある。なぜなら，往々にして，私たちは自分のしたことの意味に気がついていなかったり，あるいは，今となってみれば分かることだが，自分について理解していない側面があったりするためである。
転　化	望ましくはない人間であることによって，過去に抱いていた自分のイメージと見比べて萎縮し，人前で正体を暴かれる。そして，萎縮するにつれて，ただひとつの特徴や行為が，自分という人間の全体を表わしていて，自分には価値がないように思えてくる。世界の見え方は，ただひとつの些末なディテールへと矮小化される。
機　能	私たちがどのような人間でありたいかという理想を是認し，自分自身についての社会からの規定に対して，コミットメントを維持する。
教　示	対人交流の世界から撤退し，耐えがたくも人前に身を晒すことから逃避するために，隠れたいと願う。

〔出典　Lindsay-Hartz et al., 1995.〕

る一つの構成要素（たとえば，「私は自分が悪いと思った」「私は彼にそのように頼まなければよかったとつくづく思った」）による場合では，ナラティヴによる説明に比較して断片的で不完全な理解が得られるに留まります。

シュエイブ（Scheibe, 1986）の冒険に関する研究では，この種のプロセスが働いている様が見てとれます。シュエイブは，怒りや悲しみのような特定の情動を問題にするのではなく，より広く〈冒険的〉経験のカテゴリーについて調べています。〈冒険〉として経験される行動には，広範な種類の感情状態が伴っています。喜び，嬉しさ，満足，失望，欲求不満，一体感など，多くの感情を引き起こす冒険的活動には，スポーツ，ギャンブル，子育て，戦争，ビジネス，犯罪，政治などがあります。シュエイブは，「人は満足のゆく人生のストーリィを構築し，維持するために冒険を必要とする」と述べています（Scheibe, 1986, p. 131）。利用する冒険のよりどころは，人によって，さまざまに異なってはいます。しかし，どのタイプの冒険も，人生のストーリィを構築するための手近な供給源となっています。人は、これらのストーリィを通じてアイデンティティを形成します。その際、今まさに進行中の自己語り（self-narrative）だけではなく、他者と共有され、協働構成されるナラティヴという形式も用いられます。さらに冒険的活動は、これらのストーリィを喜んで聴いてくれる他者という準拠集団をもたらします。それは、釣った魚と釣り逃した魚とを交換するという釣り人たちのお話のようなものです。

ジェンドリンの体験過程理論（experiential theory）は、ストーリィと感情（feeling）とを相互に結びつけるためのまた違った観点を提起しています。ジェンドリン（Gendlin, 1962, 1969）は、身体的な〈フェルト・センス〉の存在に着目しました。この〈フェルト・センス〉を介して、出来事や関係性や状況の暗黙的意味が表象されます。そして、フェルト・センスを言葉やイメージにシンボル化することによって、暗黙的だった意味が顕在化してきます。感じとった意味が難なくシンボル化されて表現されるようなスムーズに流れている状態にあることが、心が適切に機能しているサインであると、ジェンドリンは述べています。しかし、内面の感情のなかには、触れることを避ける領域があります。そうした感情は、苦痛に満ちていたり、ときに自ら〈封印〉しているものであったりします。あるいは、内的な感情状態とは最低限の関わりしかもたなくて済むように、知的で過度に認知的なやり方で機能するように社会化されているといった場合もあります。ジェンドリンが描き出したフェルト・センスとシンボルとの間の相互連関は、ストーリィが人を感情に向かわせ、あるいは感情から遠ざける仕方を理解するための基礎となります。ストーリィのなかには、出来事の〈フェルト・センス〉を十分に捉えるものもあれば、内的な感情と同じような強さでは共鳴しないものもあります。ただし、注意が必要なのは、ジェンドリンのアプローチが、はっきりとナラティヴ的観点にもとづいていたわけではないことです。彼の研究と実践において、感情がシンボル化されて表われ出るのは、あくまでも一人ひとりのことばや言い回し、イメージを介しているのであって、ストーリィを介しているわけではありません。しかし、事例報告をよく読むと、彼が焦点を当てて記述している出来事は、実際には、物語ることのコンテクストで起きていることが分かります。

ストーリィは、人を動かす力をもっています。映画を観ること、小説を読むこと、人生上のエピソードが語られるのを聴くこと、これらはいずれも物語的な出来事です。こうした出来事は、そのストーリィが語られる以前には思いもよらなかった感情を人びとにもたらします。体験過程的な観点からすれば、ストーリィの聴き手は、ナラティヴ的なテーマやイメージを、それに見合う内面的な感情に共鳴させます。そして、それを通してストーリィの意味の世界に引き込まれていきます。逆に言えば、ストーリィの語り手は、そうした感情状態に近づいたり遠ざかったりするようにストーリィを形作ることができます。これが特に当てはまるのは、個人的な経験や苦悩を語るストーリィの場合です。通常、心理療法が意図しているのは、クライエントが安心できる状況と期待感を作り出すことです。それによって、クライエントは、ストーリィを語り、従来は触れずに避けていた感情の諸領域に開かれた態度をとることができるようになります。日々の生活においては、ある種の感情を公の場で表出することを阻む社会的タブーが数多く存在しています。そして、実際には、その人の感情が求めるのとは別種のストーリィを語ることが求められています。たとえば、生命をおびやかす病いに冒されている人の場合を考えてみましょう。苦悩を語ってはならないという社会的なタブーのために、その人は、家族や友人に対しては陽気な英雄譚を語り続けるということもあるでしょう。しかし、心理療法の場になると、その人は、恐怖と怒りのストーリィを語ることに時間を費やすということもあるのです。

これまで本章では、人びとが感情を制御する方策としてストーリィを位置づけてきました。感情を制御することで、自分という感覚や個人のアイデンティティの維持が可能となります。しかし、このプロセスを個別的事象と捉えすぎるのは、誤りです。もちろん、感情というのは、個々人が経験するものではあります。そして、個人の身体の〈内に〉経験されることによって、あくまでも個人的に〈所有〉されるものです。しかし、往々にして、感情は、他者と共有される集合的な面を持ち合わせています。文芸批評家であり、また、文化評論家でもあるレイモンド・ウィリアムズ（Raymond Williams, 1961）は、「感情の構造」という言い回しを用いて、ある特定の社会集団に属し、特定の時代を生きた人びとは物事を同様に感じとる傾向があることを述べています。英国の文学史に関する著作のあるウィリアムズによれば、感情の構造は、ある時代を生きた人びとが読んだ小説を通して明らかになります。現代社会では、マスコミのメディアが、小説とは違ったストーリィ形式を生み出しています。それらの形式が、映画やテレビ・ニュースなどによってもたらされる感情の集合的な経験様式を形作っているのです。現代では、世界中を揺るがすストーリィが、何百万もの人びとの感情を一つに束ねます。ベイルート事件で人質にとられた人びとのストーリィなどは、その好例です。

9　ストーリィと自己感

ナラティヴの情緒的側面を強調しておくことは重要と思われます。その理由は、一つには近年ナラティヴ論の多くが、そうした側面を無視しているからです。さらにまた、ストーリィの個人的意味という点でも、個人の自己感におけるストーリィの位置づけという点でも、感情や情動は中核に据えられているということも、その理由となります。個人的意味の本質は、〈自己語り〉の絶え間ない構築プロセスにあります。自己という概念は、〈語られた自己〉を自ら参照することとして理解し得ると提言する論者がいます。すなわち、人がそれぞれに経験するアイデンティティは、自らが自分自身について語るストーリィを通じて成立するということです。

ポーキングホーン（Polkinghorne, 1991, p. 143）は「自己概念は、伝統的に一つの物……ひとかたまりの属性として構造化されてきた」と指摘しています。たとえばロジャーズの著作において、自己概念は以下のように提起されています。

自己概念あるいは自己構造とは、自己に関する諸々の知覚が組織化されて一つの形をとったものとみなせるだろう。こうした知覚は、自らの意識にとって受け入れることができるものである。自己概念は、自分の特性や能力の知覚といった要素で構成されている。それらの要素とは、他者や環境に関わる自己知覚や自己概念、経験や対象と関連したものとして知覚される価値の質、肯定的ないしは否定的な意味合いを伴って知覚される理想や目標などである。

(Rogers, 1951, pp. 136-137)

このように、〈性質〉や〈要素〉が寄せ集まってできあがったものとしての自己感は、「私は誰？」テストにおいて明確に示されています。このテストは、自己概念のデータを得るために広く用いられる調査技法の一つです。被検者には、「私は誰？」という質問に対して、できるだけたくさんの回答を産出することが求められます(Burns, 1979 を参照)。典型的な反応は、「私は英国人である」「私は男である」「私は父親である」「私は背が高い」など、社会的、身体的属性を記したものです。ポーキングホーンは、こうした自己概念に対するアプローチが、〈自己〉の本質を見失っていると批判しています。その理由として、〈自己〉とは静的な〈実体〉ではなく、生成プロセスとして経験されるものであるということを挙げています。この観点に立てば、本来の自己概念はナラティヴの構造を必要とすることになります。なぜならば、刻々と生じる出来事を、整合的なまとまりに統合する唯一の手段こそが、このナラティヴの構造だからです。

人びとの自己概念は、人生そのもののストーリィを語る自己語りの構築であるとみなすことができます。少なくともポーキングホーンにとっては、それがもっとも理解しやすいということになります。現在に至るまでの人生の道のりには、(終着点についての将来的な予期まで含めると) さまざまなエピソード、出来事、人間関係が存在します。それらの多様性に一貫性をもたらすのが、自己語りなのです。ナラティヴのプロットは、小説、映画、おとぎ話、宗教的講話など、さまざまな形式をとって豊富な文化的蓄積となっています。人びとは、自己語りのために、文化的に蓄積されている豊かなナラティヴのプロットを利用します。それらは一貫した自己語りを構築するために用いられているのです。ポーキングホーンは、人生のストーリィがその当人に支配的に働くことを指摘しています。彼は、この点を明確にするためにロロ・メイ（Rollo May）の個人神話（personal myth）の概念を援用し、「神話は……人生に意味をもたらす力をもったストーリィである」と述べています（Polkinghorne, 1991, p. 145）。

こうした考え方は、前述した〈語られた世界〉（storied world）の概念に立ち返っていることを表わしています。ストーリィの社会的意味を探っていくと、神話的な一群のストーリィの存在がみえてきます。それらのストーリィは、文化が直面してきた倫理的、存在論的な根元の論点を映し出しています。そして、神話的ストーリィは、人がそれぞれに個としてのアイデンティティを構築するための資源を提供してもいるのです。そのため、人は自らが意味ある全体的存在であるという感覚を得られるようなストーリィを見出すことができます。

この種の自己語りには、多様な記憶を盛り込むことができます。そして、それらに一貫性をもたせるためには、人がそれぞれにかなり異なる方略を用いています。これは、明らかなことです。たとえば、ガーゲンとガーゲン（Gergen & Gergen, 1993）は、人が自伝的ストーリィを構築するに当たって、男女間で対照的なナラティヴの構造を用いていると考察しています。

精神分析的理論に影響を受けた著作家たちは、自己語りや個人神話の構築に際して、子どものナラティヴが果たす役割を強調します。その前提になっているのは、第一にパーソナリティが人生早期の経験によって形成されるという点です。第二に、人生早期に耳にしたストーリィが、後々の自己物語（self-story）の典型的ひな型を提供し得るという点です。この時期の子どもには、語られたストーリィに潜む倫理的メッセージに気づき、疑いを差し挟むような能力がまだ備わっていません。子どもは、あたかもストーリィに描かれた登場人物や人間関係に自らを同一化することを、無意識に学びとっているかのようです。そして、成人期に至っても、そうした見方で世界を眺め続けていきます（途中で心理療法やその他の危機介入がなされないならば、ということですが）（Berne, 1975；Bettelheim, 1976）。このモデルについては、上記とは異なったバージョンがあります。それは、チクセントミハイとビーティー（Csikszentmihalyi & Beattie, 1979）において見出されます。彼らは、成人の神話的ストーリィが、意識的に想起される人生早期の特異で重要な出来事に端を発していると考えています。

一貫した自己語りや個人神話という考えは、人びとの興味をかきたてる魅力的なものです（McAdams, 1993を参照）。しかし、自己を理解するための枠組みとしては、見過ごせない限界があります。自己語りという概念が暗黙裡に前提しているのは、自己がまとまりのある何かとして存在し、さらに一貫した自己感に到達することを望ましいとみなす考え方です。また、自己が内外を分ける境界をもった自律的存在であることも前提とされています。これらの前提は、西洋文化に広く行き渡っている考え方を反映しています。この点は、クッシュマン（Cushman, 1995）、ランドリン（Landrine, 1992）をはじめ、多くの論者から指摘されてきています。

したがって、一貫した自己感をもたらす個人的神話が存在することを普遍的真実として受け入れるわけにはいきません。このように自己についての捉え方は、大半の西洋文化に広まっている個人主義（individualism）的イデオロギーの一端をなしています。さらに厳密に言うならば、こうした捉え方は、英雄譚を強調する西洋の男権主義的文化において、よりはっきりと現われているということになるでしょう。他から独立した自律的個人という発想がぴったりあてはまるのが、現代に創出された達成志向的で軍国主義的な大量消費社会です。これは、容易に想像がつくことです。けれども、自己についての異なった見方に思い至るためには、非西洋文化にわざわざ赴くには及びません。心理学理論の系譜においても、単純に一元的に語られる自己という概念が独占しているわけではありません。むしろ多元的に語られる自己というイメージを見出すこともできます。例を挙げれば、メイアー（Mair, 1977）は、〈自己の共同体〉（community of self）について述べています。

この観点に立つならば、自己は、多様なナラティヴ群に取り囲まれているとみることができるでしょう。これらのナラティヴは、さまざまに異なる状況、人間関係、場面、人びとと結びついています。このような自己についての見解が、〈一元的〉な個人神話という概念とどのように両立し得るのかについては、研究や議論の対象となっています。一つの重要な論点は、人びとが自分を単一化した自己として提示するか、あるいは〈散在した〉自己として提示するのかを分ける条件です。〈散在〉し、〈インデックス化〉された自己感が生じるのは、自己を外的な対人関係や状況によって定義するときであって、内的で自律的な中核によって定義するときではありません。さまざまなライフ・イベントを、単一の自己の一元的なパターンに統合することが強く求められる場合も、ときにはあります。仕事について面接を受けたり、自伝を書いたりする場面がそれにあたります。しかし、おそらく日常生活の場面では、そのような一貫した〈神話的〉自己を提示することは、通常求められないでしょう。そのため、自己という感覚に連続性が損なわれていても、それに耐えるのは難しくないといえます。

10　ナラティヴにおける善悪の判断

ナラティヴには、社会的場面においてどのように振る舞うのがよいのかに関するガイドラインやスクリプトを提供するという機能もあります。ナラティヴのもつこのような側面は、宗教的な寓話を例にとると理解しやすくなります。「良きサマリア人」のストーリィは、それを聴く者や読む者に、困窮する人に出会ったときにどのように振る舞えばよいのかを教えてくれます。その一方で、暴力的なＶＴＲやテレビ映像は、暴力的に振る舞うように影響を与えるストーリィを視聴者に語りかけるものであると、批難されてきました。このようにストーリィには、人びとの行為のガイドとして機能する側面があります。ただし、ストーリィは、どのように行為すべきかのルールをあからさまに提供しているわけではないのです。それが、行為のガイドとしてのストーリィの特徴です。ストーリィは、演者がすることをすべて決定する文字通りのスクリプトというわけではありません。前述した通り、ストーリィには、常に解釈が伴っているのです。つまり、読み手が自分自身の視点から能動的にストーリィの意味を構成するよう促すだけの曖昧さが残されているのです。そのため、暴力映像は、視聴者をすぐさま暴力的に仕向けるということはないのです。たいていの視聴者は、その種のナラティヴから一定の批判的距離を保ち、虚構の登場人物の行動をまねるかどうかを選択的に選び取ることができるのです。

ラボフとワレツキー（Labov & Waletzky, 1967）が指摘したように、どのようなストーリィも、そのストーリィ特有の善悪の判断を前提として構成されています。そこで前提とされているのは、語り手が馴染んでいる善悪の判断です。そして、語られる出来事が、前提とされている善悪判断に合致しているのかどうかが、ストーリィの重要なメッセージとなります。これまでストーリィの多様な側面を検討してきましたが、いずれの側面においても善悪の判断の感覚を伝えるという要素を含んでいます。ストーリィは劇的な影響力をもちますが、それは、何が正しく、何が悪いのかという善悪の判断の基準を破ることと密接に関わっているのです。

11　ストーリィとは何か

物語行為の心理学的な研究において、主な関心事となってきたのは、物語を語ることが他のコミュニケーションの形態とどのように違うのか、その定義と共通了解を示すという課題でした。この点を明らかにしようとした研究で、一般的に行なわれていたのは、被験者に文章を提示して、それが〈ストーリィ〉に分類され得るかを判断させたり、もしくはその〈ストーリィらしさ〉を評定させたりするという手続きでした。こうした手法により、スタインとポリカストロ（Stein & Policastro, 1984）は、〈活躍する主人公〉と〈何らかの因果的連鎖〉を含んだテクストが、ストーリィとみなされるとの結論を出しています。ポランニー（Polanyi, 1982）は、ストーリィは過去に起きた出来事を関連付けており、ストーリィが語られるのは〈ある時点〉においてであると提案しています。ブルーワーとリヒテンシュタイン（Brewer & Lichtenstein, 1982）は、とりわけそのコミュニケーションの機能、ないしは対人的機能に着目し、ストーリィとは基本的にエンターテインメントであるとみなしています。彼らにとって、ストーリィは、ある構造化を伴ったコミュニケーション形態としたうえで、聴き手や読み手の内に驚き、サスペンス、好奇心や歓喜を生じさせるように構造化されているものと定義しています。ブルーナー（Bruner, 1986）は、文芸批評家のケネス・バーク（Kenneth Burke）の著作を引き合いに出して、ナラティヴには、登場人物、行為、目標、場面、〈手段性〉という五つの要素が必要であると述べています。しかし、ストーリィをドラマやサスペンスとして優れたものにするためには、上記の五要素では足りないということになります。六番目の要素が不可欠となります。それが、苦難（trouble）という要素です。ストーリィが語るに値するものとなるには、五つの主な要素の間に、苦難を生み出すような緊張状態や不釣合いが必要なのです。たとえば、登場人物が、自分の目標を達成するための手段をもっていないような場合です。

　こうしたストーリィの定義に取り組んだ研究者のなかには、〈物語文法〉という理論を導入した者もいます。たとえば、マンドラー（Mandler, 1984）は伝統的なストーリィについて検討し、ストーリィは場面設定に始まって、一つかそれ以上のエピソードが続くという物語文法を提案しています。それらのエピソードでは、必ず主人公が出来事に反応して目標を達成しようと努めることになるとされます。スタインとグレン（Stein & Glenn, 1979）は、ストーリィの文法構造には、主に六つの要素が含まれると提起しています。それは、①場面設定、②手始めの出来事、③主人公の内的な反発や反応（reaction or response）、④主人公の側で、状況に対処しようとする試みや行為、⑤この行為の結果、⑥一連の出来事に対する反応や物語のモラル、です。さまざまな先行研究の示すところでは、こうしたタイプの物語「文法」は三歳時までに獲得されます（Mancuso, 1986 によるレビューを参照）。また、もしもこれらの要素が抜け落ちていたり、誤った順序に並べられたりすると、そのストーリィを読解し、想起することが難しくなります。対照的に、書き留められたものではなく、話されたことばについて研究しているラボフとワレツキー（Labov & Waletzky, 1967）は、日々の対話に見出されるストーリィの文法構造が六つの主要な要素から成り立つことを示しています。はじめに語り手は、実質的な要約である〈概要〉を提供します。これに織り込まれてゆくのが、〈方向付け〉の情報であり、時と場所、人物が特定されます。そして、〈行為の複雑化〉が続きます。これは、ナラティヴの中核を構成し、〈次に何が起きたのか〉を表わす一連の節の形態をとります。それから、行為の結果を伝える〈解決〉、ストーリィの要点を伝える〈評価〉、最後に語り手を現在、今ここの状況に引き戻す〈結び〉と続いていきます。表2-4は、あるクライエントが心理療法で語ったストーリィ（七一頁で紹介した）をスタインやラボフのモデルに則って分析してみた例を示しています。

　心理療法では、クライエントが抱える問題のストーリィが語られます。そのナラティヴを物語文法の観点から分析してみると、ストーリィの〈評価〉的要素に強調点がおかれていることを明らかにすることができます。ラボフは、このことを以下のように述べています。

> ナラティヴの評価は、二重の構造をもっている。それは、まさに評価の部分に凝縮されている。しかし、同時にナラティヴの全体を通じて、さまざまな形で見受けられる。
> （Labov, 1972, p. 369）

　この種の分析をする観点からみると、心理療法は、クライエントとセラピストとが協働して社会的出来事の評価を〈解き明かし〉、続いてより満足のゆく〈再評価〉に辿り着くプロセスとみることができます。さまざまな社会的出来事が、クライエントのストーリィを形成しています。

表 2-4　カールのストーリィにもとづく物語文法の分析

1	**場面設定／方向付け** 2週間前，ひとりの友達がオランダから電話をくれました。9月半ばには私はオランダにまた戻る予定で……。
2	**発端の出来事／行為の複雑化** その友達と私はいっしょにアパートを借りて，二人で住むことに決めていました。
3	**内的反応／行為の複雑化** 彼女に話しかけて，「どこに行ったら何か仕事をみつけられるかな？」とか「どこで仕事をみつけられるか分からないんだ」と言いました。どこで仕事をみつけられるのか，そのために自分には何ができるのか，まったく分からなかったんです。
4	**対処の試み（友人による）／行為の複雑化** そうしたら彼女は学校の先生をしている人を知っているって言いました。……その人物に電話をかけることも，自分にいくらかでも教える時間を担当させてもらえそうかを尋ねることもできました。
5	**結果／解決** それで，私は彼女に，自分で尋ねるって言ったんです。その後，2週間前にこちらに戻ってきたら，彼女から電話でこう訊かれたんです。「あの人に電話したの？」って。私は「いいや」と答えました。すると，さっき話したような感じが起きました。ああ……。
6	**反応／評価** なんで彼女は私のやり方に任せてくれないんでしょう。なんで，自分でさせてくれないんでしょう。どうして，私にそうさせたがるんでしょう。彼女に対して「気にかけてくれるのは本当にありがたいけれど，正直言って，あんまり気乗りしないな。自分でそんなふうにしようとは思えない」とは言えませんでした。だって，そうしたら彼女は私のことを拒むようになりそうで怖くて。それで，彼女にそうは言えませんでした。今，私は彼女に強要されているような感じがしています。

物語文法モデルは、ストーリィの構造を分析するための強力な手段を提供しています。物語文法の枠組みを用いることで、ストーリィを他の談話タイプと峻別する方法を検討することが可能となります。また、このアプローチによって、行為の連鎖を成すというストーリィの意義が前景に際立つということもあります。さらに、どのようにしてストーリィの意味が構成されて、クライマックス、解決、評価、モラルに至るのかを理解することができます。しかし、物語文法アプローチには、見過ごせない限界も存在します。たとえば、異なったバックグラウンドをもつ語り手が同種の文法規則を共有しているということは、必ずしも保証されるというわけではありません。リースマン（Riessman, 1988）は、

結婚と離婚についての女性のナラティヴを詳細に分析しています。彼女は、マルタという名の若いヒスパニック系アメリカ人女性の事例に、特に着目しました。マルタのストーリィが表わしていたのは、前夫との間のいざこざに関する力強くかつ心動かす説明です。しかし、「厳密に言えば、マルタの説明は、ナラティヴとは言えないと評する論者もいるだろう」とリースマンは指摘しています（Riessman, 1988, p. 158）。西洋の工業化・都市化された文化では、直線的で合理的、かつ時間的に秩序立てられた構造が標準とされています。しかし、彼女の説明は、むしろ、エピソードを羅列した構造を示していました。それが、ナラティヴとは言えないとされた理由です。ここで注意しなければならないのは、物語文法の研究は米国において主流となっている社会集団のメンバーを対象としたものだったことです。リースマンは、このような物語文法を安易に他の集団に当てはめて判断することに注意を促しています。

マイケルズ（Michaels, 1991）もまた、同様の結論に至っています。研究は、小学一年生の児童が、「みんなの時間」や「お話しする」課題において語ったストーリィを対象としています。子どもたちは、クラスメイト全員を前に、個人的経験や持ち物について自由に語るように導入されました。そして、マイケルズが描き出したのは、〈とても聡明で言語能力に長じた六歳の黒人女児〉であるディナのストーリィでした。彼女は、白人の担任教師にとって受け入れやすく、かつ分かりやすいストーリィを一生懸命に生み出そうとしていました。

この他にも物語行為の比較文化的側面についての研究からは、既存の物語文法モデルが文化依存的性質をもつことが確認されつつあります。たとえば、ミナミとマッケイブ（Minami & McCabe, 1991）は、日本人の子どもが、俳句の特徴を反映したストーリィを語る傾向を見出しています。その他、インヴェニツィとアボウザイド（Invernizzi & Abouzeid）は、パプアニューギニアのポナム島の子どもたちにストーリィを読み聞かせた後、覚えていることを記述させる課題によって、ストーリィ理解について調べています。そして、ポナムの子どもたちが、「西洋人の目から見れば、要点を外した事実を詳細に想起して記述する」ことを見出しています

(Invernizzi & Abouzeid, 1995, p. 8)。しかし、彼らが想起したストーリィの細部や、それら細部を報告する形式は、ポナムで生活するうえで、文化的・環境的に求められることに適っていたのです。

　したがって、次のような見解が妥当な結論といえるでしょう。つまり、ストーリィには首尾一貫した構造が想定されていますが、構造化の〈ルール〉やストーリィの〈文法〉は、文化的コンテクストや伝統にきわめて依存しているということです。

　以上のように関連する文献を概観しただけでも、〈ストーリィ〉や〈ナラティヴ〉という概念が意味する内容は、それぞれでかなり異なっていることが明らかです。人が意味づけたりコミュニケーションしたりするためのあらゆる形式にナラティヴの概念を適用することが事態をより複雑にしていると指摘する論者もいます。このように、何でもナラティヴに含めてしまうアプローチの好例は、ハワード（Howard, 1991）の論文に見出せます。そこでは、科学の理論や数学も含めて、思考とは、すべからく物語行為の一形態とみなすべきであると主張されています。彼は、「人間の思考は……物語行為以外のなにものでもない」（Howard, 1991, p. 189）とまで言っています。ハワードにとってナラティヴは、あらゆる行為を包含する〈上位〉カテゴリーということになります。つまり、その他のコミュニケーション形式や心的活動は、物語行為の一種とみなすべきということなのです。ナラティヴは、固有のタイプの思考・表現として、他のモードと並列に位置するのではないということです。ブルーナー（Bruner, 1986）は、認識様式を〈ナラティヴ〉と〈パラディグマティック〉に大別しました。ところが、ハワードは、それとは異なり、人間には唯一の認識様式、すなわちナラティヴしかないと主張しています。

　こうしたハワードの立場は、その他のナラティヴ論者から激しい批判にさらされています（Russell & Luciarello, 1992；Vogel, 1994）。そうした批判では、すべてがストーリィということになると、ナラティヴという概念自体の意味がなくなると指摘されています。たとえば、それは、「もしもすべてがナラティヴということであれば、〈ナラティヴ〉という用語は、差異のないところに区別を持ち込むことになる」とも表現できます（Vogel, 1994, p. 249）。換言すれば、ナラティヴという概念が存在意義をもつためには、ある出来事や現象がストーリィに分類され、その他の出来事や現象が〈ストーリィ以外のもの〉に分類されなければならないのです。ナラティヴという概念を用いるためには、そのような分類と区別が前提となるわけです。ここでのポイントは、「ストーリィとは何か」という問いを扱うにあたって、「すべてがストーリィである」という立場をとることは、おそらく役に立たないということです。

本書の立場は、ナイメイヤーの見解に従っています。彼の見解では、ナラティヴという用語は、物語るという出来事に限って用いられることになります。

> 心理療法で生じるプロセスの多くは、ナラティヴ的ではない。たとえば、心理療法で実際に行なわれるのは、情報収集、コミュニケーション・スキルのコーチング、助言、問題解決、心理検査的なこと等である。もちろん、それらは、心理療法を構成するスクリプトや文化的なお話（tale）の一部であり、援助的意味を持ち得ると言うことはできる。さらに、人間の精神作用一般にまで広げれば、ナラティヴ的ではない振る舞いを見出すことはたやすい。たとえば、数学的情報処理や論理的情報処理には、ナラティヴとして定義されるプロット構造が欠けている。また、主だった感情状態は、ストーリィによって引き起こされ、他者に伝達されはするが、それそのものは、ストーリィとは言えない。同時に生起した物事を比較対照する次元を還元不可能な要素とみなすケリー（Kelly）流の解釈は、人が推測する意味的構成体を織り成すという意味ではナラティヴの構築の前提条件ではある。しかし、ナラティヴそのものではない。したがって、（心理療法における）物語行為のエピソードを合理的に区別して同定することは、概念的に可能といえる。
>
> （Neimeyer, 1994, p. 238）

このようにナラティヴは、他の認知・コミュニケーション形態とは区別することができる思考・談話の一種です。これは、実際的に高い信頼性をもって区別できるものです。しかし、疑問がすべて解決したわけではありません。「何がナラティヴと他の形態をはっきり区別する基準であろうか」「ストーリィ形式を定義するための特徴は何だろうか」という疑問は、残っています。

一般的な意味で、ストーリィやナラティヴをうまく定義するという問題は、スタイン（Stein, 1982）によって詳しく検討されてきています。彼女は、ストーリィを同定するために利用できるような、固有の特徴や属性を示すことは不可能であるとの結論を出しています。この結論に至るに際して、彼女が引き合いに出したのが、ロシュら（Rosch & Mervis, 1975）によって展開された、自然界の事物（日常世界に見出される事物）に関する分類化理論です。ロシュの主張によれば、日常生活で人びとが物事を分類するのに際しては、一群の論理的基準を厳密に適用しているわけではありません。そうではなく、原型的な（prototypical）例にもとづいて行なっているのです。たとえば、「鳥」ということばが意味するところの定義を求められたとしましょう。ほとんどの人は、こんなふうに答えを切り出すでしょう。「鳥は、翼を持っていて、空を飛び、卵を産んで……」。けれども、ちょっと考えてみれば、私たちはダチョウを鳥に分類していることに気づきます。ダチョウは、空を飛ぶことはありません。このことから明らかなように、「鳥」など、何かを定義するための基盤は、定義づける一群の特徴に拠っているのではありません。人びとは、この種の認知的課題を前にすると、〈典型的〉な鳥のイメージに頼ることをロシュは見出したのです。鳥のなかには、当該分類カテゴリに〈適合〉した中核的な例となるものもあれば、分類カテゴリの周縁に位置するもの（ダチョウのように）もあります。自然界のカテゴリの多くは、境界が不分明です。そのため、コウモリなどは、文脈に応じて鳥とみなされたり、哺乳類とみなされたりすることになります。

スタインは、さまざまに異なり、競合しているストーリィの定義の問題に検討を加えるため、この分類化の理論枠組を利用しています。彼女は、「研究者がそれぞれに列挙するストーリィの特徴（よくできた構造、サスペンス、能動的主人公、解決などなど）は、どれもおそらくは〈優れた〉原型的ストーリィのもつ特質とみなすのが妥当である」と述べています。こうした特質をすべて持ち合わせたストーリィは、〈とても優れた〉ストーリィと考えられるでしょう。ともかくも、ストーリィは、人間の経験にとって不可欠です。そのため、これらの特質の多くを解体し、さらにまた異なる組み合わせに置き換えてもなお、ストーリィとみなされるような何かを作り出すことはできるといえます。

スタインの着想は、私たちがコミュニケーションの断片をストーリィと考えるかどうかは、文脈によって決まるということを表わしています。このことは、カウンセリングや心理療法における物語ることの意味を理解するのに深く関わっているように私には思えます。心理療法におけるクライエントは、自らの人生についての多層的な説明を築き上げているかのようです。そこでは、さまざまな異なるストーリィやストーリィの筋が織り合わされます。こうした状況下では、ただ一つのコメントや言葉でも、そこで語られているストーリィの要素となりえます。たとえば、数セッション前から、あるストーリィが始まっていたとしましょう。ある場面で発せられた言葉は、ときとしてそのストーリィの一部となって話が発展していくこともあり得るのです。心理療法における物語行為の意味を理解しようとして物語文法や物語構造の厳格な形式的定義を用いることは、断片化されたタイプの物語行為の意味を見失わせる危険性があります。

そのような断片化されたタイプの物語行為が、実は多くの心理療法の特質でもあるのです。心理療法をしばらく続けると、セラピストとクライエントの両者は、暗々裏に語られているストーリィの存在に気づくことがあります。そのようなストーリィは、これまでに語られたことばを互いにつなぎ合わせます。スペンス（Spence, 1982a）は、このプロセスを称して、〈物語ることに特有の機能〉が効果を発揮したと指摘しています。そこでは、クライエントとセラピストは、より広範な意味や理解を共有していくプロセスに関わっています。これは、心理療法の外にいる観察者からはうかがい知ることができないプロセスです。

私は、〈ナラティヴ〉という語は一つのまとまりをもった心理援助的談話を指すために用いるのに対して、〈ストーリィ〉という語はある特定の出来事の説明を指すために用いることが有益である、と思うようになっています。そのように考えると、心理援助の物語り（narrative）とは、クライエントが問題のある経験を〈ナラティヴ化〉しようとする試みだとみなすことができます。その過程で、断片が結び付けられたり、セラピストが介入したりすることによって、一連のストーリィが生まれます（McLeod & Balamoutsou, 1996を参照）。心理療法における談話では、物語行為というある種の〈出来事〉を同定することは可能です。しかし、そのために、こうした出来事を定義付ける特徴や、正確な境界設定についての決まり事は必要ではありません。次章以降で概観する研究が示しているのは、クライエントやセラピスト、さらには外部観察者が心理療法の会話の流れにおいて、物語行為のエピソードを同定し得るということです。しかし、心理療法でも、あるいは往々にしてその他の物語行為の状況においても、特定のストーリィは、より広範な〈ナラティヴ〉のなかに埋め込まれているのです。

ここで、本章で述べてきた論点の確認として、語ること、つまり物語行為がもつ機能の主要な側面をまとめておくことにします。ストーリィには、コミュニケーションの一形態として、いくつかの異なるタイプの情報を伝える働きがあります。たとえば、ストーリィが伝達するのは、下記のようなものです。

（1）出来事についての描写。これには時と場所、行動に関するデータが含まれる。
（2）主観性、意図性、アイデンティティの表出。「これが、私は何者であるかを表わしている」
（3）関係性の表出。「これが、あなたに語ろうと選んだストーリィである」
（4）自らの生きる社会環境について、語り手が理解していることに関するデータ。
（5）感情の表出。

表 2-5　カールのストーリィが伝える情報

1．出来事についての描写：その出来事は2週間前，オランダへ戻ろうとする折に起きた。オランダは，彼の生活のなかで，重要な位置を占めている。彼が会話している間に，それは起きた。
2．意図とアイデンティティの表出：意図…オランダに戻る，職を探す，自分なりのやり方で事を運ぶ。　　アイデンティティ…私は，教師であり，友人にも恵まれている。
3．関係性の表出：（セラピストに対して）私は自分についての個人的な事柄を，喜んでお話しするつもりだ。（友人に対して）私たちは物事をいっしょに決められる（それが今では…）。あなたは私に無理強いする。あなたにも言えないことがある。
4．社会環境：就職先がある。男女がアパートをルーム・シェアすることが許容されている。人との間には，間合いを期待する。
5．感情の表出：よく分からないけれども……。なんとも言えない気分がして……。拒まれるのが怖くて……。無理強いされた気がして……。
6．善悪の判断の位置づけ：自分のことは自分で決めなくてはならない。自分の好みに反して，誰かに無理強いされるべきではない。
7．経験の順序：拒絶されることを怖れる感情を湧き起こす，一連の出来事。
8．問題解決：彼女に何と言うことができたか，今では分かる。問題の核心は，自分が無理強いされたと感じたことだ。
9．展望の感覚の発現：表立って述べられてはいないが，「無理強いされた感じ」を生んだ他の場面とも，暗に結びついている。

（6）善悪の判断（モラル）の枠組みにおける、その出来事の位置づけ。

ストーリィは、一思考形態として、あるいは一般的には〈意味生成〉として、語り手にとって以下のような機能を担います。

（7）一群の経験の順序、連鎖、あるいは完了した感覚をもたらす。

（8）問題解決。生起した物事に因果的説明を加えることによる。

（9）展望（perspective）の感覚の発現。単一の出来事を、より広い文脈に位置づけることによる。

一つのストーリィのなかで、上記のすべてが並行して機能を果たしている点が物語ること、つまり物語行為の特質です。さらにまた、物語ることは、きわめて自発性が高いという特徴もあります。ストーリィを語っている当人は、自分についての情報を表出している自覚や、問題解決をしている自覚などには乏しいものです。私たちは、ストーリィを語っているなかで、過剰に〈自らを捉え〉〈正体を現わす〉ことがあります。その挙句に、まさに進行中のストーリィを〈検閲〉しようと試みるということも起きてきます。そうなると、ストーリィがうまく機能しない危険性が大きくなります。ストーリィは、平板になり、話が逸れていきます。一方、〈優れた〉ストーリィは、あたかも一人でに語られるかのように展開するのです。

本章のはじめに（七〇頁）、心理療法の開始期にクライエントが語ったストーリィを紹介しました。そのナラティヴの一片は、非常に簡潔なものでした。しかし、それは、心理療法で自分の〈問題〉を言い表わすことを促されたときに、クライエントが語る語り方としては典型的なものです。これは、苦悩する者と、彼らが救いを求める相手との間では、容易に理解し合えるコミュニケーション形態なのです。ナラティヴの観点に立てば、こうした簡潔なストーリィが伝達する豊穣な情報が明らかになります。表2-5では、そのストーリィをいくつかの意味要素に分解して示しました。このストーリィを媒体にして、セラピストはクライエントについての膨大な情報を得ていることが分かります。そしてまた、おそらくクライエントは、〈自ら知っている以上のことを話している〉のです。換言するならば、クライエントは、これほど早くに、自分がどれだけ豊かな自己開示をしたのかに充分に気づいていないでしょう。私のみるところでは、心理療法の中核的課題の一つは、（通常は）クライエントが物語り、（ときには）セラピストが語ったストーリィに暗在する意味を手繰り寄せることなのです。

12　要約と結び

本章では、心理療法におけるナラティヴと物語ることを理解するための枠組みを紹介しました。この枠組みについては、後続章でさらに詳述します。心理療法に対しては、さまざまな理論家や著述家がナラティヴ・アプローチを適用していますので、これについて詳しく検討することにします。本章の主な目的は、ナラティヴ化することや物語ることが、意味を伝達する上で、強力で複雑、かつ巧妙な方策であることを示すことにありました。「何がストーリィであるのか」といった固定的で狭隘な定義をあてはめることは、ナラティヴの性質を単純化しすぎることになります。少なくともカウンセリングと心理療法の領域では、非生産的といえるでしょう。認知的研究、あるいは言語学的研究では、ナラティヴの概念を操作的に定義する必要があるかもしれません。しかし、心理療法では、物語ることの日常的で常識的な概念にもとづいて、ストーリィ概念をできるだけ全体論的かつ多元的なまま捉えることが肝要です。人びとが語る、どのようなストーリィも、行為、目的、アイデンティティ、感情、意図性、語り手が生活する世界についての情報を伝達します。これらの意味の次元は、互いに密接に結びついていて、どれか一つを抜き出すことは容易ではありません。心理療法の面接室という状況でクライエントが語るストーリィには、暗々裏な意味が存在しています。これらの意味を手繰り寄せ、発見し、同化することが、心理療法の本質といえます。ひとたびストーリィに暗在する意味が捉えられ、理解されると、クライエントとセラピストは、新たな意味や行為形式を協働して作り出すことが可能となります。心理療法のさまざまな学派が、こうした課題をどのように達成しようと企てるかは、以下の章で述べることにします。

第3章 心理療法におけるナラティヴ
——心理力動的アプローチ

これまでの二つの章で私が伝えたかったのは、私たちが数多くのストーリィに囲まれて生きているということでした。私たちの会話は、それがどのようなものであれ、そこにはナラティヴが満ちています。私たちの日常生活は、まさにストーリィが重なり合って成立しているといえます。カウンセリングと心理療法の領域も、そのような〈ストーリィ〉から構成されている日常生活の性質を、ある意味では反映しています。しかし、心理療法の実践には、往々にしてストーリィの意義を大幅に否定する要素があります。以後の三つの章では、ナラティヴやストーリィの概念が、どのように心理療法で活用されてきたのかを概観します。

ここで検討する心理療法は、主に二つのアプローチに分けることができます。第一のアプローチは、ナラティヴの概念を導入したり、ナラティヴを情報源として用いたりする立場です。それらは、いわば副次的なナラティヴの活用法です。要するに既存の理論的枠組みにナラティヴの考え方を組み込んだものです。そうした理論的枠組みは、物語る存在であることを人間の特徴として当初から想定していたわけではありません。こうした考え方をする学派のうち、もっとも重要な一派は、心理力動的心理療法を実践するグループ、もしくは心理療法において構成主義的（constructivist）／認知的な観点からナラティヴを利用するグループです。こうした学派の心理療法は、基礎付け主義（foundationalist）と言い表わすことができます。そこでは、ナラティヴやストーリィは、心理的現実の〈基底〉レベルに接近するための手段として用いられてきました。

それに対して第二のアプローチとしては、物事の枠組みのまさに中核にナラティヴを位置づける心理療法の立場が挙げられます。そこでは、明確にナラティヴとしての心理療法、つまり〈ナラティヴ・セラピィ〉が謳われています。後者に属する著作家やセラピストのオリエンテーションは、構成主義（constructionist）と言い表わすことができます。つまり、そのような学派では、経験が社会的に構成されているとみなしているのですいて、より一貫したアプローチを採っています。それらは、先行するナラティヴの活用方法に多くを負っているということもあります。これまでの経緯を勘案せずには、現在の構成主義的心理療法を適確に理解することはできません。ただし、ナラティヴ・セラピィがこれまでのナラティヴの発想をすべてそのまま踏襲しているかというと、そういうわけでもありません。これまでのナラティヴの用いられ方を明確に否定しているとみなすべき側面もあります。また、第一のアプローチである心理力動的、構築主義的なナラティヴの利用方法とよく似た側面もあります。そのような側面を含みつつナラティヴ・セラピィは、理論と実践の体系として成長を続けています。それは、長い歴史をもつ既存の心理療法のアプローチとの間だけではなく、たとえばポストモダンのような広い文化的動向との間でも緊張状態を孕みつつ発展し続けているのです。

近年、ナラティヴに対する関心が爆発的な高まりをみせています。そのため、関連する文献のすべてを網羅して紹介することは、紙幅の関係もあり不可能です。そこで、本書では心理療法の理論と実践におけるナラティヴの代表的な活用例を挙げることにします。例示にあたっては、基礎付け主義と構成主義という二つのアプローチを区別するように心がけます。これらは、ブルーナー（Bruner, J.S., 1986）の表現を借りれば、二つの思潮の差として表わされます。すなわち、前者は、〈パラディグマティック〉な目的をもつものです（すなわち、ストーリィは、基底にある構造や要因に接近するための方途であるとみなすということです）。一方、後者は、ストーリィやナラティヴのことを、知識や理解を得るための主たる媒体と考えます。そのため、後者は、〈ナラティヴ〉を本質的な認識手段として位置づけ、そこに深く関与していきます。本章では、心理力動的・精神分析的心理療法で、どのようにストーリィが活用されているかについて議論します。続く第4章では、新たに現われた認知的・構築主義的観点からナラティヴを利用する心理療法を解説します。

1 クライエントに自らのストーリィを語るように促す
――臨床データの源としてのナラティヴ

心理療法におけるストーリィは、元来、基本的にはクライエントについての情報収集のために用いられていたと思われます。心理力動的な心理療法は、多種多様です。しかし、たいていは、セラピストがクライエントの〈生育史〉を聴取することから始まります。つまり、心理力動的な心理療法では、まずクライエントのストーリィや、問題を引き起こしている特異的な行動パターンについての情報を集めるのです。クライエントは、確かにこのようなアセスメント面接でたくさんのストーリィを語ります。ただ、生育史のデータは、必ずしもストーリィ形式で符号化されたり記録されたりするとは限りません。むしろ、クライエントの発話は、個々のセラピストの関心にもとづいて、一定のカテゴリ群に縮約されます。たとえば、心理力動派のセラピストは、エディプス関係や発達過程の問題、転移のテーマなどの例を発話のなかに探し求めます。それは、事例の定式化や診断を得ることを目的としたものです。アセスメントで収集される素材が行き着く先は、クライエントの記録用紙となります。この記録用紙の記載は、あくまでもセラピストが見立てたクライエントのストーリィであって、クライエントその人の語ったストーリィではありません。後述するように社会構成主義的ナラティヴ・セラピィの一派は、人びとに独自のライフ・ストーリィを〈著述する〉(author) よう促します。その場合のクライエントは、〈権威ある〉人物によって生み出された〈権威ある〉バージョンのストーリィに組み込まれることにはならないのです (White & Epston, 1990)。ナラティヴ・セラピィの観点からは、生育史聴取をするアセスメント面接は、心理療法の始まりからすでにセラピストの権威を前面に押し出してしまうため、心理療法に良からぬ影響を与えかねないと考えます。

心理療法中にセラピストがしていることの多くは、クライエントが邪魔されたり決め付けられたりすることなく、自らのストーリィを語ることを可能にする環境をしつらえることであるといえます。自由連想法や共感的反射といったさまざまな技法は、物語ることを促し、クライエントにとって重要な経験をナラティヴとして説明できるようにする方法といえるでしょう。しかし、たいていの心理療法場面でセラピストは、ストーリィ自体に働きかけるのではなく、理論的な観点から基底にあると考えられる情緒的もしくは行動的な構造に到達するためにナラティヴを利用しているのです。たとえば、クライエント中心療法のセラピストは、クライエントの自己受容レベルのエビデンスを求めてストーリィを聴くでしょう。心理力動派のセラピストは、対象関係や愛着パターンのデータを求めてストーリィを聴くでしょう。

したがって、心理療法のセッションはストーリィを語るために特別な場面を提供するものではあるのですが、そこで語られることとは、通常ストーリィ自体として取り扱われてはいないのです。そうではなくて、基底に想定されるパーソナリティ構造に関するエビデンスの収集源として取り扱われているのです。そうした構造が、ストーリィを介して表出されていると考えられているわけです。コミュニケーション形態や認識方法として、ナラティヴ特有の意義が明確に認められることはほとんどなかったといえるでしょう。

また、アセスメントの手法を用いてナラティヴを引き出し、それを臨床的データとして活用するということもあります。そのような例はいくつかあるのですが、そのなかでも最も名高いものが一連の絵画刺激から成る主題統覚検査（TAT：Murray, 1938）です。クライエントは、これらの絵画に応じて想像上のストーリィを生み出すよう求められます。このときのプロトコルが、〈達成欲求〉といった構成概念によって分析されます。最近でいえば、ラハド（Lahad, 1992）は、生活上のストレス場面に対する対処法のストーリィを引き出すための教示法を開発しています。さらに、愛着スタイルの測定法の開発は、成人愛着面接を施行された患者が語るライフ・ストーリィのナラティヴ構造に依拠しています（Holmes, 1993を参照）。

2　中核にあって反復する人生のナラティヴという概念

人が自らの人生について語るストーリィの基底に、ある種の統一的テーマを想定する考え方は、心理力動的心理療法の基本スタイルを表わしています。究極的には、この着想はフロイトによって導かれています。彼は、生活の情動的・対人関係的な側面はすべてエディプスのストーリィが提供する雛形に根差していると考えていました。その結果、心理療法の第一の課題は、この中核的な〈ライフ・ストーリィ〉を解明し、クライエントがそこから洞察を得て、その影響を自らの支配下におく機会を設けることになったのでした。この概念の重要な要素は、ストーリィが、人生のさまざまな局面におけるさまざまな対人場面で、自ずから繰り返されるという考え方です。この理論に暗黙に仮定されている、個々の人生の統一的テーマという考えは、もちろん第1章で述べた「他から独立し、自律した自己」という西洋文化の構成概念と密接に関連しています。

このように中核的なライフ・ストーリィを概念化することを目指すアプローチでは、そのようなストーリィの構造の確かな萌芽を人生最早期に求めることになります。こうしたアプローチを極限まで推し進めたのが、トムキンズ（Tomkins, 1979, 1987）の構築した〈中核的原風景〉のモデルです。また、漸進的な発達プロセスとして、幼児期における中核的ライフ・ストーリィの萌芽を説明する向きもあります。たとえば、〈ライフ・スクリプト〉の概念を用いたバーン（Berne, 1975）とシュタイナー（Steiner, 1974）の説明がそれにあたります。彼らによれば、子どもは、人生早期にライフ・スクリプトを獲得するとされます。その過程は、もっぱら、お伽噺やその他の子ども向けのストーリィを聞くことによって養われます。こうしたストーリィは、子どもが問いかける「私は誰？」や「私みたいな人には何が起きるの？」といった疑問に答えを提供するものとなります。

その他、精神分析に近い著作家のなかには、幼児期の萌芽を推測するよりも、むしろ成人期における中核的ライフ・ストーリィの表出の仕方に着目する者もいます。この種の領域で、もっとも影響力をもつ理論のひとつに、ルボルスキーら（Luborsky et al., 1990）が開発した、ナラティヴ分析のための中核葛藤関係テーマ（Core Conflictual Relationship Theme：ＣＣＲＴ）という枠組みがあります。このアプローチでは、心理療法においてクライエントが語る対人関係についてのストーリィは、ある構造に従うと考えられています。その構造とは、どのストーリィも、「願望」を表わしており、その願望が「他者の反応」を導き、その結果、「自己の反応」をもたらすというものです。たとえば、「私は母に対して怒りを露わにしたい」という願望が、「彼女は私を拒絶するだろう」という他者の反応を導き、その結果、「私は落ち込むだろう」という自己の反応をもたらすということになります。このモデルにもとづいて行なわれた研究によれば、両親や配偶者のような重要な他者についてクライエントが語るさまざまなストーリィには、同一のＣＣＲＴパターンが現われることが確かめられています。クライエントとセラピストとの相互作用において、このようなパターンが表出されることは、フロイト流の転移概念を支持する結果ということになります。効果的な心理療法は、セラピストがＣＣＲＴパターンを解釈する精度に拠っています。心理療法の結果、クライエントの語る対人関係のストーリィは、心理療法の終結時には、開始当初よりもありふれた肯定的結末をもつストーリィへと変容を遂げます。このＣＣＲＴモデルは、精神分析の実践家や理論家が、ナラティヴの概念を、自らのアプローチに統合させた好例のひとつです。ここでは、精神分析の基本的手法や理論的前提が踏襲されています。

この他、ナラティヴの概念を心理力動的なアプローチに援用する理論家としてハンス・ストラップ（Hans Strupp）がいます。彼の力動的時間制限療法では、時間制限の枠内で仕事をするセラピストは、力動的焦点化を積極的に追求することが求められます。それは、以下のように定義されます。

対人関係上の役割における、中核的で特徴的なパターンの作業モデル。そこでの役割は、患者自身が無意識に身を投じるものと、患者が他者に要求する相補的役割とがある。そして、この作業モデルが招くのは、不適応的な一連の行為、自滅的な期待、否定的な自己評価である。

(Strupp & Binder, 1984, p. 68)

力動的焦点化に関するこの記述は、問題のストーリィに関する記述と、明らかに似通っています。実際に、ストラップとバインダーは、「人生経験を解釈する心理的モードは、第一には、物語ること（narration）である。つまり、ストーリィを自分に対しても、他者に対しても語るということである」（Strupp & Binder, 1984, p. 68）と述べています。彼らの考えでは、力動的焦点化は、患者（もしくはクライエント）によって組織化され、コミュニケートされるスキーマ的ストーリィです。そのストーリィの特徴には、主に四つの要素があります。すなわち、自己の行為、他者の反応に対する期待、自己に向けられた他者の行為、自己に向けられた自己の行為です（表3-1参照）。このストーリィは、繰り返される〈自己増殖的な悪循環〉の連鎖として、クライエントの日常生活で絶えず再演されます（Strupp & Binder, 1984, p. 73）。そこで、クライエントとセラピストに求められるのは、患者の生活における中核的なジレンマや問題を協働して繰り返し語ることとなります。その目標は、〈理解可能で意図的〉な新しいストーリィを構築することです。

ルボルスキーやストラップをはじめとする多くのセラピストは、クライエントのパーソナリティにおける〈基底欠損〉を表わすような、単一で反復性の中核的ライフ・ストーリィという発想に価値を見出しています。おそ

表 3-1　ストラップとバインダーのナラティヴ構造モデル

1. 自己の行為
　人間の諸行為の全領域である。そこに含まれるのは，感情（affection）と情動（emotion）（たとえば「妻が私にもっと関心をもってくれたらいいのに」），認知（たとえば「魅力的な人と会うと，自分がどれほど醜くて駄目な人間かをどうしても考えてしまう」），知覚と表出行動である。
2. 他者の反応に対する期待
　自分自身の行為に対して，他者がどのように反応するかを想像したものである。たとえば「もし私が心の内を話したとしても，彼女は私を受け容れてはくれないような気がする」といったものである。その期待は，意識的だったり，あるいは前意識的，無意識的だったりもするだろう。
3. 自己に向けられた他者の行為
　自己の行為との間に，ある種の関係をもって生じたとみなされる，他者の観察可能な行為である。たとえば「お金を貸してほしいと頼んだところ，彼は知らぬふりをした」といったものである。
4. 自己に向けられた自己の行為（取り入れ：introject）
　自分自身に対する取り扱い方（自己コントロール，自己賞賛，自己懲罰，自己破壊）である。たとえば「夫に褒められたとき，私は罪悪感を感じるとともに，自分の至らなさを知った」といったものである。

焦点の当てられたナラティヴの典型例

主訴
　クライエント，フランシスは，抑うつ気分と夫婦関係の問題を訴えている。
自己の行為
　フランシスは，対人関係では受身的な姿勢をとっている。そうした場で，彼女は自己の内面を開示することを控え，引きこもったり躊躇したりしながら，人との接触を避けている。そして，他人の意思に委ねたり従ったりしている。彼女は，積極的なコミュニケーションを図るよりも，むしろ一人で思い悩み，いぶかしむことに，長い時間を費やしている。
他者の反応に対する期待
　フランシスは，他人が自分を無視したり拒絶したりすると思い込んでいる。彼女がこの期待の正しさを確かめるのは，過去に母親やその他親しい人たちから，無視や拒絶を受けたことを思い起こすときである。
見受けられる他者の反応
　他人は，フランシスの受動性を見て，人をひきつけるところがないと思う。すると，他人は，彼女の苦悩に自然と気づくこともなければ，自ら手を差し伸べることもない。しかし，フランシスには，これらが彼女の受動性に向けられた，もっともな反応とは思えない。その一方で彼女は，他者が積極的に彼女を拒絶し，無視している証拠であると解釈する。
取り入れ（自分自身に対する取り扱い方）
　フランシスは，絶望的な状況に陥ると，自分がまるで無力に思えてくる。他者からの好意的ではない反応を想像すると，もう我慢ならない。彼女は自分自身を抑えてコントロールし，自分の望みや不満を表に現わすことを控えてしまう（まるで，こうした対人関係上の受動性のおかげで，彼女というちっぽけな存在が，人から受け容れられやすくなると思っているかのようである）。

〔出典　Strupp & Binder, 1984, 77-78.〕

らくは、この種のアプローチのなかでも、もっとも急進的なのが、グスタフソン（Gustafson, 1992）によるライフ・ストーリィの三分類でしょう。ルボルスキーやストラップは、さまざまな筋立ての多様性を許容し得る概念枠組みや構造を提起していました。ところが、グスタフソンは、人びとが語り、生きるストーリィは、その人の性格や対人関係の問題を解決するための、少数の代替案をめぐって組織化されていると考えています。彼によれば、他者と関わるうえで、基本的に従属的なパターンを身につける人びとがいます。その他には、問題回避のパターンをとる人びとや、他者を圧倒するスタイルをとる人びともいます。このようにグスタフソンは、あまりに極端に単純化した人生のナラティヴのモデルを構築しています。それにもかかわらず、彼の著作は、精神医学や心理療法の分野においてもっとも創造的かつ人間性に富む部類に入れられています。これは、副次的にナラティヴを利用するアプローチの限界を示す、皮肉な結果と言えるでしょう。

上述したように、これら心理力動学派のグループの理論は、単一のストーリィによって人生の特徴が意味づけられるという前提に立っています。スペンス（Spence, 1987）は、こうした心理療法の方略を、〈単一解〉的と称しています。これは、心理療法におけるクライエントや患者が呈する、込み入った話題に秩序と整合一貫性をもたらす手段としては、もちろん有効です。しかし、このような人間の捉え方に含まれる限界を意識することも必要です。たとえば、オマー（Omer, 1993b）は、人生を中核的ナラティヴのテーマに縮約することによって、その複雑さや豊饒さが単純化されすぎる危険を論じています。たとえば、伝統的な長期間の心理療法では、その到達点においてクライエントは、自らのライフ・ストーリィの全体像を適確に理解する感覚を得ることができました。しかし、それとは対照的に現代の短期心理療法では、〈人生を素描〉することが介入初期の作業となっています。その結果、介入初期のアセスメントの段階で信頼に足るライフ・スクリプトや人生のナラティヴを同定できなければ、クライエントとして受け入れらないという方針のクリニックも出てきます。これでは、必然的に〈誤った迅速さ〉をクライエントに押し付けることになるとオマーは案じています。そのほかにもド・シェーザー（deShazer, 1985）は、従来から使われてきたライフ・ストーリィの概念に対して異議を唱えています。彼は、そうしたモデルの過度の使用が、セラピストとクライエントに、〈問題焦点型〉のストーリィの生成を引き起こすと指摘しています。ド・シェーザーは、クライエントの保持するストーリィのうちでも、〈解決焦点型〉のストーリィに照準を合わせることが有益であると考えています。つまり、いつ、どのようにして、クライエントが対人関係のなかで満足のゆく結果に到達したかということです。ド・シェーザーは、ここで、古典的でヒューマニスティックな精神分析批判を現代風に焼きなおして提示していると思われます。かつて精神分析は、個人を病理に還元し、人びとのもつ創造的な問題解決の側面を軽視しているという批判を受けました。表3-1で示したクライエントのライフ・スケッチは、この種のモードの心理療法に内在していると思われる、無情で悲観的なナラティヴの一例です。スペンス（Spence, 1987）自らも、クライエントの人生を理解するために、〈単一解〉の枠組みを用いることに強く反対しています。彼によれば、単一解は、クライエントの言ったことの細部をそぎ落として得られるものでしかなく、その解に適合しない発言を無視、あるいは軽視することで成り立っているということになります。スペンスは、細部をそぎ落とすことも単純化もされていない〈生の〉臨床データは、常に多様な、異なる解釈に開かれているものと考えています。

近年のナラティヴ・セラピィは、中核的で反復するライフ・ストーリィの存在を前提としていません（e.g. White & Epston, 1990；Penn & Frankfurt, 1994）。このことは、注目に値します。現代のこの潮流では、クライエントは、新しい、代替のストーリィの筋を多様に生み出せると考えられています。この点でナラティヴ・セラピィのセラピストは、明らかにポストモダンの思想家から影響を受けてきています。ポストモダンの思想家たちは、現代文化におけるアイデンティティの断片化を強調し、単一の〈真の自己〉というモダンな発想を批判してきました。これらのアプローチについては、第5章で詳細に検討します。

3 人生のナラティヴの源泉としての神話的ストーリィ

中核的ライフ・ストーリィのモデルを支持する心理力動学派の理論家のなかには、それらのストーリィの由来について説明を試みる者もいました。この領域の研究は、さまざまな物語に共通する、一群の筋書きに注目します。それは、文化的観点から、お伽噺や聖書のストーリィ、あるいはギリシャ神話のような〈神話的〉ストーリィにもとづいて形成されたものとみなしています。そして、人びとがアイデンティティを構築する際には、これらのストーリィが援用されると考えています。この種のストーリィが魅力的なのは、その〈神話的〉性質に拠ります。つまり、再三に語られ、語り直されることで、人生や存在についての基盤的な真実を表わすようになるのです。

交流分析の創始者であるエリック・バーン（Eric Berne）や精神分析についての卓越した著述家であるブルーノ・ベッテルハイム（Bruno Bettelheim）は、いずれも発達早期においてお伽噺がもつ形成力を解説しています。両者は、子どもが無意識のうちに、自分の生活環境をもっともうまく意味づけるお伽噺を選んでいるという見方をしています。お伽噺の精神分析的な意義については、膨大な文献が蓄積されています（Cath & Cath, 1978；Rinsley & Bergmann, 1983）。

この領域で活発に発言している理論家のなかには、あらゆる神話的ストーリィや説話は単一の中核的ストーリィに縮約できると論ずる者もいます。こうした論調のもっとも代表的な著述家は、ジョセフ・キャンベル（Joseph Campbell）とフロイトの二人です。数多くの文化圏の神話を分析した結果、キャンベル（Campbell, 1949）は、それらのストーリィがひとつの〈英雄〉神話に縮約可能であることを見出しました。すなわち、主人公が、真実と意味を追い求めて、危険の伴う旅を企てるというものです（たとえば冥府への旅のように）。一方、フロイトは、オイディプス王のギリシャ神話が、人間関係の諸相を意味づけるための構造を提供していると考えました。

このように心理療法のクライエントが語るストーリィの神話的源泉を明るみにするアプローチは、ナラティヴ・セラピィにも有益な情報をもたらします。ただし、このアプローチは、文化という源泉が個人のアイデンティティ構築に貢献しており、その源泉がもつ普遍的なストックを理解しようという、大まかな方向性を示すという限りにおいてのみ有益といえます。他方、この種の神話の活用法には、ナラティヴ・セラピィのセラピストが批判し、懸念する点も多々あります。

これまで論じてきた神話的な枠組みの第一の問題点は、古典的ストーリィに過剰な信服を寄せるところです。こうしたストーリィは、社会の支配層であった白人アングロ・サクソン系の文化圏に属する中産階級には馴染み深いものではあります。しかし、それ以外の人びとには縁が薄いといえます。たとえば、バガロッズィとアンダーソン（Bagarozzi & Anderson, 1989）は、自分にとって意味あるストーリィを明らかにするようクライエントに求めるという心理療法のアプローチを採ったところ、クライエントは、伝統的なお伽噺ではないものを報告しました。そこでの報告は、漫画、映画、テレビに由来するストーリィが選ばれる傾向が高かったのです。ここから学ばなくてはならないのは、多様性の高い近代の文化的環境に生きる人びとにとって、特定の古典的なストーリィや神話が常に意味をもつと考えるのは適切ではないということです。

クライエントの人生と神話的ストーリィとの間を結びつける際に生じる第二の問題は、ストーリィやお伽噺に起因した影響力が、実際にその人にもたらされるという仮定の妥当性です。たとえば、そうしたストーリィを幼児期に耳にすることによって、その幼児の考え方が実際に影響を受けるのかということです。たいていの場合は、その人が四、五歳時に本当に「赤頭巾ちゃん」などのお伽噺に夢中になったかどうかなどは知る由もないのです。知り得ることは、大人になってから、そのストーリィが自分の人生にいくらかの意味があるのだろうと気づいたということだけです。お伽噺や神話的ストーリィは、〈かつての〉発達上の出来事というよりは、〈今の〉意味づけの仕方ということになるのです。お伽噺は、ある人の精神生活において昔から重要ということはあっても、そこに決定論的な意義を見出すのは無理があるといえます。

第三に、心理療法における神話的ストーリィの活用には、深刻な懸念が表わされているということがあります。その種のストーリィが固定した意味をもち、それゆえにクライエントの人生と特有の固定した関わりをもつとみなされたとき、この懸念は現実のものとなります。ナラティヴに対する社会構成主義的アプローチの観点からは、あらゆる出来事やストーリィの意味は、社会的に構成されたものとされます。したがって、出来事やストーリィの意味は、現実についての社会に広まった定義を通じて規定され、理解されるので、固定された意味はクライエントに深刻な影響を与えることになると危惧されます。この点については、第2章で検討したナラティヴの曖昧さの議論を参照してください。

フロイトによるオイディプスのストーリィの活用例は、よく知られたひとつの神話的ストーリィです。しかし、実際には、オイディプスのストーリィから抽出され、読み取られる意味は、多様なのです。ヒルマン（Hillman, 1975, p. 132）は、精神分析で語られるオイディプス神話を「フロイトのひとつの解釈」であり、フロイトのすべての精神分析的事例を支持する基本的ストーリィの筋を表わす特徴であると考えています。フロイトは、紀元前五世紀のソフォクレスによる戯曲オイディプス王のテクストを個人に焦点を当てて読み解いていました。エムディとオッペンハイム（Emde & Oppenheim, 1995）は、対人関係や共同体に注目した解釈を行ない、フロイトの解釈の補完を試みています。フロイトは、以下のように、オイディプスという登場人物の視点を通じて、このドラマを語り直していました。

テーバイの王ライオスと、王妃イオカステとのあいだに生まれた息子エディプスは、まだ生まれないさきに、この

子は父を殺すであろうという神託が父王に下ったために、生後直ちに棄てられてしまった。しかしエディプスはひとに救われ、他国の宮廷で王子として養育されて成長し、自分の素性を知りたさに神に伺いを立てると、汝は父を殺し母を娶らなければならないだろうから、生まれ故郷の地を避けよという神託を受ける。エディプスはここが故郷だと思っていた国を立ち去っていく途中、父とは知らずにライオス王と出会い、ふとしたきっかけから烈しいいさかいとなって、たちまちこれを打ち殺してしまった。やがてテーバイにさしかかる。そして道を遮る怪獣スフィンクスの投げる謎を解く。テーバイの人びとはこれを徳として、エディプスを王に戴き、これにイオカステを娶《めあわ》せた。彼は永く平和に厳かに世を治めて、生みの母とのあいだに二男二女を儲けた。ある時、国内に悪疫が流行した。テーバイの人びとがこれについて神託を乞うた。ソポクレスの悲劇はここから始まっている。使者が神託をもたらし帰る。ライオスを殺害した人間がテーバイの国から追放せられるときに悪疫は熄むだろうというのがその内容であった。

(Freud, 1900, pp. 261-263. 高橋訳『フロイト著作集第2巻　夢判断』二一八頁)

フロイトは、このオイディプスについての解説によって、次のような結論に至ったのでした。

彼(エディプス)の運命がわれわれに感動を与えるのは、われわれもまた彼の轍を踏むかもしれず、(中略)そして人生最初の性的な感情を母親に向け、最初の憎悪と暴力的な願望とを父親に向けるということは、ひょっとするとわれわれ人間すべての運命の摂理だったかもしれない。われわれが見る夢は、このことをわれわれに証明している。父ライオスを殺し、母イオカステを妻としたエディプス王は、われわれの幼年時代の願望充足にすぎないのである。

(Freud, 1900, pp. 263-264. 同二一九頁)

このように、フロイトが読み解いた古典的なオイディプスは、家族内における性的衝動の表出に対する抑圧と罪悪感のストーリィでした。

同一のオイディプスのストーリィについて、それとは異なる解釈で語り直しをすると、ライオスの存在感がより際立ってきます。彼は、無情にも自らの幼い息子を捨て去り、その子の足を縛り（オイディプスという名の原義は、「腫れ上がった足」です）、何年も後になって十字路でその息子に闘いを挑んでいます。オイディプスのストーリィのこのバージョンでは、イオカステは、オイディプスに向けられた仕打ちの共犯者として描かれています。エムディとオッペンハイム（Emde & Oppenheim, 1995）は、このストーリィは、現代では児童虐待、ネグレクト、誘惑の一種と位置づけられるという解釈をしています。

エムディとオッペンハイムによるストーリィをさらに語り直すと、このお話全体が隠された知を探求するテーマをめぐっているという事実が明らかになります。ストーリィは、ある共同体の内部で、「共有されていることと共有されていないこと」を吟味する手段でもあります。オイディプスとは、自らの出自と対人関係の特質についての本質的な情報から締め出されている人物です。こうして読み解くと、このストーリィは、自らの生きる意味を捜し求めるオイディプスが、その意味にまつわる事柄に近づくことを他者から阻まれる様を描いたものとなります。

エムディとオッペンハイム（Emde & Oppenheim, 1995）は、このようにオイディプスのストーリィを再解釈しています。そうすることで、彼らは、精神分析とは異なり、社会に目を向けた心理療法のアプローチの意義を強調しています。この他にも、基底にある神話を批判的に再評価しようと試みた著述家や理論家が出てきています（e. g. Zipes, 1979）。

4　マクアダムスの功績――心理力動的なナラティヴのテーマを統合する

マクアダムスら（McAdams et al., 1985, 1991, 1993, 1994）は、心理力動的観点からナラティヴを活用するセラピストが話題とするテーマを統合することを試みています。マクアダムスは、従来から提唱されていた神話やお伽噺のナラティヴがもつ意義を認めてはいました。しかし、エリック・エリクソン（Erik Erikson）の著作を引用し、人生最初期の出来事によって規定されるものとしてではなく、人生全般を網羅するものとして発達モデルを構築しました。彼の関心は、人生のすべての段階に一貫性をもたらす個人神話を同定することにありました。彼のアプローチの意味は、研究の参加者に教示される文言によく示されていました。その構造化されたライフ・ストーリィ面接は、次のような文言によって始まります。

> まず、ご自分の人生をあたかも一冊の本であるかのように考えてください。その本の各章は、あなたの人生で成り立っています。たしかに、今の時点では、その本はまだ完結していません。でも、おそらくは、興味深く、かつ体裁の整った章がすでに含まれていると思います。お願いしたいのは、あなたの人生を主だった章に分けて、それぞれの章について簡単にお話していただくということです。章立ては多くても少なくても、お好きなようでけっこうですが、二、三章から七、八章の間で分けてください。それを、あなたの本の大まかな目次と考えてください。そして、それぞれの章に名前をつけて、その内容全体をお話してください。その後、何をもってひとつの章から次の章へと移るのか、簡単に話し合わせてください。
>
> （McAdams, 1993, p. 256）

面接では、引き続き、この〈本〉に特有な側面を明らかにする一連の質問が出されます。そして、以下のように人生全体の振り返りをして面接は終わりになります。

あなたのライフ・ストーリィ全体を、いくつかの章、エピソード、登場人物からなる一冊の本として振り返ってみてください。一冊の本を貫く中心的なテーマ、メッセージ、アイディアは、はっきりしていますか。あなたの人生の主なテーマは、何でしょうか。

(McAdams, 1993, pp. 263-264)

このような面接を受けることで人は、自らのストーリィを語ることにいざなわれていきます。そこで語られたストーリィは、往々にして直線的な時系列に則った説明であることが明らかとなりました。そしてこの説明には、それまでにその人が見聞きしたフィクションや自伝的な文芸作品の影響がみられました。このような方法によって収集されたライフ・ストーリィは、セラピストの影響が加わる心理療法で生み出されるものに比べて、より〈クリーン〉です。実際、彼の研究は、困難に見舞われて助けを求めている人びとよりも、適応度が高くて活動的な人びとに焦点を当てる傾向があります。ただし、ライフ・ストーリィや神話を理解するために彼が提案した枠組みは、心理療法で行なわれることと密接に関連しています。彼の研究で、人びとが生み出したストーリィに現われている〈筋書き〉の分析からは、繰り返し現われるメタファー的なテーマが数多く見出されました(McAdams, 1985)。たとえば、人生は旅、あるいは闘いであるといったものです。ライフ・ストーリィに典型的な筋書きとしては、以下のようなものがありました。

(1) 庭園を作り上げ、家を建てる。混沌から秩序を作り出す。
(2) 競争に揉まれ、闘いを交える。外部の脅威に対抗して、自己の統合を守り抜く。
(3) 旅に出る。前に進み、探求し、過去の困難から逃れる。

（４）苦難に耐える。外部からの圧迫を克服し、試練に耐え抜く。
（５）完結を追い求める。超越を模索する。

他の心理力動志向の理論家と同様にマクアダムスは、ストーリィの背後に横たわる、心的で情動的な生活のメカニズムに関心を寄せています。つまり、ナラティヴは表層にあるものであって、その姿かたちは基底にある力や構造を示唆しているということが前提とされているのです。マクアダムスにとっては、個人のストーリィを支える根本的な動機づけの構造は、その人の人生における活動（agency）と交流（communion）との間の緊張状態です。活動と交流の区別は、もともとはデヴィッド・ベイカン（David Bakan, 1966）によるもので、後の北米の心理学に多大な影響をもたらした考え方です。活動の動機づけは、環境をコントロール下におき、成功と支配を獲得し、力強い者となり、他者から独立した自律的な存在であるように努力することを指します。それとは対照的に交流は、緊密な人間関係を築き、自己よりも〈大いなる〉何かに耽溺し、〈我〉よりも〈我々〉の感覚をもとうと努力することを指します。交流への欲求が高い人は、愛と親密さに最大の価値をおきます。マクアダムスによれば、個人のストーリィは、活動と交流の次元上における自らの位置づけを表わすということになります。しかし、それだけではなく、ストーリィの登場人物は、人生における活動と交流の賦活のされ方を表わしているということでもあります。マクアダムスのモデルでは、これらの登場人物はイマーゴ（imago）と呼ばれます。イマーゴは、「自己が人格化され、理想化された概念」とみなされています（McAdams, 1993, p. 122）。これらのイマーゴは、主に青年期と成人期早期に確立されます。マクアダムスは、個人神話の組織化の核となるイマーゴについて、洞察を得ることが役立つと示唆しています。

私たちが自分自身を理解するためには、私たちのストーリィの筋において優位な立場にいて、ナラティヴを推し進

表 3-2　個人神話における性格描写：イマーゴの諸タイプ

活動志向
戦　士（アレース）
旅　人（ヘルメース）
賢　人（ゼウス）
造物主（ヘーパイストス）
交流志向
恋　人（アプロディーテー）
養護者（デーメーテール）
友　人（ヘーラー）
祭祀者（ヘスティアー）
活動・交流の両方向に優るイマーゴ
治療者
教　師
カウンセラー
ヒューマニスト
審判者
活動に劣る，ないしは交流に劣るイマーゴ
逃避者
サバイバー

〔出典　McAdams, 1993 より〕

める役割をとる主要な登場人物について、包括的に理解することが役に立つ。成熟するにつれて、私たちは、自分の神話においてしばしば互いに葛藤するイマーゴの間で、調和やバランス、和解を創出するように試みる。

(McAdams, 1993, p. 123)

表3-2には、マクアダムス自身の研究で、頻繁に同定されるイマーゴの諸タイプを挙げました。イマーゴの概念は、依然として彼の理論の基礎であることに変わりはありません。しかし、彼は、提起された一群の名称が、個々人の神話がもつ特徴の固有性を捉え得ていない恐れについても慎重に強調しています。たとえば、同じ〈武勇伝〉でも、ある人物の〈武勇伝〉は、他の人物が展開するそれとはまったく異なる可能性もあります。また彼は、ストーリィをさまざまな異なる観点から理解し得る可能性を指摘し、個人のナラティヴを一種類の特徴に還元してしまう傾向についても警告を発しています。

マクアダムスの理論の要素に含まれるのは、人生の決定的な局面を捉えた重要なストーリィがもつ役割です。これらは、中核エピソードと表現されます。これには、絶頂、どん底の経験、転機、重要な記憶（児童期早期、青年期、成人期）が含まれます。このことを最後に確認しておきたいと思います。

マクアダムスは、セラピストではありません。しかし、個人のナラティヴに対する彼のアプローチは、精神分析的理論における複数の中核的要素を結び合わせています。たとえば、精神分析の理論には、無意識の意味を露わにすることを目的としたさまざまな要素があります。たとえば、ストーリィについての独自の〈読み方〉、人生の過程についての意識、発達上の諸問題などがあります。また、内的対象やイマーゴ（登場人物）が他者との対人関係の媒介になっている仕方を評価するという要素もあります。このような多様な中核的要素を統合することが、マクアダムスの理論の特徴といえるでしょう。

5　ナラティヴに対する心理力動的アプローチの研究

有効な心理療法では、そのときどきに何が起きているのでしょうか。近年、カウンセリングや心理療法のプロセスの解明に向けた研究が増加しています。こうしたプロセスの研究者には、心理療法における物語行為やナラティヴの役割を検討し始めている者がいます。たとえば、ルボルスキーとクリス‐クリストフ（Luborsky & Crits-Christoph, 1990）は、その一例です。元来、この研究グループは、クライエントがストーリィのなかに表出した転移的反応の仕方を明確化することによって、転移という精神分析の概念を洗練させることを目的としていました。

この他、精神分析的志向性をもって心理療法のプロセスにおけるナラティヴの役割について研究をしている者として、ブッチ（Bucci, 1993）がいます。彼女のモデルでは、心理療法のプロセスの変化に特異的な局面が存在することを説明するために、認知心理学の考え方が導入されています。なかでも、ブッチは、人間の情報処理過程の〈多重コード〉モデルを提起して、人びとが世界についてのデータを処理するために三つの分化したモードを用い得ると考えました。一つ目は、〈前象徴的〉と呼ばれ、基本的には非言語的、本能的（visceral）な運動性の認識様式です。情緒的な意味は、この処理レベルで符号化され、貯蔵されます。二つ目の表象モードは、言語的レベルの認識様式です。それは、論理的に考え、物事を分類してカテゴリィ化し、対象の意義に関して意味論的で象徴的なネットワークを創出するといった人間の能力に依拠しています。これらの主要な情報処理モードは、ペイビオ（Paivio, 1986）らの認知心理学領域の研究から導き出されています。ブッチの独創的な功績は、第三の表象モードを仮定したところにあります。彼女は、これを関連付け作業（referential activity）と名付けました。人は、このタイプの情報処理を通して経験の非言語的・感情的領域と、言語的・象徴的領域との間を関連付け、つなげます。ブッチにとって、心理療法の鍵となる課題は、クライエントが有効かつ適切な関連付け作業に取り組めるよう援助することでした。

クライエントは、苦悩にまつわる感情やイメージを避けていることができなくなり、心理療法を求めて来談します。関連付けの作業は、そのような来談の契機となっていた感情やイメージと、内省的な自己理解との間を橋渡しすると考えられています。内省的な自己理解ができることで、心理療法の結果は好ましいものとなります。したがって、苦悩と内省的自己理解をつなぐことは、とても重要な作業なのです。心理療法においては、上記の三つの表象モード間の移動は、循環的なプロセスとなります。

> 関連付けの循環は、主に三つの局面からなる。各局面は、非言語的表象、関連付け作業、言語的表象といった結合プロセスの特定のタイプのうち、どれが優位であるかによって特徴付けられる。患者は、当初、ためらいがちに、遠まわしで、孤独な苦闘のなかで、自身の情緒的経験——情熱、恐怖、怒り——を想起しようとする。そして、表層に

> 上った非言語的表象を、伝達可能な言語的モードに関連付ける。そして、ついには互いに共有した援助的対話のなかで、自己の情緒的経験についての内省的理解を深めるに至る。さらに、順調に作業が進むならば、適度な援助関係の枠内で、この種の話題を協働的に熟考することによって、新たな情動的構造への道が開かれる。そして、より深いレベルで循環的な進展が続く。
> (Bucci, 1993, p. 4)

心理療法における関連付け作業は、しばしば物語るという形態をとります（精神分析では、夢のストーリィであることが多くなります）。ブッチのモデルの意義は、ナラティヴの観点からするならば、この点にあるといえます。ブッチが書いているように「ストーリィを語ることは、情動的スキーマやその一部を、言語的形態で表出することにほかならない」のです（Bucci, 1995, p. 104）。したがって、ブッチの多重コード理論は、心理療法におけるストーリィの役割を解明するための枠組みを提供しています。心理療法は、言語的モードと非言語的モードの双方を結びつける場です。ブッチらは、心理療法のプロセスにおいて刻々と推移する関連付け作業の強度を測定する方法を開発してきました。この方法には、観察者が用いる評定スケールだけではなく、心理療法の逐語録に基づく定量的な言語的特徴の（コンピュータを利用した）客観的算定も含まれています。関連付け作業は、以下の四領域に渡って査定されます。

- 具体性：知覚的性質、身体的経験への関連付け。
- イメージ性：発話が、読み手や聴き手の内に、類似の経験を呼び起こす程度。
- 特定性：登場人物、目的、場面や出来事などの描写の詳しさや明確さの程度。
- 明解性：言語的イメージが焦点化されている程度。

これらの測度を用いた研究からは、多重コードモデルを支持する十分な証拠が得られています。ブッチが提起した多重コードプロセス・モデルは、フロイトの一次過程と二次過程理論に代表される精神分析的理論と、生物学な基礎をもつ認知科学を起源として発展してきたことは明らかです。このモデルは、心理療法におけるナラティヴの役割に構成主義的観点をもたらすことを目論んではいません。つまり、社会的に構成された世界で、人が意図をもった行為主体として機能しているということは、前提とされていないのです。しかし、このブッチのモデルは、心理療法において、いつ、いかにしてナラティヴが生じるのかという問い、さらには有益なナラティヴはどのような特性をもつのかという問いとは密接に関連しています。この問いに関連する考え方については、後続章で検討することにします。

6　精神分析の伝統におけるその他の主張——ロイ・シェーファーの功績

米国の精神分析家、ロイ・シェーファー（Roy Schafer）は、心理療法に対するナラティヴ・アプローチの出現を促した代表的人物です。ドナルド・スペンス（Donald Spence）（その貢献は第5章で検討します）と同様に、シェーファーは、良好な精神分析の実践に特徴的なクライエントのナラティヴに注目し、それを自身が行なう心理療法の核心に据えていました。シェーファーの初期の業績として、精神分析に〈行為言語〉（action language）を確立するために尽力したということがあります（Schafer, 1976）。彼のナラティヴについての考え方を理解するためには、この初期の業績を考慮に入れる必要があります。彼は、心的装置としての心の理論が、時代遅れで無益であると論じました。そして、それらに代わって能動的な行為主体としての人間という発想を提起し、人間が自らの生きる心理的世界を構築していると考えました。この点では、シェーファーは、構築主義の理論家（第4章参照）と多くを共有しています。ただし、彼自身は、そうした、新たな思想的伝統のなかに自らを位置づけようとはしませんでした。つまり、彼の著作は、精神分析の理論と実践のなかに、確固とした基礎をもっているのです。シェーファーにとってナラティヴとは、人が行為の生起に関する描写を構成するために用いる手段でした。彼が関心を寄せたのは、クライエントや患者が語り、会話することを通して、ストーリィの筋書きを提示するという能動的プロセスにいかに関わっているかということでした。彼は、それらのプロセスが内的な情緒生活や一群の人間関係を創出し、維持すると考えていました。彼が一九八〇年の論文でナラティヴを活用する心理療法のモデルを提案し、それを一九九二年の著作『人生の再語り——精神分析における物語と会話』でさらに明確化しました。この本のタイトル（および内容）から、シェーファーが依然として精神分析のなかに位置づけられることが確かめられます。実際、彼は、精神分析以外の心理療法のアプローチには、きわめて批判的態度をとっていました。

　シェーファーが出発点としたのは、人は人生で遭遇した重要な出来事や現象を説明するためにストーリィの筋書きを創り出すという着想でした。心理療法では、クライエントもセラピストも、ストーリィの筋書きの構築に携わります。こうしたストーリィの多くは、よく知られているストーリィの貯蔵庫から引き出されます。シェーファーの著作で、もっとも興味深い側面のひとつは、精神分析上の有名な現象がストーリィの筋書きを構築する際のテーマとして再構成されているところです。防衛機制についての議論から、その一例を挙げましょう。

> 防衛（という概念）を用いる場合、戦争風のストーリィの筋書きが確立される。そして、ナラティヴの整合・一貫性に関心を寄せるうちに、（セラピストは）ストーリィの筋書きを追うことに積極的に関わってゆく。防衛、回避、攻撃、侵入、突破、崩壊、強化、再構築といった戦争関連の用語も使われ得るだろう。通常、精神分析で防衛について議論する際には、これらの語がたびたび現われる。そして、これらはどれも、ひとつの好戦的なストーリィの筋書きに則ることを意味しており、そのストーリィの筋書きに司られている。抵抗という語（防衛と近い関係にある）も

また、同様に敵対的なストーリィの筋書きに従うことを確かなものとする。

(Schafer, 1992, p. 47)

シェーファーは、上記の記述において〈防衛〉や〈抵抗〉という概念が暗に示す「人間関係は戦いである」というストーリィの筋書きが、心理療法関係を語るためのストーリィの一種にすぎないことを強調しているのです。実際、同一の出来事を解釈する場合には、好戦的な筋書きに従ってしまうよりも、より〈公平〉で〈肯定的〉なストーリィの筋書きにもとづいた方が有用である場合もあるでしょう。

シェーファーのもたらした心理療法のアプローチは、単純に既存の筋書きに従うのではない、ナラティヴに対して豊かな感受性を前提とする接近の具体的方法を示しています。また、それは、心理療法で生じていることを、クライエントとセラピストとの間におけるストーリィの筋書きに関するやり取りとして理解しようとする試みでもあります。心理療法の前景に現われたストーリィの筋書きは、クライエントの自己語り（self-narrative）であり、自己のストーリィの筋書きであります。もしも自己に関するこうしたナラティヴが破綻をきたし、混乱し、ときにはクライエントにとって不満に感じられるならば、セラピストの課題は、それに替わるストーリィの筋書きの出現を促すこととなります。セラピストは、この目標に達するために、変化を起こす対話を通じて、クライエントが意識的に表出する自己のナラティヴを揺り動かし、脱構築し、異物化しようとします。精神分析において、このようなプロセスを促す手法のリストを下記に示します（Schafer, 1992, p. 157–9）。

- 自由連想法によって、ナラティヴの要素を表面に浮き上がらせる。
- 複数のセッションを通して連続的なストーリィの構築を促進する。
- 各セッションにおいて過去を見直し、〈幼児期早期の危機的場面〉に対処するものとして現在の防衛体制ができているというストーリィの生成を促すようにストーリィの筋書きを検討する。

- 防衛のメカニズムは、〈問題のストーリィ〉を安定化し、維持させている。そこで、防衛の分析によって、このストーリィを揺さぶる。
- 分析家は、クライエントのナラティヴのうちで、矛盾をはらみ、一貫性に欠ける側面に焦点を当てる。
- 分析家は、クライエントのストーリィを語り直し、〈被分析者を語り直しのプロセスへと導く〉ことに着手する。
- 〈徹底操作〉は、異物化を繰り返すプロセスとみなすことができる。

もちろん、シェーファーが精神分析学界でどれほどの影響力をもっているかは、定かではありません。彼の企ては、精神分析に革新を引き起こす試みのひとつではあるでしょう。とりわけ、精神分析が立脚する哲学的・概念的基盤を再構築するものであったといえます。しかし、その結果、彼が到達した心理療法の形態は、第4章で解説する構築主義的な心理療法や第5章で検討する社会構成主義的アプローチときわめて似通ったものとなりました。彼は、精神分析を理解するための枠組みを開発したという点で独創的かつ創造的な思想家の趣きがあります。シェーファーは、独自の用語法を用いることによって、フロイトの〈マスター・ナラティヴ〉を包摂しながらも、独自の説明を加えた新たな〈マスター・ナラティヴ〉を生み出したといえるでしょう。ただし、シェーファーの一派が、彼に従ってこの新たな領野に足を踏み入れることを選ぶか否かは、まだ明らかではありません。

7　結論――現代の精神分析的心理療法におけるナラティヴの利用

本章では、一連の精神分析的心理療法におけるナラティヴの利用についてみてきました。ナラティヴやストーリィという概念は、一群の理論家の業績において重要な役割を演じているといえます。しかし、これらのアプローチが目指したのは、ストーリィを他の経験領域に到達するための一手段として利用することでした。それらの領域とは、たとえば関係性のテーマや無意識の内容など、心理療法の作業にとって基本的な主題をなすと考えられてきたものです。精神分析的心理療法の主流では、ストーリィに耳を傾けることは、目標に到達するための一手段にすぎません。つまり、ストーリィそのものは、さして精神分析のセラピストの関心を集めてはいないのです。その意味において現代の主流の精神分析的心理療法は、抽象的で自然科学的・パラディグマティックな認識モードに価値をおくという、近代的な文化の趨勢を再生産しています。この趨勢は、ナラティヴがもたらすような、具体的で文脈依存的な認識を周縁へ追いやってきたものなのです。

私たちの生活する文化は、個人のストーリィを語る可能性を、多分に阻害してきたといえます。私たちは、ストーリィの密な世界に生きてはいます。しかし、往々にしてテレビ、新聞、小説によって押し寄せられる波を受動的に受け取る役割を、自ら演じていることに気づかされるものです。近代社会においては、〈誰も参加してない〉ナラティヴが大量に拡散しています。おそらく、近代という時代を社会的にコントロールする中核的形態は、そのようなナラティヴの拡散を通じてもたらされているといえるでしょう。毎年、近代的な都市‐産業型社会の平均的な市民は、表層的なレベルにおいて膨大なストーリィを消費しています。それらのストーリィは、一過性で表面的なものです。個人的な意味をほとんどもたず、一度見聞きすれば、まずもう思い出すこともないような代物です。

そのような時代においてかろうじて心理療法が、各自の個人的なストーリィを、その詳細に及ぶまで語る機会を提供しているのです。これがおそらくは心理療法の大きな魅力となっています。しかし、それが同時にまた心理療法への失望にもつながるともいえます。多くの心理療法では、解放感や、心から肯定される感覚が引き起こされます。これは、自分のストーリィが傾聴され、語るに値し、受容されて真摯に受け止められ、他者にとっても意味があるという感覚が得られるからです。ところが、その一方、大半の心理療法の形態は、クライエント自身の個人的なナラティヴを、文化という広いストーリィのなかに位置づけるような方途をもたらしてはくれないのも事実です。そして、このような事実が、心理療法への失望を引き起こすのです。

心理療法は、クライエントのライフ・ストーリィを形成する一群の出来事や経験から、クライエント自身が意味を見出すことを可能にするものです。しかし、それだけでは、文化を形成している広範な意味に近づくことはできません。実際に、現行の心理療法は、過度に心理学化され、個人化されています。その結果、歴史に無関係なストーリィのジャンルを促進することになっており、結局大きなストーリィの衰退に手を貸していることになっています。第6章では、この問題に取り組める実践形態を構築しようと試みているセラピストたちの仕事を振り返ります。ただし、その前に、認知的・構築主義的な観点からナラティヴを活用する心理療法の考え方について次章で検討しておくことにします。

第4章 構築主義的なナラティヴの活用と認知療法

近年、認知療法の諸領域は、一つの転機を迎えています。このアプローチの初期の主要人物であるベックとエリスは、もともと精神分析的な着想の影響を受け、訓練を受けたという経歴があります。そして、心理的問題が、〈非合理的信念〉と呼ばれる無意識的な心の要素に由来するという発想にもとづき、心理療法に認知療法という新たな息吹を与えました。また、それと同じ頃、認知変容の技法の提案者として著名なバンデューラとマイケンバウムは、行動療法のアプローチに、認知的概念を持ち込みました。しかし、それに続く二十年間の認知療法の展開は、構築主義（constructivism）として知られるようになった方向へと導かれていきました。構築主義は、認知的情報処理を通じて、人が能動的に意味を構築する能力に重きをおきます。このような新たな動向は、ケリー（George Kelly）が一九五〇年代に開発したパーソナル・コンストラクト理論のなかにも、さまざまな形をとって現われてはいました。ただし、構築主義が発展する強固な基盤となったのは、認知科学領域の研究でした。

最初に認知的アプローチをカウンセリングと心理療法に導入したのは、ケリー、ベック、エリスでした。しかし、彼らの生成した理論は、当時の認知心理学の理論と研究をゆるやかに結びつけたにすぎませんでした。後年の認知療法のセラピストたちは、研究の伝統のなかに、よりはっきりと自らの心理療法のモデルを位置づけようとしました。こうした試みのなかで、一部の認知療法のセラピストが注目したのが、発達、学習、言語使用におけるナラティヴの役割に関する実験的研究でした。ナラティヴに対する認知的アプローチの主要な考え方は、表象形態としてのストーリィという概念です。現代の認知心理学者の見解では、人びとは頭のなかの静的な〈画像〉やイメージを介して世界を表象するのではないとみなす傾向が強くなっています。むしろ、人びとは、外部環境内の対象と関連付けようとする動的な行為の連鎖とされるスキーマやスクリプトを介して世界を表象していると考えられるようになっています。たとえば、ボトルという対象は、ボトルの内的な画像が心的に表象されているわけではなく、「つかむことができる」「注ぐことができる」「飲むことができる」といった行為連鎖の可能性として符号化されています。行為のスキーマを通じて生まれるこうした表象は、幼児の言語獲得の文脈で最もはっきり見受けられます。そこでは、対象はまず、それを使ってなし得ることにもとづいて符号化され、想起されます。たとえば、それを吸ったり、打ちつけたりできるか、あるいはそれで音をたてられるかといったことにもとづいています。成人の日常生活において世界を意味づけるために用いるスキーマの構造化された網目が現われるのは、私たちが語るストーリィにおいてです。人はナラティヴを通じて意味を構築し、伝達するのです。そこで、認知的・構築主義的なセラピストは、基底にあるスキーマやスクリプトに接近し、その変容を促す手段として、ストーリィを捉えます。

1　構築主義的観点からナラティヴを活用する心理療法とその変化の基本原理

ナラティヴの認知的研究は、心理療法にとって意義あるものです。このような意義については、これまでもさまざまな観点から探求されてきています（Bamberg, 1991；Russel, 1991；Russell & van den Broek, 1992；Russell et al., 1993；van den Broek & Thurlow, 1991）。そして、それは、認知的ナラティヴ・セラピィ

（cognitive narrative therapy）として提案され、その概要がゴンサルヴェス（Goncalves, 1994）などによって紹介されてきています（Neimeiyer, 1994 ; Viney, 1990, 1993 ; Vogel, 1994）。しかし、これらのなかでも、もっとも確立されているアプローチは、ロバート・ラッセル（Robert Russell）のものです。このアプローチは、特にポール・ヴァン・デン・ブローク（Paul van den Broek）との共著である「心理療法におけるナラティヴ・スキーマの変容」（Russell & van den Broek, 1992）と題された独創的な論文で詳しく示されています。ここで、ラッセルとヴァン・デン・ブロークは、ナラティヴが経験の組織化を可能にする「スキーマ的表象の基礎的形態」（Russell & van den Broek, 1992, p. 344）であると論じています。ナラティヴは、その構造的結合、主観性、言語的複雑性の程度といった次元上に多様に位置づけられます（これらの変数に関するラッセルの研究は、次節で詳述します）。クライエントは、これらの要素を用いて自らの世界と生活を描写します。したがって、認知的ナラティヴ・セラピィのセラピストの課題は、いかにしてクライエントの描写の鋭敏さを保つのかということになります（Bamberg, 1991 参照）。ナラティヴ・スキーマの変化や変容は、分化と統合という主に二つのプロセスを通じて生じると考えられます。第一に、既存のナラティヴに拮抗する、もう一つのナラティヴ（rival narrative）が生成される必要があります。これは、同一の出来事についての従来のストーリィとは異なっており、しかも同等にもっともらしさをもつストーリィのことです。これは、本質的には分化のプロセスです。それまでは、〈問題のあるストーリィ〉でしか出来事を語れなかったクライエントは、セラピストの援助を得て、それとは異なるストーリィでその出来事を語ることができることに気づいていきます。そして、自分の直面している困難に対して新たな説明を得ていくのです。第二に、古いナラティヴに対抗して新たに出てくるナラティヴは、次のような点で強固なものとなります。

（a） より整合的で正確。あるいは（または同時に）広く適用し得る（すなわち、ナラティヴにおける一連の行為、

感情、信念が、多数の登場人物の視点から見て、肯定的な帰結を招くといえる）。
（b）上位にあるナラティヴが、下位にあるナラティヴを明確化し、統合するようなやり方で、包含している。
（Russell & van den Broek, 1992, p. 348）

これは、心理療法における変化のプロセスの統合段階です。クライエントは、従来のナラティヴの中核が含まれるような新たなストーリィを携えて、このプロセスから抜け出していきます。ラッセルとヴァン・デン・ブロークは、セラピストが焦点を当てる新たなナラティヴが、整合一貫性と正確さという基準を満たしていることを重視しています。さらに、クライエントが把持している現有のナラティヴのスキーマと大きくかけ離れないという基準の重要性も指摘しています。彼らは、この論点を、ヴィゴツキーの〈発達の最近接領域〉の概念を引き合いに出して説明しています。ロシアの発達心理学者ヴィゴツキー（Vygotsky, 1978）は、すでに習得していることを繰り返しても、また失敗を繰り返すような困難な目標を設定しても有効な学習を導けないと指摘しました。そして、教師（あるいはセラピスト）がすべきことは、学習者の「現在到達し得る最高レベル」によって規定される領域内に働きかけることであると提案しています。

ラッセルが描いたナラティヴの変化のプロセスは、以前の役立たないスキーマとは対照的なスキーマを生成するということでした。同様の発想は、ヴォーゲル（Vogel, 1994）も、文芸批評家のケネス・バーク（Kenneth Burke, 1966, 1969）の用語である〈不調和な観点〉を援用して、すでに提唱しています。不調和は、〈ラディカル・メタファー〉の一種として理解できます。この発想においては、あるトピックや問題についての日常的な考え方や話し方が、根本的に異なる新たな描写方法を持ち込むことによって覆されるのです。たとえば、心理療法では、パーソナル・コンストラクト心理療法（Fransella, 1985）の〈固定役割法〉が、その活用例といえるものでしょう。これは、クライエントに、自身とは〈相反する〉ようなまったく異なる社会的役割を考えてもらい、それを実際に演じてもらうというものです。ヴォーゲルの主張によれば、精神分析や行動主義などの影響力の強い心理学理論の多くは、それまでとは異なるナラティヴを提供することでクライエントの経験の仕方を揺さぶる効果があるということになります。クライエントにとっては、新たなナラティヴは「こじつけでばかばかしい」と感じられるのですが、それでもなお、〈不調和な観点〉を提供することでクライエントの考え方を揺さぶり、変化を引き起こすことになるというわけです。

同様の論調としてエフラン（Efran, 1994）の主張があります。彼は、世界を知覚する際の主だったやり方である〈抽象化〉（abstraction）から人びとが自由になるよう援助することが、心理療法の目的であると論じています。セラピストは、クライエントの生活に浸透している社会的・認知的な規範に捉われない視点をもち、それによってクライエントが物事を今までとは異なるように眺めることを促すことができるというのが彼の主張です。

本章で取り上げた構築主義の理論家はいずれも、認知的葛藤のプロセスにナラティヴの変化を組み入れていくことを指摘しています。ただし、興味深いことに、ナラティヴを組み入れてどのような葛藤を引き起こすのが有効かという点では意見が分かれています。ラッセルは、もっとも有効なのは、〈近接〉的で漸進的に葛藤を起こすようなナラティヴの組み入れ方であると考えています。それに対してヴォーゲルとエフランは、クライエントが個々の世界を構築する仕方に、根本的かつラディカルな不調和を感じる経験から、変化が生じると考えているようです。

2　ナラティヴの変容過程に関する構築主義のモデル

明らかに、構築主義的心理療法では、競合するナラティヴ、もしくは不調和なナラティヴを同定することが心理療法のプロセスのうちに組み込まれています。構築主義的用語によって、このプロセスの概要を描こうとする試みも示されています。たとえば近年では、マイケンバウム（Meichenbaum, 1995）は、認知的行動修正のもともとの定式化を、心理療法に対する構築主義的ナラティヴ・アプローチの方向へと舵を切り直しています。心理療法の第一段階では、セラピストの目標は、クライエントが自らのストーリィを語れるようになる関係性を築くことにあります。次に、セラピストは、クライエントのストレスフルな出来事に対する反応を定式化し、何が、どのような理由から起きたのかについての説明理論を作り上げます。このプロセスを通じて、マイケンバウムは、クライエントが用いるメタファーへの配慮の必要性を訴えています。こうしたメタファーは、クライエントのストーリィに暗に内在する中核的な感情的意味づけを指し示しているからです。

ナラティヴの変化について、より複雑なモデルがゴンサルヴェス（Goncalves, 1994, 1995a, 1995b）から提起されています。彼の主張するところでは、構築主義的心理療法におけるクライエントの自己語りの変容は、五つの段階と課題に分かれます。すなわち、想起、客体化、主体化、象徴化、投企の五つです。ゴンサルヴェスのモデルは、枠組みが固定しすぎているきらいがあるかもしれません。しかし、彼の臨床事例からは、実際にはこのアプローチが個々のクライエントに特有のニードに敏感に調和していることが分かります。ゴンサルヴェスが自らのアプローチの究極的目標に据えるのは、クライエントが「自分の生を著述し、演じるための絶えざる主体性感覚を養う」ことであり、そのためにナラティヴの技法がさらに強い力を発揮できるようにすることです。彼の業績で特筆すべきことは、クライエントが世界を解釈する仕方に不調和と葛藤をもたらすよう絶えず努力する点です。再三にわたり、クライエントは鍵となる出来事のストーリィを、客観的に、主観的に、そして比喩的に、さまざまな仕方で語り直すように促されます。ゴンサルヴェスのモデルの五段階は、下記のような内容となっています。

第1期：ナラティヴの想起。誘導イメージ法を用いて記憶想起を促し、重要なライフイベントの記憶を同定する。ホームワークとして、人生の毎年の主要なストーリィを書き留める課題が与えられる。収集したライフ・ストーリィを振り返り、〈プロトタイプ〉的ナラティヴを選び出す。

第2期：ナラティヴの客体化。〈読み手をテクストに引き込む〉ようなやり方で、重要なナラティヴを語り直す。たとえば、ナラティヴの語り直しに際しては、視・聴・嗅・味・触覚の五感に訴える手がかりを与えるといったやり方が挙げられる。また、文書や思い出の品（例　写真、音楽、手紙）を収集することは、ストーリィと関わり深い物品を見つけ出すことになるので、ストーリィをより〈客体化〉させる。

第3期：ナラティヴの主体化。この段階の目的は、ナラティヴについてのクライエントの内的経験を、より意識化することにある。セラピストは、クライエントに重要なストーリィの想起を引き起こし、その出来事についての内的経験に焦点化するように教示する。教示の一例は、以下の通りである。「あなたが今経験していることだけに意識を向けられるようにしてみましょう」、あるいは「あなたの考えていることを一つ選び出し、その背後にある考えを探し出してみましょう。この作業は、もっとも根底にある考えと思われるものに辿り着くまで繰り返してみましょう」。

第4期：ナラティヴの象徴化。クライエントに、ストーリィに含まれる象徴的意味（metaphor）を思いつく方法を教える。象徴を思いつくことができるようになった後、クライエントは、自らの人生において、その象徴的意味をイメージさせる原型は何であるのかを探索することになる。

第5期：ナラティヴの投企。クライエントは、文芸や芸術なども参考にして、現在心を占めているストーリィに替わる新たな象徴的意味を構築する練習をする。新たな象徴を含むストーリィは、セッションと、続いて日常生活で実行に移される。

（Goncalves, 1995b, pp. 145-147）

リン・アンガスも、ナラティヴを変化させるための構築主義的アプローチを開発しています（Angus, 1996a, 1996b；Angus & Hardtke, 1994）。しかし、それは、段階的モデルではなく、循環的モデルです。アンガスは、ナラティヴのプロセスには、客観、主観、見直しの三種のモードがあり、それらは心理療法の中心的課題と対応していると論じています。

> 第一に、クライエントとセラピストは、過去の出来事の想起に焦点を当てる。出来事のなかには、忘れ去られていたり、十分に咀嚼できず、それゆえに理解できなかったりすることがある。そこで、これらの〈断絶を補う〉ために、クライエントに現在の状況を客観的に説明してもらう。第二に、クライエントとセラピストは、出来事に関連している知覚・感覚・情動・思考を仔細に探求し、そこで具体的にどのようなことが起きたのかを明らかにしていく。ここでクライエントは、その出来事を生き生きと主観的な経験として再体験する。そして、それを言葉として表現する。自らの主観的体験を生き生きと語ることは、おそらくクライエントにとっては初めての経験となるであろう。第三の目標は、〈出来事〉に関わる経験と状況を見直し、それを分析することとなる。これは、新たな意味や理解を創り出すことを目指している。見直しの結果が、クライエントの心を占めていたマクロなナラティヴを背景とした、自己や他者についての暗黙的な思い込みを支持することもあれば、放棄させることもある。
>
> (Angus, 1996a, p. 3)

このモデルに従った心理療法についての研究も行なわれています。よい結果が得られた心理療法ではセラピストは、主観的モードや客観的モードを経てナラティヴの見直しに至るプロセスを積極的に進めるように働きかけていたことが明らかとなっています。アンガスは、マイケンバウムやゴンサルヴェスと同様、ナラティヴの変化を引き起こす象徴的意味の役割を重視していました（Angus, 1992, 1996b；Angus & Rennie, 1988, 1989）。クライエントとセラピストは、協働して〈象徴的意味を含む、中核的テーマ〉を同定します。そして、それを通してセラピストは、クライエントのストーリィの中核に迫り、ナラティヴの見直しをしていきます。その結果、ナラティヴを異なる視点から読み直し、新たな可能性を見出すことが可能となるのです（Angus, 1996b, p. 82）。

3　構築主義的な心理療法のプロセス研究

認知療法に顕著な特徴の一つは、臨床実践を社会に広め、それを発展させる手段として研究を活用するところにあります。構築主義的なセラピストが次々にナラティヴへの関心を表明するのに触発されて数多くの研究が行なわれ、このトピックに関する構築主義的発想の最先端を示そうとする試みがなされてきています。これまでのところ、研究の焦点は、構築主義的ナラティヴ・セラピィの効果よりも、むしろプロセスに当てられてきています。

ラッセルら（Russel et al., 1993）は、ナラティヴの組織化を三つのレベルに分けてコーディングする枠組みを作りました。すなわち、構造的結合度、主観性の描写、複雑性の三レベルです。構造的結合度という概念は、認知・発達心理学の研究に由来しています。それらの研究によれば、人は（少なくとも主な西洋文化圏に暮らす人は）、「設定、契機の出来事、内的反応、取り組み、結果、反応」といった継起に従っているストーリィを理解しやすく、また覚えやすいということが分かっています（Stein & Glenn, 1979）。この種の〈物語文法〉が想定するバランスの良い完璧なストーリィとは、出来事が因果的に結び付けられ、時間的に順序だてられているものということになります。ラッセルら（Russel et al., 1993）のモデルの二番目の次元である主観性の描写ですが、これは、ストーリィが伝達するのは、単なる出来事の連鎖だけではなく、語り手の視点に関する情報も含んでいるとの考えにもとづいています。たとえば、そのストーリィが、現在時制で語られるのか過去時制で語られるのか、あるいは、一人称で語られるのか三人称で語られるのかといったことです。ブルーナー（Bruner, 1986）が指摘するようにストーリィの主要な機能の一つは、語り手の〈意識の風景〉を伝えることです。この主観性の描写は、その〈意識の風景〉を描くことと重なってくるものです。さらに、ラッセルら（Russel et al., 1993）のモデルの第三の次元である複雑性は、ストーリィのさまざまな要因と関わっています。実際、ストーリィは、文章長、形容詞・副詞の出現頻度ほか、言語学的な変数によってさまざまに異なっています。

　これらの要因は、心理療法では特に重要となります。この点に関してラッセルら（Russel et al., 1993, p. 342）は、「クライエントの語るナラティヴが、言語的複雑性が低く、概念のバリエーションが少ないような、省略されがちで貧しいことがある。このようなとき、セラピストは、クライエントが詳細を語りたがっていないということに気づくだけではなく、クライエントの経験の乏しさや、心理的豊かさの欠落にも思い至るかもしれない」と指摘しています。これまでのところ、このようにナラティヴの組織化を三レベルに分類する方法を適用した研究は、子どもの心理療法セッションの逐語録を分析したもの一つだけに留まっています。なお、ラッセルらの研究は、この他に心理療法で生み出されるナラティヴの特徴を見出しています（Russel et al., 1993）。それは、セラピストが、クライエントのナラティヴに調律（attunement）するレベルです。このレベルは、クライエントのコーディング枠組みには、はっきりとは示されず、仄めかされている程度にとどまります。ところが、クライエントの分析にははっきりと現われているのです。

　この他、心理療法の会話におけるナラティヴ・プロセスをコーディングし、分析するための方法としては、アンガスとハートキー（Angus & Hardtke, 1994）が提案しているシステムがあります。彼らのナラティヴ・プロセスのコーディング・システム（NPCS）では、評定者はまず、心理療法の逐語録をトピックの切片に分割することを求められます。切片というのは、クライエントとセラピストが、特定のトピックの領域、テーマ、話題にまつわる発言をしている段落です。そして、これらのトピックの切片は、ナラティヴ・プロセスのモードによって、さらに細分化されてコードされます。ナラティヴ・プロセスには、三つのタイプが見出されています。それは、外的出来事への焦点化、内的経験への焦点化、再帰（見直し）的分析です。一連のナラティヴが、主として外的出来事に焦点化されている場合、その心理療法での対話は、「何が起きたのか」が分かるように描写されています。内的経験の対話は、クライエントとセラピストが主観的経験、すなわち感情状態や情緒反応を述べているときに生じます。最後の再帰（見直し）的対話は、出来事の意味を理解し、解釈しようと試みられていることを表わしています。アンガスとハートキー（Angus & Hardtke, 1994）は、効果がみられた心理療法と、そうでない心理療法の逐語録を比較する研究を行なっています。その結果、効果がみられた心理療法と各セッションにおけるトピックの切片の多さとの間に強い関連が示されました。それとともに、再帰（見直し）的過程の多さ、そして内的過程の少なさとも関連がみられました。

　レニーの研究は、クライエントが心理療法をどのように経験しているか理解するための枠組みを作り上げることが第一の目標でした。しかし、その研究がもたらした成果は、クライエントがセラピストにストーリィを語りはじめたときに、何が起きているかに関しての有益な洞察を含むものとなっていました。レニーは、自らを認知的・構築主義的な学派に属するとは明言してはいません。しかし、そのアプローチは、本章で論じている構築主義と極めて折り合いが良いものです。レニーが行なった研究では、心理療法のセッションごとに記録がとられ、クライエントは、そのテープや逐語録を見聞きして、実際のセッションで自分が経験したことを知るよう促されます。この〈促進想起法〉は、心理療法の内面に接近するために次第に活用されるようになってきています（Elliott, 1991）。想起面接によって、膨大な質的素材が生み出されます。そして、それは、クライエントが報告した経験のテーマやカテゴリにもとづいて、分析されます。さらに、クライエントにとっての〈物語ること〉がどのような経験であったのかといった、クライエントの経験のなかでも、ある特定の次元について焦点を当てた分析が行なわれます。

　レニー（Rennie, 1992）は、〈物語ること〉に関して、クライエントが心理療法の各セッションで平均して八つのエピソードを示していることを見出しています。クライエントの自己報告によれば、ストーリィを語ることに着手する前には、緊張感を感じていました。レニーは、これを〈内的混乱〉と命名しています（Rennie, 1994a：237）。エピソードを物語る間、実際に経験していたことを説明してもらうと、ストーリィを生み出すプロセスには二つの局面があることが報告されました。それは、混乱から距離をとる局面と、援助的経験としてストーリィを語る局面です。心理療法でストーリィを語ることは、その人固有の問題を探索しつつも、まずは内的混乱から距離をとっておくための手段なのでしょう。内的混乱から距離をとることは、ときには、より深い感情に入り込むことを先延ばしにします。クライエントは、こうしたエピソードの語りの局面を振り返って〈時間稼ぎ〉や〈要点の回避〉と自ら評していました。またある時には、クライエントは、〈思い込みの操作〉とでも名付け得るような距離のとり方を報告していました。これには、セラピストに伝えたいと望む自己イメージが脅かされないように工夫してストーリィを語ることも含まれていました。たとえば、あるクライエントは、自信に満ちていて自制心があるという偽りの印象を作り出すために、就職面接のストーリィを用いていました。彼女は、後の振り返り面接において、このことを認めています。

> 彼女は、恐怖感に駆られて、こうした思い込みの操作をしていた。もしも真実を認めれば、うろたえてしまい、それを克服するために数日を要するに違いないと恐れたのである。その心理療法セッションは、金曜日だった。仕事が溜まっていて、この危険を冒すだけの余裕は彼女にはなかった。
> (Rennie, 1994a, p. 239)

ここで大事なことは、第一の局面では、クライエントは自らが許容できるバージョンのストーリィを構築し始めるということです。それは、クライエントが情緒的に安全を保てるという範囲内で、自分について何がしかをセラピストに伝達するナラティヴでもあります。

しかし、このクライエントは、こうしたストーリィを語り出し、ともかくも語り終えたときにはさまざまな点で効果があったことを認めています。まず、情緒的な解放感がありました。ストーリィの諸要素を調和させる必要性から生じた緊張が、ストーリィの完成とともに解放されるかのようでした。クライエントは、ストーリィの終末に向かって滞りなく完結させようと先を急いだと報告しました。物語ることのプロセスには、緊張が内在しています。そして、それは、ナラティヴのすべての断片の辻褄が合ったときにのみ解放されます。第二の介入プロセスは、ストーリィを語ることが当初の出来事の経験を呼び覚ますことによって生じます。この点に関してレニーは、「いったんストーリィに入り込めば、そこはイメージや記憶や連想に満ち溢れている」と述べています。(Rennie, 1994a, p. 239)。たとえクライエントが内的混乱を回避しようとしてストーリィを語り始めたとしても、物語ることのプロセスは、不可避的にその混乱へと引き戻します。クライエントが報告した第三のプロセスは、クライエント自身はストーリィを語りながら自らが語っていることの意図や意味を心の内で感じとっているのを意識しているということです。レニーは、この点に関して、「表出されたストーリィは、往々にして、より豊かな内的ストーリィの発露にすぎない」ということを見出しています (Rennie, 1994a, p. 240)。ナラティヴの舞台裏で、クライエントは、「内々に、感情や理解が自分にぴったりくるかどうか試している」といえるのです。

このようにレニー (Rennie, 1994a) は、物語ることをクライエントがどのように経験しているかについての知見をもたらしました。この知見については、その文脈を考慮して理解する必要があります。この研究に参加したクライエントは、すべてのセッションのテープを振り返って聴き、セッション中のあらゆる出来事をどのように経験したかを報告するよう求められました。つまり、とり立ててストーリィに焦点を当てた教示がされてはいないのです。実際、物語るという出来事について得られた発話は、逐語録全体からみれば比較的少量に留まっていました。また、そもそも〈物語ること〉というカテゴリは、クライエント自身によって提示されたものでした。したがって、クライエントからの提示にしたがっているために、仮にナラティヴ的な出来事のタイプが他にあったとしても見落とされていて、すべては網羅されていない可能性もあります。こうした限界はあります。しかし、この研究は、ストーリィを語ることのもつ複雑さや介入的インパクトを、高い説得力をもって表わしており、第2章で紹介したテーマの多くを体現しています。心理療法でのクライエントは、聴き手の存在を意識しています。また、印象を形成し、相互作用をコントロールしようとして、言うべきことを見極めてもいます。その意味では、心理療法で語られるストーリィは、クライエントにとっては、セラピストとの関係のなかでの出来事として経験されています。そのような条件の下で、ストーリィは、「さまざまな出来事を一貫した全体へと配列する必要性」(Rennie, 1994a, p. 239) を伴う、問題解決的な出来事となります。つまり、ストーリィは、混乱していた情動を〈筋立てる〉働きをします。クライエントは、ストーリィを語ることによって混乱した感情からいくらか距離をとり、より包括的にそれを再体験するに至るのです。

本節では、心理療法におけるナラティヴのプロセスを分析するシステムを提供する研究を概観してきました。それらの研究は、きわめて多種多様にみえます。しかし、それらの多様な研究も、目指すところは大きく二つのテーマに収束しているように思われます。一つ目のテーマは、クライエントが語るストーリィの継起や構造への関心です。二つ目のテーマは、クライエントのストーリィの語り方の力点についてです。このようにテーマに関しては二つに収束するのですが、心理療法のナラティヴではどのような次元が鍵を握っているかについては、これらの研究の間でまったく異なる前提が存在しています。たとえば、クライエントが、ストーリィを語りながら、同時にその語りをモニターしているというような、異なるレベルでの並列的な行為を考慮しているのはレニー (Rennie, 1994a) だけです。また、物語ることのモードに関して、セラピストとクライエントの相互作用という問題に取り組んでいるのは、ラッセル (Russell, 1993) だけです。アンガスとハートキー (Angus & Hardtke, 1994) は、特にクライエントとセラピストによるナラティヴの協働構築に注目しています。

これらの調査研究は、心理療法でクライエントがストーリィを語るときに起きていることの、より詳細な見取り図を提供するものとなっています。詳細な見取り図の提供ということに先鞭をつけた点で重要な意義をもっているといえます。このような調査研究がなされる以前には、構築主義的心理療法におけるナラティヴに関して書かれた著作の大半は、セラピストの臨床経験にもとづいたものとなっていました。もちろん、セラピストが述べてきたことが的を射ている面はあります。しかし、その知見には限界があることも確かです。たとえば、レニーが成し遂げたような系統的な手法でクライエントの経験に接近することは、セラピストの記述では望めません。セラピストは、経過の断片的な記憶を頼りに、セッションから知見を得ています。その一方で、ラッセルやアンガスとハートキーの用いた研究技法では、心理療法の逐語録の一言一句が念入りに検討されるのです。

4 心理療法で課題として出される〈読むこと〉と〈書くこと〉

認知行動療法のアプローチでは、通常、さまざまな〈宿題〉をクライエントに課します。これによって、心理療法の面接場面で生じた学習が拡張され、確かなものになります。認知療法が構築主義に接近し、ナラティヴに関心を寄せるにつれて、こうした宿題にもナラティヴ的な着想を取り入れるセラピストが増え始めました。たとえば、日記をつけたり、手紙を書いたり、自伝を著したりするといった技法は、あらゆる種類の心理療法で広く見受けられるものですが、従来からもっとも広範に用いてきたのは構築主義的アプローチでした。

心理療法は、伝統的には面接場面の言語的コミュニケーションにもとづいたものでした。今でも、セラピストとクライエントとの間で交わされるやり取りの大半は、会話です。しかし、筆記によるコミュニケーションの価値を高く認めるセラピストは、いつの時代にも存在していました。たとえば、日記や手紙を書くほかにも、クライエントに役立ちそうな本を読むよう勧めることもありました。これらの技法は、クライエントに自身の問題をナラティヴとして説明させているとみなせます。あるいは、自身のライフ・ストーリィに構造を付与するため、他人が作ったナラティヴ的な説明（たとえば小説など）を活用しているとみなすこともできます。その点では、ナラティヴの役割をおおいに認めた技法といえるでしょう。

　ラング（Lange, 1994, 1996）の実践からは、筆記の課題の活用に対する、とりわけ革新的なアプローチが見てとれます。そこでは、悲しみに打ちひしがれ、ＰＴＳＤに苦しむクライエントが対象となっています。たとえば、一人の女性クライエントは、わが子を亡くし、それから二十五年経った今もなお、当時の夫の心ない仕打ちから癒やされてはいませんでした。ラングは、このクライエントに「あなたを傷つけた状況について、遠慮せずにそれを書き出してみましょう」と勧めました。この筆記の課題は、ある種の儀式であり、毎日、いつも同じ時刻に、同じテーブルで、同じ時間だけ書くことになっていました。この手紙は、胸の奥にくすぶっている苦しみを書き出すものとなりましたが、それは、夫に渡す前提で書かれたものではありませんでした。この課題を始めて三週間経つと、クライエントは、「こうして書くことは、自分にとってはまるで薬のようだった。書くことで気分が劇的に和らぎ、苦痛が大幅に減った」と報告しました。続いてセラピストは、新たに夫に宛てて手紙を書くよう求めました。今度は、「それなりにしっかりと」自分の感情を伝えるように手紙を書くことが課題となったのでした。

　ラングによる実践例は、手紙の形式に則り、決まった時間と場所で書かれており、かなり構造化された介入的筆記の一形態といえるでしょう。このほかにも、日記の介入的活用の提唱者は、さまざまな筆記の形式や構造を提起しています（Progoff, 1975; Rainer, 1980）。こうした方略は、以下のように、ルキンスキー（Lukinsky 1990）によって要約されています。

（1）毎日の記録　その日の出来事を記録する。

（2）特定期間の記録　最近の書き手の日常について、時期を区切って自分なりに描写する。書き出しは、その期間をまず特定してから、「このとき、私は……」というように書き始める。
（3）拾い出した記録　現在の視点から、影響の大きかった人生経験を振り返る。
（4）対話　日記の書き手の人生における登場人物、出来事、対象と対話する。
（5）一覧　あるトピックに関する一群の思いつきを羅列する。
（6）誘導イメージ　「旅に出ること」といったイメージに誘発されたことを自由に書く。
（7）視点の移動　自分自身について三人称で書く。もしくは、他の誰かについて一人称で書く。

ワイナーとローゼンワルド（Wiener & Rosenwald, 1993）は、ふだん日記をつける人が使うさまざまな手法をまとめています。また、心理療法家によっては、書きやすく、カタルシスを得られると思えるような自己表現の方法を、クライエント自身が選んで、〈自由に〉書くことを勧める者もいます（McKinney, 1976）。

これまで心理療法のクライエントによる筆記に関する研究は、記述的なものであり、臨床事例やその抄録を根拠とするものでした。しかし、ジェームズ・ペネベイカーらは、統制された大規模な調査を通して自分の問題について書くことがもたらす効用を研究しました。一九九八年の彼らの調査からは、この研究プログラムで採られたアプローチの一端を知ることができます。この調査では、まず、五十人の健康な大学生ボランティアが、ランダムに二群に割り当てられました。そして、四日間に渡って、一方の群はトラウマ的経験について、もう一方の群は平凡なトピックについて記録するよう教示されました。トラウマ群に対する教示は、下記の通りです。

四日間の記録期間中は毎日、自分のこれまでの人生で、もっともトラウマ的で動揺させられた経験について書いてください。毎日違うトピックについて書いても、ずっと同じトピックについて書いてもけっこうです。重要なのは、

ご自身のもっとも奥底にある思考や感情について書くということです。理想的には、どんなことを書くにしても、それが、これまで詳しく他人に話したことがない出来事や経験であることが望まれます。

(Pennebaker et al., 1988, p. 240)

研究協力者は、血圧と心拍、皮膚電位を三回に渡って測定されます。測定時期は、この記録課題を始める前、四日間の課題が終わった直後、六週間後のフォローアップの三回です。また、免疫機能の分析のために血液サンプルが採取されました。さらに、調査前五か月間と調査中の六週間に健康管理センターを受診した回数を知るために診察記録が調べられました。このほかにも、自己報告の質問紙を施行することによって身体症状、気分、課題の受け取り方が調べられました。

この研究の結果、トラウマ群の学生は、非常に個人的で苦痛な経験について記録することが明らかとなりました。それらの経験は、生家を離れた暮らしに伴う喪失感や孤独感、異性との間の葛藤、親の問題や死別などでした。統制群の学生（平凡なトピックについて記録）に比べ、トラウマ群の学生は、エピソードの記録後に、有意に高い身体症状と否定的気分を報告していました。この結果は、書くという経験それ自体が苦痛になることを示しています。ただし、トラウマ群は、調査期間中、健康管理センターを受診する頻度が比較的少ないことが見出されています。また、免疫機能にはわずかながら改善がみられています。トラウマ群のなかでも、それまで他人には話さずにいたというトピックについて書いたような、もっとも自分のストーリィを開示した研究協力者は、健康上の効用も最大でした。同様の結果は、ペネベイカーら（Pennebaker et al., 1990）による追試でも確認されており、一年後のフォローアップでも筆記の肯定的効果が裏付けられました。また、スペラら（Spera et al., 1994）は、失業中の知的職業人に対して、自分の失業にまつわる考えや感情について書くよう求めました。その際、研究協力者は、自己表現を促す記録をする群と、再就職プランについて書きはしても感情や意見には言及しないように記録をする統制群に分けられました。そして，前者は後者に比べて，八カ月内に新しい仕事をみつける確率が二倍高くなっていました。

これらの知見は，どのように解釈できるでしょうか。苦痛な経験について書くことが健康や幸福感にプラスに働く生理的変化を生むのは，なぜでしょうか。ペネベイカー（Pennebaker, 1988, 1993a, 1993b；Harber & Pennebaker, 1992）は，トラウマを開示する効果について，その社会的・心理的・生理的な次元を網羅した統合的モデルを提起しています。ペネベイカーは，元来，人間には辛い経験を他人に開示する傾向や欲求が基本的には備わっていると述べています。その目的は，ストーリィの語り手にあっては，〈心の安寧〉を得るためであり，聴き手やコミュニティにあっては，想定される危険に警戒するためです。しかし，社会には，〈ストレスを言葉にする〉ことを阻む要因もたくさんあります。その結果，ストレスが高く，トラウマ的な出来事に遭遇した人びとは，トラウマの記憶や，それを開示したい欲求を抑制せざるを得なくなります。この抑制，つまり〈心理コントロール〉が身体に影響し，やがては病いをもたらします。以下のリストは，ハーバーとペネベイカー（Harber & Pennebaker, 1992）から引用したものであり，このプロセスの諸段階を示しています。

1. 今まさに進行している思考や感情，あるいは行動を抑制することは，生理的な作用と連関している。短期間の抑制は，自律神経系の活動の亢進として顕在化する。一方，長期間の抑制は，軽度だが蓄積する生物学的ストレッサーとして働き，風邪や流感から心疾患や癌まで，広範な健康上の問題を引き起こし，悪化させかねない。
2. 自ら進んで抑制することは，情報処理上の有害な変化と連関している。ある出来事に関わる重要な思考や感情を押さえつけると，その人は出来事を十分に処理できず，夢や反復的思考ほか，侵入的な認知症状に悩まされる。

3. トラウマ的記憶への直面は、抑制が引き起こした生理的作用を減弱し、出来事を理解、同化させる。こうして、抑制の影響を消し去ることが可能となる。

このトラウマ開示のモデルは、人が辛い出来事について話す際の一般的なプロセスを描いています。そして、実際にペネベイカーの研究は、ホロコーストを生き延びたり、地震や戦争に耐えたりした経験を語ることの効用を吟味してきています（Pennebaker et al., 1989；Shortt & Pennebaker, 1992；Pennebager & Harber, 1993）。しかし、彼は、こうしたコーピングのプロセスを促す作用は、書くということに特有の側面に担われている可能性も示唆しています。研究の参加者の多くは、「書くことは過去の出来事を自分で見渡せる高みへと導く」と述べています。そして、こうした効用は、はっきりとした始まり、展開、終わりをもつストーリィを書くことによって、さらに促されます。これらのストーリィは、往々にして混沌としていて、混乱した記憶や感情を外在化し、それらの構造化を施します。そして、書くための文法規則に書き手が従えば、自ずとトラウマ的経験の全体性が、それを構成する〈部分〉へと解体されます。

ペネベイカーは、トラウマの〈結び目〉という喩えを使って、イメージと恐怖感が、がっちりと強固に絡み合っている様を表現しています。彼は、「自分の話から一貫したナラティヴの糸を紡ぎだすことによって、ようやくトラウマの結び目を私は解きほぐし始める」と指摘しています（Harber & Pennebaker, 1992, p. 378）。書くことはまた、撚り糸の〈結び合わされた〉節を、包括的な記憶の織物へと同化させるように働きます。これは、書くことが、トラウマ的な出来事と、その他の日々の非トラウマ的出来事とを結びつけるためです。最後に、書くことは、恥ずかしくてたまらない題材を安全に表出するための場所を提供してくれるということも挙げておきます。書き手には、後々、その書かれたものを誰かに見せるか否かを選ぶ余地があるからです。

ここで重要なことは、ペネベイカーらが見出したように、もっとも援助的に働く筆記のタイプを考慮するということです。研究協力者において書くことから最大の効用を得ていたのは、苦痛な経験について書き、従来他人には言わずにいた出来事やテーマを吟味し、迅速かつ自発的に書いていた人びとでした。こうした条件を満たして書かれたものの質は高く、よどみなく鮮やかであり、そして明確な構造をもっていました。ペネベイカーらが企てた研究プログラムの独創的な点は、書くということの有用性に関して実証的なエビデンスを提供したところにあります。それまで、クライエントに筆記課題を課していたセラピストや個人的に日記をつけていた人びとは、直観的には自分たちがしていることの有効性を感じていました。それに加えて彼は、心理援助的な筆記のプロセスの解明を実証的な方法にもとづいて推し進めたのです。それまで、こうした筆記の課題は、通常の心理療法を補う位置づけで、さまざまな形態のものが実験的に試されてきていました。彼の研究は、カウンセラーやセラピストによるこうした試みに、いわばお墨付きを与えたといえるでしょう。

その他、読書や〈読書療法〉(bibliotherapy) も、ナラティヴ的な発想にもとづく活動です。それは、対面の心理療法の代用とされるなど、心理療法でよく用いられてきています。ルービン (Rubin, 1978) は、一九二七年に遡り、初期にこの分野へ貢献した重要な著作を検討しています。また、スターカー (Starker, 1988) は、臨床心理士に対して読書の利用に関する調査をし、回答した大半の臨床心理士がクライエントにセルフ・ヘルプの本を読むよう勧めた経験を認めているとの結果を示しています。オグルスら (Ogles et al., 1991) は、離婚や別居が招いた事態を乗り切ろうとしている人びとに対して、四種類のセルフ・ヘルプの本を与え、その効用を比較しました。その結果、少なくとも、事態のはじめから深刻な問題を現わしてはいない人びとにとっては、〈介入〉前後で測った抑うつ等の症状の測定値の改善レベルは、通常の心理療法を受けたクライエントと同程度でした。このように読書の有効性が示されたのですが、それがどのようにして情緒的な問題を抱える人びとの役に立つのかといったテーマは、これまで相対的に軽視されてきていました。心理療法で読書を活用することに関する文献の多くは、クライエントがセルフ・ヘルプのためのガイドブックやマニュアルを用いる目的に関して一つの前提のみにもとづいて議論していました。それは、クライエントは自身の不調についての知識を得たり、厄介な感情、対人関係、状況に対処できるようなスキルやコーピング・メカニズムを得たりするという前提でした(Glasgow & Rosen, 1978 ; Scogin et al., 1990)。しかし、コーエン (Cohen, 1994) がクライエントに対して心理療法としての読書をどのように経験したかを尋ねた調査の結果では、その前提とは異なる事実が明らかとなりました。クライエントがもっとも役立ったと考えていたのは、その本で語られていた(一つあるいは複数の)ストーリィに没入することだったのです。クライエントは、そこに描かれていた登場人物に自分を重ね合わせ、その結果、自分の存在が認められ、慰められて将来に希望を抱くようになったのです。

5　セラピストが語るストーリィの利用

本章では、これまでクライエントが生み出すストーリィに強調点をおいて論じてきました。つまり、ナラティヴを用いて作業を進めることは、クライエントが自分のストーリィを語れるように援助することであり、ナラティヴの構造やストーリィのタイミング(間)を注意深く聴き取ることであるという前提にたっていたのです。しかし、セラピストのなかには、こうした役割を超え、ストーリィのもつ〈認識様式〉としての力が、セラピストの語るストーリィにまで拡大できると考える者もいます。そうしたセラピストが行なう介入は、やはりストーリィ形式によってクライエントに投げかけられます。これは、比較的自然なやり方で生じることもあれば、構造化された意図的な心理療法のテクニックとして使われることもあります。

こうしたストーリィの延長上には、より形式から自由で、直観的な種類のものもあります。たとえば、セラピストの意識に唐突に現われた比喩やイメージにもとづくストーリィが、それにあたります。たいていの場合、セラピストはこうした素材を黙殺し、抑圧するでしょう。あるいは、「それは的外れではないか」と疑念を覚えることもあるでしょう。これらの断片は、〈逆転移〉の指標とみなされて非難の的になることも十分考えられます。しかし、もし、そのセラピストの意識に現われたストーリィをクライエントとの間で話題として共有するならば、それらのストーリィは強力な効果を持ち得ます。この種のプロセスの一例は、ボザルス（Bozarth, 1984）が明らかにしています。

このようにセラピストが生み出すストーリィは、しばしばクライエントが経験している苦しみと撚り合わさって生じてきているとみることもできます。それは、あたかもセラピストのストーリィが、クライエントの人生におけるある状況を表わす比喩の一種として機能しているかのようです。このような比喩的側面は、セラピストがフィクション上の登場人物を活用してストーリィを語ったときに、特に顕著となります。

これらの比喩的で直観的なセラピストのストーリィは、ふだんの日常会話で生まれる逸話やジョークと似た点があります。つまり、計画されておらず、突然に〈浮かび上がる〉という点で似ているのです。一部のセラピストは、さらに一歩進んで周到な準備のもとに、こうしたセラピストのストーリィを最大限に活用しようと試みてきました。ここで前提になるのが、ある種のストーリィをあるタイミングでクライエントに提供した場合に、クライエントの変容が促されるということです。このような意図的に提供されるセラピストのストーリィは、三タイプに類型化できるでしょう。それは、誘導ファンタジー、神話的ストーリィ、エリクソン流ストーリィです。

誘導ファンタジーで用いられる心理療法の技法では、セラピストやグループのファシリテーターが、クライエントをリラックスさせた後に、その人が想像のなかで完結できるような基本的物語構造をクライエントに提供します。通常は、クライエントは閉眼で座るか横になるかして、セラピストは休止を挟みながら教示を読み上げます。その休止の間、クライエントはナラティヴの細部を埋め込んでいきます。この方法を用いた場合、セラピストはストーリィの〈形式〉（form）を、そしてクライエントは〈内容〉（content）をそれぞれに提供することになります。典型的な誘導ファンタジーは、クライエントが自分自身を主人公にして思い描きます（Graham,

1992, 1995 参照）。たとえば、危険な旅に出て、障害を克服し、賢者に出会い、贈り物やメッセージを手にして帰還するといったものです。こうしたシナリオではセラピストは、クライエントが「自由を求めて旅立つ英雄としての自己」というストーリィを構築できるように意図的に促します。これは、クライエントをエンパワーメントし、クライエントが自分の力や可能性を自ら讃えられるよう援助するための手法です。

ゲルシーの開発した手法では、クライエントがある特定の人生上の問題に関連した意味を探索するよう促す目的で神話的ストーリィが用いられています（Gersie, 1991 ; Gersie & King, 1990）。このアプローチは、集団場面で適用されます。グループ・リーダーはまず、死別や喪失など、そのグループのメンバーが直面している問題を表わす神話的ストーリィを一つ選びます。そして、グループのセッションは、このストーリィにもとづいて組み立てられます。たとえば、リーダーがはじめにこのストーリィを読み上げ、その後にメンバーが絵や文章を書くことで、それに対する反応を表現します。そして、グループのメンバーとその感情を共有した後、黙って熟考する時間をもちます。ゲルシーは、神話的ストーリィを語ることと併せて、グループの内で役割をとってストーリィを演じるワークを重視しました。彼は、そのようなグループワークを実践する枠組みも開発しています。また、参加者にとって文化的に馴染みの薄いストーリィを用いることも勧めています。

意図的にセラピストがストーリィを生み出す方法の三番目は、エリクソン流の催眠療法の領域で発展したものです。このアプローチの創始者であるミルトン・エリクソン（Milton Erickson）は、卓抜した語り部（story-teller）でした（Rosen, 1982）。いくらか特異な手法を直感的に操ったようです。彼の信奉者や門下生は、その物語りの技法の基盤にある原則を分析し、体系化しようと試みてきています（Lankton & Lankton, 1986 参照）。セラピストによるナラティヴの、この独自な活用例では、セラピストの目標は、クライエントが呈する問題の中核的要素を含んだストーリィを構築することでした。しかし、同時にその問題は、比喩的な形式をもっていて、より肯定的で楽観的な結末になるように語り直される必要がありました。さらには、重要な部分を強調し、いくらか催眠誘導を促進するために繰り返されることも求められました。これらの技法をさまざまな種類のクライエントに用いた例は、ウォラス（Wallas, 1986, 1991）が紹介しています。

6　おわりに

本章では構築主義理論モデルを簡潔に解説しましたが、このモデルの奥深さを十分に伝えることができたとは思ってはいません。ただ、認知的な指向性をもち、しかもナラティヴ的観点に立った心理療法の主な特徴を、いくらかは示せたのではないかと思っています。前章で論じた心理力動的モデルのように、構築主義的ナラティヴセラピィは、ストーリィを再構成する目標に向けて組み立てられています。そして、この目標は、クライエントが、まとまりのある整合一貫したライフ・ストーリィを手に入れてはじめて達成されます。ただし、認知的・構築主義的心理療法は、心理力動理論に比較すると、クライエントが最終的に行き着くストーリィの種類を前もって想定する傾向は弱いといえます。もちろん、認知療法のなかには、〈適切なストーリィ〉と〈非機能的ストーリィ〉との違いをはっきりと区別する理論学派もあります（たとえばエリスによる合理／非合理の定義）。この点については、留意しておく必要はあります。

現在、構築主義的な心理療法の発展をめぐっては、多大な関心が寄せられ、活発な動きがあります（Hoyt, 1996；Mahoney, 1995；Neimeyer & Mahoney, 1995）。こうした動向においては、クライエントのストーリィを同定し、これらのストーリィをシフトさせるために比喩や不調和を利用することに主に焦点が当てられてきています。構築主義的なセラピストが、理論面で多様な概念を創出し、また実践面でも強力な技法を開発したことは疑いのないことです。しかし、その一方で、構築主義的アプローチは、依然として個としての人間というイメージを基礎に据えていることには注意する必要があります。構築主義は、物語ることの歴史的、社会的、情緒的側面を相対的に軽視するきらいがあることは否めません。本章で論じてきた理論家やセラピストにとって、心理療法でクライエントが語るストーリィは、基本的にその人の経験が表象される手段とみなされています。あるいは、行動を導く雛形や〈スクリプト〉とみなされています。〈スキーマ〉という発想は、これら双方の意味を包含しています。そして、いずれを意味する場合にも、スキーマとは個としての人間の内、つまりは頭のなかに存在する、ある種の実体として捉えられています。

しかし、ナラティヴに他の意味をもたせる考え方もあります。そのような考え方のなかには構築主義的立場とは相容れにくいものもあります。それは、ストーリィは、文化の内、つまり人びとの間に存在するという考え方をする立場です。こうした立場ではストーリィは、〈そこ〉にあり、人びとは〈そこ〉に入り込み、その内で暮らすと考えられています。ナラティヴについてのこうした理解の仕方は、社会構成主義（social constructionism）の観点と関わりが深いものです。そこで、この社会構成主義の観点については、次章で詳しく検討することにします。

第5章 社会構成主義の観点にもとづくナラティヴ・セラピィ

これまでの章で論じてきたように基礎づけ主義や構築主義に立つ心理学者やセラピストは、ナラティヴ概念の理論的価値を高く評価するようになってきています。もちろん、基礎付け主義や構築主義にもとづくアプローチが役立つものであることは言うまでもありません。しかし、それらのアプローチは、心理療法における物語ることの意義を十全に認めているというわけではありません。心理療法が物語の意義を十全に生かしていくためには、基礎づけ主義や構築主義の思考モードを超えて、ナラティヴの社会文化的次元に目を向けていく必要があります。そして、それを可能にするのが、ナラティヴが本来もつ社会的性質を捉え得る社会構成主義的観点なのです。ストーリィとは、単なる認知的、あるいは個人的産物ではありません。それは、共有されるものなのです。ストーリィは、語り手と聴き手との間に生まれる社会的構成物なのです。

社会構成主義は、この二十年の間に社会科学で発展した哲学的アプローチです。社会構成主義の主要な考え方は、下記のようにまとめることができます。

・社会について自明視されている思い込みに対する批判的態度。こうした思い込みは、主流となっている支配的な社会集団の利権を増長していると考えられるからである。

・知識に対する伝統的な実証主義的アプローチの拒絶。こうしたアプローチは、研究者自身のあり方を考慮に入れる「省察性」(reflexive) が不充分と考えられるからである。
・研究や学問の目標を、普遍的な妥当性をもつとされる知識の産出に置かない。そのような知識は、固定的であり、さまざまな可能性の発展に対して閉じたものである。むしろ、さまざまな可能性を積極的に認める開かれた態度こそが研究や学問の目標であるとの考え方を共通認識とする。
・私たちが世界を理解する仕方は、人びとの集団間でやり取りされ、交渉された歴史的経過の産物であると考える。
・「心」「自己」「情動」といった心理学的構成概念を社会的構成のプロセスとして再定義する方向性をもつ。それらの概念を「頭のなかから取り除き、社会的な談話の場に位置づける」こと (Gergen, 1985, p. 271) を目論む。

近年、心理学や社会科学の領域において物事を理解するということは、社会生活の文化的・歴史的コンテクストを丹念に分析することを通じてはじめて可能となるという考え方が広がりつつあります。社会構成主義は、このような考え方を根幹とし、思想的動向を幅広く表わすものといえます。社会構成主義の考え方を知るには、ケネス・ガーゲン (Gergen, 1985, 1994) の著作にあたるのがもっとも早道です。

多くのセラピストが、この社会構成主義の思潮から影響を受けてきています。それらのセラピストは、クライエントの物語り (narration) のプロセスに強い関心を寄せます。そして、クライエントの物語りへの関心こそが心理療法の中核とみなされる傾向があります。社会構成主義にもとづくセラピストの議論では、しばしばその点が中心テーマとなります。前2章で概観したように、基礎づけ主義や構築主義のセラピストは、その心理学的観点から本質的であると想定する領域（無意識の力動や認知的スキーマ）に接近するための手段として、ナラティヴを利用していただけでした。それに対して社会構成主義のセラピストは、ストーリィを自らの活動の中核に据えます。こうしたセラピストにとって、人間とは、「語られた世界」(Sarbin, 1986) に生息する生身の「テクスト」として (Gergen, 1988) 理解されることになります。

このように社会構成主義にもとづく心理療法があります。しかし、それをひとつの統合された学派とみなすのは、まったくもって見当違いです。それが、特定の学派とみなすことが間違いであるのには、二つの理由があります。第一に、社会構成主義は、ポストモダンな社会・文化的思潮の一部とみることができるからです。この思潮は、モダニズム (近代主義) を超えようと試みています。それは、モダン (近代的) な西洋の産業・資本主義的な文化や思想に取って代わろうとする潮流になりつつあります。ただし、まだ最終的にどうなるかは、見えてきていません。今の時点では、その一端をうかがい知ることしかできないのです。つまりは、今は、移行期なのです。この先、どこへ向かおうとしているのかは、実のところ誰にも分かりません。心理療法に対する構成主義的アプローチは、まだはっきりとした姿形を現わしてはいません。

構成主義的なナラティヴ・セラピィが単一の学派を形成するとは思えない第二の理由は、そもそも心理療法の確固とした学派や理論といった発想自体がモダニストの考え方だからです。それは、ポストモダンの思潮とは、異なるものです。ポストモダン的思考のもつ多元性 (pluralism) や省察性 (reflexivity) は、全体を統合する唯一の「グランド・セオリィ」といった発想を受け容れません。その代わりに、ポストモダンの発想に影響された者は、理論と実践が緊密に統合された「ローカル」な知の発展を大切にします。ポーキングホーンは、「セラピストやカウンセラーが現実の実践場面でしていること (そして常にしてきたこと) は、〈ポストモダンの学問が実現されている姿〉を見事に示している」と述べています (Polkinghorne, 1992, p. 147)。ただし、こうした実践の複雑さや機微は、心理療法に関する心理学の理論や研究に (まだ) 適確に反映されているとはいえません。

構成主義的心理療法の出発点は、総じて既存の心理療法モデルへの不満にありました。それを受けて社会構成主義的なナラティヴ・セラピィが発展してきたわけです。そのような発展に貢献したのは、当初は精神分析や家族／システム論にもとづいて心理療法を実践していたセラピストたちでした（彼らは、今でもある程度は、精神分析や家族／システム論の傾向を残しています）。この他にポストモダンのナラティヴ・セラピィの流れとしては、哲学、人類学、社会心理学に源を発したものもあります。本章の目的は、このようにして発展してきたいくつものナラティヴ・セラピィの流れを寄せ集め、そこに共通して存在する基本原理の一端を浮き彫りにすることにあります。第6章と第7章では、このナラティヴ・セラピィのアプローチが実践においてどのように機能するかを検討することにします。

1　ドナルド・スペンス「物語的真実」という概念

ドナルド・スペンスは、自身の依拠する学問的基盤を積極的に脱構築してきた精神分析家です。彼は、一連の著作（Spence, 1982a, 1982b, 1986, 1987, 1994）において精神分析家が解釈を実施する際にどのようなことが起きているのかを検討してきています。特にクライエントの問題の根源を、幼児期早期の経験に帰するような解釈に着目しました。まずスペンスは、フロイトが自らの活動を歴史的真実の探求とみなしていた点に注目しました。そして、フロイトは、患者の無意識に埋没した記憶が現実の出来事に裏打ちされていると考え、その出来事の痕跡を求めていたと指摘しています。スペンスによれば、フロイトはあたかも古代文明の歴史を掘り下げる考古学者のようにクライエントの語る素材をふるいにかけて精査したのであり、フロイトにとって考古学のイメージやメタファーは、インスピレーションの源泉として働き続けていたということになります。実際、考古学的な標本を集めては、自分の診察室に飾っていたそうです。フロイトは、「破損はしていても測りしれぬ価値のある古代の遺物を、長い埋没から発掘する幸運にめぐまれたかの研究者の例にしたがうこと」（Freud, 1905

［1953］：12，懸田・高橋ら訳『フロイト著作集五巻　性欲論・症例研究』二八〇頁）を追求していたと記述しています。このイメージは、近代の世界における精神分析の位置づけに関して非常に多くのことを語っています。つまり、過去とは、個人的なものも集合的なものも含めて、物語や神話から知り得るものではないということです。なぜならば、物語や神話は、不確かで混乱を含んでおり、往々にして混乱するものであるからです。むしろ、精神分析においては、過去とは科学的な確実性と進歩を追求するための対象とされていたのです。

スペンスは、また違ったメタファーを持ち込むことで、上記イメージとは異なる見方も示しています。それは、探偵物語のメタファーです。スペンスによれば、フロイトは自身をシャーロック・ホームズになぞらえていました。ドラ、ねずみ男、狼男といった名高い分析事例は、ホームズのストーリィのジャンルを心理療法に適用した例と考えることもできるでしょう。

そのジャンルは、誰もがよく知っている。そこには、いくらか自暴自棄になって、取り乱しているクライエント（患者）がいる。そして、そのクライエント（患者）は、一連の奇妙で関連性のない出来事（症状）を報告する。そこに必ず現れるのは、主人公の探偵である。その探偵は、クライエント（患者）が語る内容に耳を傾け、観察する。熟考し、決して偏見にとらわれず、嘆かず、ほとんど驚くことすらなく、いつも自信に充ちている。そして、すべての事実を知ると、未知の部分は消えてなくなり、真実が現れると思っている。典型的なシャーロック・ホームズの冒険では、変人らしきクライエントが劇的に現れる。その人物は、しばしば暗い嵐の夜に到着し、いくぶん奇怪で、いくぶん馴染みがあるように思えることを語る。そこで語られた出来事は、互いに関連することはなく、また過去の断片とは論理的なつながりがないように思える。その人物は、繰り返し絶望の淵に立ち、最後の頼みの綱としてホームズの所にやってきたといえる。それに対してホームズは、静かに取り乱さず耳を傾けて、平静にしている。彼は、すべての証拠をふるいにかけた後にクライエントがいつも一つの解答に到達することを知っている。実際に、そうなるのである。どのようにしてそうなったのかについての解釈が最終的に明らかにされる。その結果、かつては互いに関連性があるように思えなかった手がかりが、実はすべてが連続したものであることが示され、全体を統合する解釈が出される。その記述は、かならず結論に至る。かつては関連性がなく奇妙に思えたものが、理解できるものになって、ほとんど常識的なものになる。

（Spence, 1987, p. 114. 妙木訳『フロイトのメタファー』一五〇-一五一頁。一部訳者の修正あり）

ホームズのミステリーを読むように精神分析の事例を読んだ者は、クライエントの経験や生活世界を知る以上に、実在するヒーローとしてのセラピスト（あるいは探偵）の英知に驚嘆を抱きます。「単一の答え」を解明する能力は、精神分析の鋭敏さの真正な証として描かれています。

ホームズもフロイトも、二十世紀を通じてずっと人気を博してきました。この期間、都市的・産業社会の大半の住民にとって生活状況は断片化と複雑化を極め、それに伴って高レベルの不安に曝されることとなりました。漠然と何かが間違っているという感覚を抱く者にとって、単一の答えがあるというイメージは、魅力的です。どこかへ行けば、物事を余す所なく教えてくれる人物に出会えると思うのは、心地よいものでしょう。

また、ホームズとフロイトには、相手に与える影響でも同一な面があります。ホームズの探偵物語の読者も、精神分析の訓練を受けている分析家も、他の人びとの問題に関与する役割や態度をともに求められます。探偵もセラピストも、専門職としての信用を保証された権威です。彼（たいていは彼女ではない）は、事件後に現われて、自分のなすべきことをします。彼は、事件に対して離れたところから超然と関わることができます。スペンスは、シャーロック・ホームズが拡大鏡を手にしている有名なイメージから、いくつかのことが読み取れると述べています。「観察者は、研究される対象からいつも隔たっている。……事実は、〈外部にある〉ものであり、現実に知ることができる断片なのである。大きさや形、匂いといった点が明確で、それによって私たちは何らかの方向に導かれることになる」(Spence, 1987, p. 118. 邦訳同一五五頁。一部訳者の修正あり)。そのうえ、得られたデータに異なる解釈を与えたり、それを話題にして対話したりする必要は、まずほとんどありません。すべきことは、いわば知的なパズル解きなのです。そして、おそらくはもっとも重大な局面において、最終的にヒーローが姿を現わします。もちろん、その段に至ってもヒーローが現われないこともあります。ときたま探偵の人となりを垣間見せることは許されています。しかし、それも自制された仕方という範囲内です。ヒーローの主観性は、決して表立って取沙汰されることはありません。

シャーロック・ホームズのメタファーが有用なのは、それが、心理療法に対するある種の理解の仕方をくっきりと浮き彫りにするからです。そうすることによって、それまでとは異なる理解の仕方を容易に思い浮かべることが可能となります。実際に、心理療法が発展している現代においては、ホームズ/フロイト流は、さまざまに批判されています。現代では、作業同盟の重要性、逆転移を許容すること、関係論的なスタイルの適用などが、考慮されるようになっています。しかし、クライエントの神経症を引き起こした客観的な事実を探求することの重視は、いまだに根強く残っているホームズ/フロイト流の要素です。

スペンス(Spence, 1982a)は、「物語的真実」と「歴史的真実」の区別をしました。その区別がされたことによって、心理療法を人生早期の客観的「事実」を発掘する試みとみなすことが、どのような意味をもつのかを検討できるようになりました。歴史的真実では、クライエントが自らの人生についてセラピストに語ることが現実に起きた出来事という事実にもとづいているとの前提に立っています。そのような前提にもとづいて「過去のあり様」を説明したものが、歴史的真実とされます。それに対して物語的真実とは、出来事やそれに対する情緒的反応を整合一貫して説明しようとする試みによって成立するものとされています。

物語的真実とは、ある出来事がいつ私たちを満足させるに至ったかを同定するために用いられる、規準として定義

できる。それは、美的な結末をもたらすように（ストーリィの）断片が、どれほど連続性や親和性、適合性をもっているかの規準である。物語的真実は、あるミステリーの謎解きを確信するように、私たちが良質なストーリィと呼ぶときに、思い浮かべている何かである。ひとたび、ある構成が物語的真実を得ると、それは他のどのような種類の真実とも同じようにリアリティをもつ。（Spence, 1982a, p. 31）

多くの場合、心理療法においてクライエントの語るナラティヴは、実際に起きた歴史的な出来事と緊密に関連しているでしょう。あるいは、語られた「ストーリィ」が、客観的な過去の出来事以上に、現在の情緒的・対人関係的な環境に根差していることが明白な場合もあるでしょう。しかし、「カウンセラーやセラピストが認めなくてはならないのは、クライエントのストーリィが実際の歴史的出来事にもとづいているのか否かを知るための体系的な手段はないということだ」と、スペンスは論じています。したがって、心理療法の実践は、歴史的真実の探求を目指すものではないということになります。むしろ、クライエントが物語的真実に到達し、そこで新たなストーリィを作り出せるように援助する企てであるとみなすことができます。ここで目指されるストーリィは、クライエントがそのストーリィを用い、携えることによって、生きることを可能ならしめるものです。人びとが心理療法を求める所以は、ライフ・ストーリィが混乱し、不完全で、苦痛に満ち、混沌としているからです。語られていることに慎重に耳を傾け、仔細に解釈することを通じて、セラピストはより満足のいくナラティヴ、すなわち「良質な」ストーリィが姿を現わすのを促すのです。

スペンスが導き出した物語的真実と歴史的真実の区別には、革新的な含意が豊富に含まれています。たとえば、第8章で検討する「回復された記憶」の正確さをめぐる議論は、心理療法においてクライエントとセラピストが構成するストーリィの真実性について、どのような立場を取るかに大きく依拠しています。しかし、スペンスやその後継的な精神分析家であるロイ・シェーファー（Schafer, 1980, 1992）の著作がもたらした最大の功績は、また別のところにあります。それは、ジェローム・ブルーナー、セオドア・サービン、ケネス・ガーゲン（第2章参照）といった、ナラティヴ心理学や文化心理学の価値を唱導する著述家の仕事と、心理療法の世界を結びつけたことにあります。心理学を全面的に再概念化したブルーナー、サービン、ガーゲンと同様、スペンスの発想は、心理療法の核心に物語的真実の概念を据えたアプローチの出現に向けて、道を切り開いたのです。この新たなアプローチの嚆矢は、マイケル・ホワイトとデイビッド・エプストンの仕事にうかがい知ることができます。

2　問題の外在化――マイケル・ホワイトとデイビッド・エプストンの貢献

心理療法の主流派であるモダンなアプローチとポストモダンなアプローチとの間には、いくつかの相違があります。この相違の多くは、人間の経験を理解するうえで内的・外的領域のいずれに重きをおくかの差に由来しています。心理力動学派や人間性主義学派といった伝統的な心理療法では、「他と明確な境界をもち、自律している自己」という考え方の下に、クライエントの内的生活に焦点を当てます。一方、ポストモダンな心理療法は、関係的自己という発想を重視し、その結果、人びとの内部ではなく、人びとの間で進行していることに着目する傾向が強くなっています。

ホワイトとエプストン（White & Epston, 1990）が用いる主な心理療法方略のひとつに、彼らが言うところの「問題の外在化」というプロセスがあります。彼らの考える「問題」は、クライエントがストーリィとして呈するものです。そして、それは、当人を含めて生活に深く関わっている周囲の人びと（たとえば家族成員）によって集団的に演じられ、維持されているものなのです。クライエントは、そのような特定のナラティヴによって規定され、それを自らのアイデンティティとしてしまっているといえます。ホワイトとエプストンは、「こうしたアイデンティティをもつ人は、自らをあたかもそのストーリィの化身のように感じている」と述べています。ストーリィは、その人に内在する本質的で動かしがたい特質に帰属されることもあります。たとえば、「統合失調症」というストーリィがそれにあたります。こうした場合、セラピストは「オルタナティヴ・ストーリーや代わりの知によって、人びとが自分自身と彼らの人間関係を互いに再著述したり作り上げるための空間を提供する」（White & Epston, 1990, p. 75. 小林訳『物語としての家族』九八頁）ことが課題となります。

ホワイトとエプストンが用いる外在化の技法は、セラピストが発する定型的な質問方法に拠っています。この技法は、「影響相対化質問」として知られ、二種類の質問から成っています。まず参加者は、「人生と人間関係に対する問題の影響をマップする」ように促されます。続いて「問題の『存続』に対する彼ら自身の影響をマップする」ことが求められます（White & Epston, 1990, p. 42. 同六三頁）。このタイプの質問は、彼らが関わった、長期間の遺糞症に悩む六歳男児ニックと彼の両親スーとロンの事例を通じて描き出されています。「問題」は、「ずるがしこいプー」と名づけられました。影響相対化質問によって、「ずるがしこいプー」がニック、スー、ロンの生活にさまざまな形で与えている影響が明らかになりました。たとえば、ニックを学校の友だちの間で孤立させたり、スーに良き親としての能力について疑問を抱かせたり、ロンの頭を悩ませて仕事中の同僚との会話から遠ざけたといった「問題」です。そこで、家族は、その「問題」に対する自分たちの影響力を尋ねられました。ここで浮かび上がった経験としてニックは、「ずるがしこいプー」に負かされるのを阻止したことがいく度もあったのを思い出しました。また、スーは「ずるがしこいプー」のために惨めな思いをしないように、ステレオで心地よい音楽を聴いていたことを思い出しました。外在化の鍵を握るステップは、問題を擬人化させるラベルを見つけるところです。この事例では、「問題としてのニック」から「問題としての〈ずるがしこいプー〉」へと問題が変換され、外在化されたのでした。

心理療法のプロセスの次の段階では、参加者は「どのようにしたら問題にうまく対抗できるのか」を尋ねられます。そして、以前に問題に遭遇した際の成功経験を参考にし、「この先、問題から影響を受けるのではなく、自分から問題に対してどのような影響を与えるか」について考えてみることが求められます。

「影響相対化質問」という概念は、家族療法に端を発しています。この概念には、セラピストが一連の質問を定式通りに用いれば、それだけで効果が出るという、ある種のマニュアルとして機能するといった意味合いが含まれています（White & Epston, 1990；Parry & Doan, 1994, pp. 84-97 参照）。実際に、そのような使い方をして効果の出るものであるといえます。とりわけ、セラピストができるだけ短期間に心理療法を進めることが強く求められている状況では、有効な方法といえるでしょう。しかし、この「影響相対化質問」の意義は、単にそのようなマニュアルとしての役割だけではありません。その表面に現われている技法的な意味合いの背後には、根本的な人間のプロセスが垣間見えることも指摘しておきたいと思います。

ホワイトとエプストンは、問題の外在化を、以前とは異なるストーリィがやり取りされるためのスペースを作る第一段階と考えていました。個人や家族は、自らの経験を語るとき、まるで単一の凝り固まった語り方に縛りつけられているかのようです。そのようにして古いストーリィが固まってしまっているのです。前述の例に挙げた家族にあっては、「ニックは、昨日また汚した。そのとき、皆とてもうろたえた。でも、ただ手をこまねくばかりだった。きっと、自分たちに何か問題があるに違いない」というストーリィがそれでした。そこから動けなくなっているのです。そのような状況に対して彼らは、それ以前とは異なった仕方で問題をみることが可能であることを家族に理解させようとしたのでした。彼らは、この事例に対して、全体としてそのような介入をしたわけです。こうした全般的な方略は、どのような形態の心理療法でも生じているものです。現象学的にみれば、このような介入を受けることでクライエントは、それまで隙間なく縛りつけられていた一人の世界に実はスペースが広がっていることに気づく経験となります。そして、そのスペースを通して、自らの他のありようを見出すことができることに気づいていくことになるのです。

ブルーナー（Bruner, 1986, p. 143）は、「主流で支配的なストーリィでは、掬い取れない感情や、生きられた経験というものが常に存在する」という事実を指摘しています。ホワイトとエプストンは、これらの「従来は無視されてきた経験であるが、実際には生きられた経験の重要な側面」として、その「本来ならば生きられているべきであった経験の側面」が表に出てきた場合を指して「ユニークな結果」と名づけました（White & Epston, 1990, p. 41）。彼らにとって、影響相対化質問の目的は、このユニークな結果が探索され、出現するための条件を準備することでした。そうした結果にたどり着くためには、他にもいくつかの道筋があります。そのことを知るセラピストは、他の心理療法の伝統に即して活動をすることになります。実際、そのようなセラピストも少なくありません。たとえば、傾聴とはまさしくそのための行為といえます。つまり、傾聴することでストーリィの辻褄が合わなくなるところまで、語り手がストーリィを外在化させることを可能にしているのです。通常、主流で支配的なストーリィの筋が、主流ではない「周縁」のストーリィに覆いかぶさって隠してしまっています。傾聴することは、それまで隠されていた「周縁」の声にも耳を傾けることにつながります。その結果、「周縁」ストーリィは、避けては通れなくなってくるのです。

おそらく、ホワイトとエプストンのクライエントの多くは、その人にとって支配的になっていたストーリィを打開するための特別の援助が必要だったのでしょう。なぜならば、それらのストーリィは、家族によって固定化されているからです。あるいは以前にかかったメンタル・ヘルスの専門家も一緒になってその支配的なストーリィに巻き込まれてしまって、そのストーリィを固定化するのに一役買っているのです。そのような場合、専門家は、ストーリィに診断という権威の裏づけを与えてしまっているのです。望ましい心理援助においては、そのような過ちを犯さずに、クライエントによってそれまで生きられてこなかった経験を表に出すような「ユニークな結果」を導くことが求められるのです。それが、問題の外在化プロセスの目的となります。そして、それは、ホワイトとエプストンの紹介したやり方で達成し得るものです。ただし、ここで大切な点は、同種の結果を招くためには、他にも複数の方法が間違いなく存在するということです。そのような方略は、第６章で解説することにします。

ホワイトとエプストンに強い影響を受けて，さらにその活動を発展させた人びとがいます（Monk et al., 1996；Parry & Doan, 1994）。そのような人びとの活動においては，近代の考え方と比較して人間や問題に対する理解の根本的な転換がみられます。ホワイトとエプストンによる「外在化」の概念は，比喩的な用語とみなせます。「外部」という概念が表わしているのは，自律的な内面をもつ自己を備えた人間という，近代のイメージからの脱却と，新たなイメージへの移行です。近代的な人間の概念においては，内面の自己に対しての絶えまない探索と注意が求められていました。それに対して，新たに移行の先にあるのは，「文化に埋め込まれた行為をなす人間」というイメージです。あるいは，「語りを生き，語りを紡ぐ存在としての人間」というイメージです。

このアプローチのもつ特徴は，エプストンら（Epston et al., 1992）によって公表された「ローズ」の事例でうかがい知ることができます。ローズは，仕事上の負担がかかるといつも「だめになってしまう」という理由で，デイビッド・エプストンのもとを紹介されてきた若い女性です。心理療法の初回セッションで彼女は，「私は，自分のなかに土台がないみたいなんです」と語っていました。彼は，それに対して「その背景には，何かのストーリィがあるに違いないですね。それについて，私に話してみようという気はありますか」と語りかけています。このセッションの最後にエプストンは，ローズに長い手紙を送っています。その手紙は，彼女のライフ・ストーリィについて，それまでの支配的であったストーリィに「取って代わる，新たな」ストーリィを提供するように書かれていました。その手紙は，次のように始まっていました。

親愛なるローズ

あなたに出会い，あなたのストーリィをうかがう経験をもてたのは，とても嬉しいことでした。そのストーリィは，あなたが考えるところの，人生を壊そうとする振る舞いに抗した抵抗とサバイバルのストーリィでした。そして、昨日、あなたはその抵抗をさらに一歩前進させましたね。私のもとを訪れ、そのストーリィを聞かせてくれたわけですから。

(Epston et al., 1992, p. 103)

クライエントは、彼（彼女）を支配し、圧倒するナラティヴを生きています。上記の実例は、そうしたナラティヴをホワイトとエプストンが「外在化」するために用いた方途を示しています。ペイン（Payne, 1996）が指摘したように、このアプローチから感じ取れる温かみ、慈愛、エンパワーメントへの気遣いは、驚くべきことに、どこかカール・ロジャーズを思わせます。

3　ポストモダンなナラティヴ・セラピィにおける「人のイメージ」

「人のイメージ」（image of the person）は、ショッター（Shotter, 1975）による着想です。彼は、この表現を用いて、人たることの意味を理解するための新たな方途と、それを支える哲学的な仮定や「根源的メタファー」の特徴を表わそうとしました。心理学の多様なアプローチは、それぞれに固有の「人のイメージ」をもっています。たとえば、行動主義は、メカニズムとしての「人のイメージ」に従っています。一方、神経心理学やピアジェ派の発達心理学、そして大半の人間主義的心理学は、有機体としての「人のイメージ」を用います。初期の認知心理学は、情報処理やコンピュータとしての「人のイメージ」に依拠しています。古典的な精神分析は、複合的メカニズム（リビドー・エネルギーの「水圧式」モデル）や有機体（イド）としての「人のイメージ」に従っています。これらのイメージは、心理療法のイメージに転換されます。つまり、メカニズムであれば「修復」であるし、有機体であれば「癒やし」となります。また、コンピュータであれば「再プログラム」、人であれば「成長」といった具合です。

表5-1 人間の諸行為を理解するための解釈枠組み

アナロジーの由来	社会組織はどのように構成されるのか	問題はどのように構成されるのか	解決は何によってもたらされるのか
1. 実証主義的自然科学	力学と水力学に基づき構成された精巧な機械	消耗，逆転，不十分，障害	原因の除外，正確な分析，修理，再構成，是正
2. 生物科学	疑似生物	根本的な問題からくる症状，機能発現，効用保持	病理の同定，正しい診断，病理の操作と切断
3. テクスト研究（社会構成主義）	行動テクスト	抑圧的で優勢なストーリィまたは知の上演	代替ストーリィを著すための開かれた空間

〔出典 White & Epston, 1990；『物語としての家族』p. 24 より一部を転載〕

社会構成主義的なアプローチによる心理療法を開発し、それに傾倒する人びとは、これらのイメージがいずれも的外れで限界があると考えています。的外れとみなされる理由のひとつは、二十世紀後期において「人たること」の経験を捉えきれず、また伝えきれないことです。もうひとつの理由は、前掲のイメージが、異文化間の自己という概念の広範な多様性を無視していることです。また、限界があるとみなされる理由は、それらのイメージが暗黙のうちに人のさまざまな能力を否定していることです。ここでの能力とは、自ら気づく能力、既存の抑圧的な社会構造に抗う能力、新たな生活様式を共に発見する創造的な能力のことです。

社会構成主義者の心理療法は、社会的存在（social being）としての「人のイメージ」にもとづいています。こうした社会構成主義と現今の心理療法との間の対照的な主だった相違点を、表5-1にまとめてみました。社会構成主義的な観点では、自己を意味づける、どのような手段も社会的に構成されたものとみなします。そして、それは、特定の社会的・文化的・歴史的状況から導き出されたものとして理解されます。バウマイスター（Baumeister, 1987）、ローガン（Logan, 1987）、テイラー（Taylor, 1989）らは、自己という概念が、西洋の歴史全体を通してどのように出現し、その後いかにして変容を遂げたかを辿っています。

社会構成主義の心理療法の概念的なユニークさは、自己という概念の理解の仕方にもっともよく現われています。自己という概念は、近代という時代の心理療法の決定的な特徴を表わしています。心理力動的心理療法（特にコフートの影響を受けたもの）、人間主義的心理療法、認知行動的心理療法（自己効力感や自己強化という着想）は、どれもクッシュマン（Cushman, 1995）が呼ぶところの「他から独立している自律的自己」という概念に大幅に依拠しています。換言すれば、これらの心理療法はどれも、それぞれのやり方で、人を別個の「原子」とみなして、その原子の核心に「自己」が存在すると考えています。このイメージは、表層的な「偽り」の自己の背後に「真実」の自己が隠れているという、ウィニコットの発想に明確に表われています。グリーンバーグは、日々の心理療法実践が、個別に独立した自己という仮定にどれほど大きく立脚しているかを、次のように指摘しています。

> それ（自己：訳者注）は、心理療法においてセラピストである私たちが何を目指し、何をすべきかを決定する。それはまた、ドアをしっかり閉じて、防音の面接室の機密性を約束する。私たちは、世界を「閉め出し」、クライエントを見つめ、外の世界のごたごたとは離れて、クライエントの「本来の姿」に焦点を当てる。私たちは、問題は、「外のどこか」ではなく、「この内に」あるという考えの下に、面接時間を使い込む。問題は、心理療法の面接内にあるとみなされる。おそらくは、それは、「転移」という形をとっているとみなされる。そして、たいていの場合、その問題は、精神内界において未解決のトラウマの歴史が、無垢な現在に神経症的に混入してきているとされている。
>
> (Greenberg, 1994b, p. 274)

このようにして、近代社会において不可欠な要素と化した多くの心理療法は、社会を孤立した個人主義へと向かわせる趨勢を決定的なものにする役割を果たしたのです。

社会構成主義者は、それとは全く異なる仕方で「自己」という概念を読み、聴き、そして理解しています。社会構成主義の観点からは、いわゆる「自己」は実体ではなく、単なる構成体として理解されます。したがって、文化が異なれば、自己の意味も異なってきます（Landrine, 1992；Markus & Kitayama, 1991）。そのように考えるならば、他から独立した自律的自己という発想は、私たちが生きている西洋の近代社会の文化システムの一部とみなすことができるでしょう。そうすることによって、「自己」という概念を脱構築し、その用いられ方を吟味することを通して、その概念がどのような「機能を果たしているのか」を理解できるようになります。クッシュマンらは、他から独立して自律的であるという近代的な自己は、孤立を特徴とする近代社会の状況と首尾一貫していると論じています。近代社会は、地域共同体を個人主義やプライバシーに置き換え、消費拡大主義と広告、そしてマスメディアの勃興という状況を招きました。彼によれば、近代的な「自己」という概念は、モダンな大衆資本主義社会に不可欠な要素ということになります。それは、この種の政治・経済システムに適合する人間を構築する手段として必要不可欠な装置として機能しているのです。

構成主義的なナラティヴ・セラピィでは、個人的な自己という概念は、人間（person）という概念に取って代わられます。その意味するところは、おそらくスコットランドの哲学者、ジョン・マクマレイの功績のなかに現われているでしょう。彼の論じるところによれば、「人間」について語ろうとすれば、自ずと意図的な活動に携わる能動的な主体としてのあり様や、関係的なあり様を意味することになります。マクマレイは、「他から独立した主体という発想が、そもそも自己矛盾である。どのような主体も、必然的に他者との関係のなかにある。（中略）人間であるためには、他者との相互関係が欠かせない」と述べています（Macmurray, 1961, p. 15）。

私たちは、自分自身を描写したり、自分の行為を説明したりする（マクマレイの表現では「再帰的行為」〈reflective activity〉）ために、たとえば「自分」「怒り」「信頼」といった言葉を用います。これらの言葉は、実のところ、当人の状態を指しているわけではないのです。それらはむしろ、社会文化的な枠組みから通常期待されるように、私たちが行なっていることを指していると理解するほうが妥当です。具体例を挙げれば、心理療法のクライエントは、たしかに自分の「怒り」に言及するかもしれません。すると、たいていのセラピストは、クライエントの「自己」というコンテクストのなかで、この怒りの意味を探ろうとするでしょう。心理力動的なセラピストであれば、幼児期早期の憤怒や欲求不満の体験に遡って、この怒りの起源を探ることに関心をもつでしょう。人間性主義のセラピストであれば、クライエントがこの怒りを自らの自己概念の一要素として受け容れるように模索するでしょう。しかし、構成主義的な観点からは、人びとが「怒っている」ことについて話す場合には、「怒りのストーリィ」が語られていると考えます。つまり、このストーリィが、一連の意図や社会状況を介して、怒りの出来事を構成していると考えるのです（Sarbin, 1989a, 1989b ; Lindsay-Hartz et al., 1995）。

そこで、構成主義的なセラピストは、「怒り」がどのように構成され、どのような意味をもつのかについて、クライエントとともに理解を深めようと試みます。さらには、「怒り」という言葉を用いることによって、その人が社会の伝統のなかにどのように位置づけられるのかを探求することもします。こうしたプロセスを通して、情動は、筋道立てて理解されるようになっていきます。ここでは、ストーリィは、情動を筋道立てる手段となっています。このようなストーリィの機能は、第2章における議論から示唆されるものです。

機械（メカニズム）や有機体ではなく、社会的存在としての人というイメージは、セラピストの視点を変えます。セラピストの目は、それまで個人の精神の神秘を解き明かすことを目標とした仮説的で理論的な構成概念に向けられていました。ところが、社会的存在としての人というイメージを介することによって、その視線は、人びとが現実に住まう社会的な世界へと移っていきます。人びとが住み、生き抜く社会的な世界は、文化として体験されます。人びとは、日常的な文化のなかで、意図、関係性、主観性についての情報をやり取りしています。その手段が、ストーリィなのです。したがって、社会構成主義にもとづく心理療法において暗黙の前提となっている人のイメージを突き詰めれば、必然的に、ある種のナラティヴ・セラピィに行き着くことになります。私たちが、能動的で関係的な存在として、自分自身の意味づけを表現するには、ストーリィという手段が最適なのです。スペンスは、この事実を次のように概括しています。

私たちは常に、自分の過去と未来についてのナラティヴを構成し続けている。そして、私たちのアイデンティティの中核は、実は、ナラティヴの筋であって、それが人生に意味を与えている。ただし、このことが成り立つには、筋が崩壊していないという条件――そしてこの条件が重要なのだが――が付く。もし筋が崩壊すれば、おそらくはストーリィの対極の側面を目にすることになるだろう。コルサコフ症候群やアルツハイマー病の患者のように、自己のストーリィを見失いつつある患者と話すと、あなたは、その背後に強い恐怖感を感じ取るだろう。それは、自分の何たるかを知らず、昨日起きたことも、明日起きるであろうことも分からないという状態からもたらされる恐怖である。通常は、自分という感覚は、時間的に前後を行き来し、ストーリィを編み上げる能力によって成立している。ストーリィが表わすのは、私が何者であり、どのようにしてここに至り、どこへ向かおうとしているのかということである。このように、ストーリィは、常に人びとの活力の源泉であり、自らを支える力となっている。それと同時に、自己充足的である。私からストーリィが奪い去られれば、自分という感覚は、決定的に損なわれる。

(Spence, 1982b, p. 458)

スペンスは、変性神経疾患の患者を例にして、「ストーリィを編み上げること」ができないことで生じる生々しい恐怖を描き出しています。さらに、そこには、ナラティヴの網目に参加できないことも起きてきます。そして、それは、人たることが侵される脅威をもたらすのです。

4　物語の著者と、それを語る声

ナラティヴを重視する心理療法は、ポストモダンなものだけでなく、伝統的なアプローチにおいてもみられます。そのようなナラティヴを重視する心理療法の理論と実践に共通した特徴は、人間をライフ・ストーリィの

「著者」(author) に喩えるところです。「著者」としての人間という発想と、「再著述」(re-authoring) としての心理療法という発想は、古典的、構築主義的、社会構成主義的な三つの心理療法の伝統のいずれにも浸透してきています。このように「著者」や「再著述」という発想は、心理療法の鍵概念として浸透してきています。しかし、これについては、社会構成主義的観点にもとづいて批判的に吟味すべきときに至っているといえます。なぜなら、心理療法の文脈で用いられる「著述」という考え方には、根本的な問題が含まれていると思われるからです。この概念には、机に向かってただ一人、文章を綴る孤独な作家のイメージを呼び起こす側面があります。ところが、社会構成主義の観点からは、他と協働して構成される「物語世界」に浸り、絶えず続く対話に加わるという経験が重要となるのです。私たちは、対話で語り合われているストーリィの内に棲み込んでいるのです。そして、そのストーリィに絶えず関わり、その筋を整えているのです。

一人の孤独な作家というイメージは、文芸での「著者」という語の使い方に由来しています。文芸としての「著述」のモデルでは、始まり、中間、終わりがはっきりと区別されたストーリィのあり方が強調されがちです。そうしたストーリィは、固定的であり静的です。しかも、明らかに、ただ一人の書き手の産物であることが前提となっています（ただし、「編集者」の部分的な補助を認める書き手もいますが）。このように、語られたストーリィの背後に、単一の「著者」や「自己」の存在が前提とされている場合があります。「自己探求」的な心理療法（心理力動的心理療法や人間性主義の心理療法）、さらには近年の構築主義的心理療法では、そのような傾向が明確に見て取れます（第3章と第4章を参照）。

それとは異なる社会構成主義の観点ではストーリィは、私たちを「介して」語られるという見方をします。この点に関してマッキンタイヤーは、「私たちが自分たち自身の物語の共同脚本家以上の者では決してない（ときにはそれ以下の者である）」と指摘しています（MacIntyre, 1981, p. 213, 篠崎訳『美徳なき時代』二六一頁）。

私たちは、自分に与えられた役割を担って人間の社会に仲間入りする。ひとつ、あるいは複数の役回りが選り抜かれ、私たちに与えられる。私たちは、その役回りが何であるかを学んで初めて、どのように他の人びとに応答するのか、そしてその人たちに対する私たちの応答はどのように受け止められるのかを適切に理解できるようになるのである。

(MacIntyre, 1981, p. 216. 前掲『美徳なき時代』二六五頁。訳者による修正あり)

ブルーナーも、下記のように述べて同様の指摘をしています。

われわれが人生に仲間入りすることは、すでに上演が進行中の演劇の舞台へ登場するようなものである。そこではわれわれの演じる役や、どのような山場に向かうのかは、ある程度公開されたプロットによって決定されている。

(Bruner, 1990, p. 34. 岡本ら訳『意味の復権』四八頁)

マッキンタイヤーやブルーナーの観点に立てば、人間は、ストーリィのストックによって成り立つ文化のうちに生きており、自身の個人的経験と手に入るストーリィ・ラインとの間に絶えず折り合いをつけようとしていることになります。そうであるならば心理療法の課題は、人間とストーリィとの間の合致程度を振り返り、再調整するための「スペース」を拡げることになります。ここでは、心の「内面的」な意味を発掘することではなく、「そこに現われた」ストーリィを同定し、理解することに重点が置かれます。マッキンタイヤーの表現を借りれば、私たちは、「それらストーリィの何たるかを学ばなくてはならない」のであり、自らが生きている文化のナラティヴの資源から自分の道を見出す術を知らなくてはならないということになります。

フーコー (Foucault) の思想の支持者であるホワイトとエプストン は、「著者」という概念の背後に、力や「権威」の働きを見て取っています。「著述する」ということや、「声」を発するということには、暗黙的な力が潜んでいます。力をもつためには、他者が喜んでその声に耳傾けて聴き、その声が言わんとしていることに影響される必要があります。この種の力をほとんどもたない人びとも、世界には大勢います。そうした人びとは、いわば意図的に「口を閉ざされている」のです。行政の首長のように強大な力を誇る人物は、あまり一般の人が聞くことのないような内密な個人的ストーリィを語ることができるでしょう。また、第二次世界大戦末期のホロコーストの生存者は、聴くことが苦難であるようなストーリィをもっているといえます。

人間という概念を、自身のストーリィの「著者」になぞらえることができるからといって、そのお話に揺るぎない「権威」が付与されると考えるのは誤りです。語られたストーリィは、状況や聴衆、さらには語り手の心的状態などに依存しています。ひとたびストーリィが語られたなら、そのストーリィは改訂の機会に開かれたものとなり、異なるバージョンが生じる可能性が出てきます。また、ストーリィを語るということは、過去の語りすべてに照合される可能性に開かれていることでもあります。要するに、ストーリィの「著者」となることは、たとえば事故を目撃して警察に調書を取られるのとは異なることなのです。警察での目撃証言では、その陳述は、白黒がはっきりつけられ、事実として確定されます。一方、社会構成主義的なセラピストは、この「著述」という語を「会話」に近い意味に用います。そのため、「著述」とは、それが語られるたびに、新たな意味の地平が見出されるプロセスとなります。過去の語りと照合されつつ、新しいバージョンが生み出されていくのです。したがって、「著述する」ことは、語りに参画することであり、物語ることを通じて意味を構成することなのです。

ここで、「個としての著者」というイメージが多分に近代社会の産物であるという事実が何を意味しているのかを検討することにします。伝統的なストーリィは、それが神話であれ、聖書であれ、言い伝えであれ、いずれも大勢の人びとの語りから生まれたものです。筆記や印刷が一般的になるより以前、ストーリィが語られるとき語り手は、常に聴衆の反応によって伝え方を工夫していました。その頃と同様に、現代の日常生活でも友人にストーリィを語るのは、互いに共有された活動となります。語りを聴いている友人は、質問やコメントを差し挟んだり、注目したりすることで、その活動に寄与します。物語ることの歴史においては、誰がそのストーリィを最初に語り始めたのかといった「生みの親」は、必ずしも公式に特定される必要はありませんでした。つまり、ストーリィとは、共同構成されるものなのです。たとえ語り手が自身に固有で私的な経験を語っていても、それが可能になるのは、文化が保有するナラティヴ資源からストーリィの構造やジャンルを引き出すからなのです。このことは、小説家をはじめとした著作家にもあてはまります。小説家は、自分ひとりがワープロの前に座していると思いたがるかもしれません。しかし、そこからそう遠くない背後には、たいてい他人の著作を満載した本棚があります。そして、小説家の最終的なゴールは、その本棚で他の著作に混じってしかるべき位置を占める何かを生み出すことなのです。

社会構成主義者の視点は、心理療法場面には、それぞれストーリィを語る二人、つまりはセラピストとクライエントがいることを改めて思い起こさせます。心理療法での「会話」とは、二人が力を合わせた活動です。たいていの心理療法において、セラピストが自らのストーリィを語ったとしても、それは、本題から横道に逸れ、おもしろおかしく語られます。セラピストは、自分のことを詳細に語ることにはあまり気乗りがしないようです。また、セラピストは、自分が面接室での時間をどのように経験し、社会ではどのような地位にあるのかは、やや曖昧にされます。セラピストのストーリィには、クライエントのストーリィが伝えるような豊富な個人情報は、含まれていません。このようなアンバランスはありますが、心理療法の「会話」にはセラピストのストーリィも潜んでいます。仔細に調べれば、セッションを重ねるうちに、セラピストの話には一貫したナラティヴ・テーマが流れていることが分かります。このテーマは、オマーとストレンジャー（Omer & Strenger, 1992）が「メタナラティヴ」と名づけたものです。

セラピストは皆、自分の世界観がクライエントの話によって深く影響される経験をします（その劇的な例は、Hobson, 1985 を参照）。そして、クライエントから凄みのある話を絶えず、繰り返し聴くことで、遂には打ちひしがれ、「燃え尽きて」しまうことも少なくありません。このようにセラピストは、クライエントの語りから強い影響を受けています。しかし、それにもかかわらず、セラピストのストーリィからクライエントのそれへと向かう影響ばかりに注目がいきます。それに対して批判的な社会構成主義者のアプローチは、より広い社会的文脈で、物事を捉えることを推奨します。たしかに心理療法のクライエントは、他者に語れるような新たなストーリィや修正されたストーリィを得て面接室を去っていくことが望ましいといえます。ただ、まったく同様のプロセスが、セラピストの側でも起きているのです。つまり、セラピストは、心理療法でのストーリィを、スーパーバイザーや同僚に対して、あるいは事例検討会や著作を介して語ることができるのです。セラピストであるということは、そういうことなのです。セラピストと出会うことがクライエントをしてストーリィを語らせるように、クライエントと出会うことがセラピストにストーリィのストックをもたらすのです。

心理療法における「著述」のもつ意味は、複雑でややこしいものです。私の知る限りでは、「再著述」という概念を初めて使ったのは、ホワイトとエプストンです。したがって、やはりこの概念は、彼らの心理療法場面にもっともすっきりと当てはまるようです。彼らは、人間を「テクスト」とみなすガーゲンの着想に影響を受けています。従来、クライエントの多くは、いわゆる「権威」によってラベルを貼られていました。すなわち、医療やソーシャル・ワークのカルテでは、クライエントのライフ・ストーリィを病理の版組みで脚色され、書き直されたものが公式の書類となっていました。ホワイトとエプストンは、クライエントの人生において支配的となっている優勢な公的ナラティヴに対抗しようとして、筆記によるコミュニケーション（手紙や証書）を意図的に活用する技法を考案しました。地域限定で出版された彼らの著作の原題は、『心理援助に役立つ文芸的方法』（Literary means to therapeutic ends）というものでした。したがって、ホワイトとエプストンの一連の仕事に浸透している「著者」というメタファーは、適切で有意義なものといえます。しかし、どのようなメタファーでも、ある重要な意味を明るみに出す一方で、他の意味を背後に隠すということが生じます。「再著述としての心理療法」という発想における「著述」というメタファーは、エンパワーメントや変化に注目を促す一方で、語る行為の共同構成性を隠蔽する危険性もあるといえます。

語る行為（telling）としての心理療法の意味を表わすために、「著述」という概念ではなく、他にもっと簡潔なイメージがあり得るのではないかと思います。語るという経験は、それまで沈黙していた経験の領域に、声を与える経験でもあります。そして、どのような種類の心理療法であっても、この経験が心理療法の核心であるように思えます。ひとつの発想として、心理療法でなすべきことが、再著述のためではなく、耳を傾けられるさまざまな声を生むためにスペースを拡げることであると考えることができます。この発想は、ペンとフランクフルト（Penn & Frankfurt, 1994）によって、かなり効果的に実現されてきています。私自身の実践に照らすと、「声」という概念は、クライエントとともに成し遂げようとする多様な作業を撚り合わせるために有効であるように思われます。

経験に声を与えることとは、家族の秘密について話したり、感情を表わすことばを見出したりするといった、ただ単に私的な事柄ではありません。それに加えて、社会集団や、その集団に属する人びとが、自分たちの欲求や関心を声に出して求めるという意味もあります。個々人は、集団や伝統の一員として、それらを求め、声に出して話し合うことができるのです。「著者」という概念は、テクストを産出する単体の自己や単一の意識という意味を強く含んでしまっています。そのことを考慮に入れるならば、「著者」という語で個人的な著述に焦点を当てるのではなく、人がさまざまな状況に応じて多様な声を用いることを認める方が順当ではないでしょうか。実際に面接室には、二人の人びとの声があるのです。すなわち、それぞれが独自のタイプの語りに携わっているのです。さらに、語り方や声の質に留意することによって、声のリズムや語る行為の詩的で音楽的な側面を互いに引き寄せ合うことが可能となります。つまり、語り方や声の質に留意することは、どのように人びとを引き寄せ合うかを考える手がかりを得ることになるのです。これは、ある意味でもっとも重要な点です。これは、書き言葉のみでは，決して成し得ないことなのです。

カウンセラーやセラピストになろうとする者は，早々と面接室のしきたりに慣れ，クライエントの言葉の潜在的な意味や意義を探し求めることを覚えていきます。しかし，セラピストの椅子に座ることに慣れた人は，往々にして語るという行為がもつ重要性を見落とすようになってしまいます。特に語るということが，クライエントにとってどのような意味をもつのかを見落とすようになります。ハウ（Howe, 1993）は，心理療法をどのように経験しているかをクライエント本人に報告してもらった研究を概観しています。そこで得られた結論は，クライエントが通る段階は大きく三つに分けられるということでした。それは，受け容れられる段階，耳を傾けられる段階，分かってもらう段階というものでした。第1章で検討した他文化における「心理療法」の例を振り返れば，この三段階とも共通するパターンが見受けられます。それらは，揉め事に声を与え，地域共同体の代表者（司祭，シャーマン，セラピスト）によってその声が受け容れられ――つまりは「権威」化され――，日常会話でその声が活用されるという段階です。

5　恥

私たちは，なぜストーリィを語ることを躊躇するのでしょうか。なぜ，一部の人びとは，自らのストーリィを語ったり修復したりするために心理療法を利用するのでしょうか。二十世紀末の社会構造や生活様式が，人がストーリィを語ることに対して多くの障壁を築いてきたのは間違いないことです。たとえば，公共スペースの消失，商業主義の氾濫，テレビの普及などがそれに当たります。さらには，告悔のような語りの制度的形式が衰退したことも関係しているでしょう。しかし，語りを個人レベルで捉えた場合，おそらく最大の障害は，「恥」の経験の克服にあるでしょう。社会学者のトマス・シェフ（Thomas Scheff）は，精神分析家のヘレン・ルイス

(Helen Lewis) の業績を引いて、「現代社会の文化で見過ごされている代表的な感情ダイナミクスは、〈恥をかくことを避ける〉ことに関するものである」と述べています。より共同体的な文化では、「名誉」が最たる美徳とされていました。そこでは、あえて恥を生む儀式があり、また恥という経験を表出して受容する開放的な風土がありました。伝統文化における恥には、共有されたモラル規則が運用されている様が映し出されています。そうした規則は、公けに是認されることで維持されてきたのです。

対照的に現代社会では、モラル規則は内面化され、ある考えや振る舞いが「間違っている」ことを知るためのシグナルの役割を果たすのは、恥よりもむしろ罪責感です。西洋文化は、個人主義や、他から独立した個別自己という意味を特徴としています。そこでは、恥は回避すべきものであり、もし恥を感じたならば、最小限に抑制することが求められます。なぜならば、恥を表出することは、個人の自律性や他からの独立性を損なったことを意味するからです。リンゼイ・ハーツら (Lindsay-Hartz et al., 1995) は、恥をかくことを「他者の視点から自己を眺める」経験、あるいは「露わにされて縮み上がる」経験として表現しています。したがって、恥とは、他から独立した自律的自己に対する究極的な脅威なのです。つまり、「他者」があまりにも近くに、そしてあまりにも強大に感じられるということです (Greenberg, 1994a)。

ルイスによる恥についての解説は、自己に対するこうした脅威をよく言い表わしています。

> 恥は、まさに自己の全体に関わっている。それは、自己に対する他者からの侮蔑を、いわば他者の身になって体験することである。その意味で恥は、自身と他者の双方の視点に立った体験である。恥を感じている当座の自己は、非難の嵐を含む「襲いかかる眼差し」を介して感じられている。「襲いかかる眼差し」というメタファーは、文芸的でもある。大人の間で交わされるアイ・コンタクトは、良好なコミュニケーションを測る物指しである。これが欠けて

いる場合は、通常、心ここにあらずといった状態や、恥じらいの状態が表われている。そして、恥は伝染する。私たちは、他人が恥じ入っているのを見ただけで、当惑することがある。恥じ入っている間の自己は、無力感を感じていて、あたかも麻痺してしまったかのようである。そして、忘れてはならないのは、恥が、特有の怒り、すなわち屈辱による憤怒を呼び起こすことである。これは同時に、不適切感をもたらす。なぜならば、当の自己ひとりに関したものだからである。加えて、もしもこの感情が親愛な他者に向けられているならば、不条理感をもたらす。この屈辱による憤怒を解放し、発散するのは、たいていの人にとってとても難しい。たいていは、いとも簡単にさらなる恥に陥っていく。

(Lewis, 1989, pp. 40-41)

恥は、関係性にもとづく情動です。それは、特に重要で身近な他者によって引き起こされます。当惑や恥によって誘発された麻痺状態は、自己のうちに同化して許容することが難しいものとなります。その結果、現代社会では、情動を自ら「支配」し、制御しなければならないことになっています。

近代社会において自己感は、発達過程で確立すべき「課題」のひとつとなっています。恥の経験は、その自己感を決定的に根幹から揺るがします。そこで自己の確立を重視する心理学や心理療法の理論では、恥は、相対的に軽視されてきました。ルイス（Lewis, 1989）によれば、対人関係や感情に関して女性は、男性に比較して「他者指向的」で共感的に振る舞う傾向が高いとされます。ところが、精神分析をはじめとした諸理論は、もっぱら男性の発達やパーソナリティの機能に焦点を当ててきました。そのため、関係性にもとづく情動である「恥」は、理論面でも臨床実践面でも軽視されてきたということもあります。さらに加えて、シェフ（Scheff, 1990）によれば、近代文化には、「冷静さを保つ」「プライバシーを尊重する」「自己管理する」といった社会的相互作用における規範が広まっています。その結果、日常生活で恥は極力否認されます。こうして心理療法のクライエントの情動生活でも、一連の恥は黙殺されてしまうことになります。

心理療法で表面に現われた私的な会話と、より広範な世界での出来事との断絶を架橋するには、ターナー（Turner, 1982）による社会的ドラマ（social drama）という概念が有用と思われます。ターナーによれば、人は、自らの中核的な価値観を体現する集団に属したいと欲しています。こうした集団が、愛、出会い、地位などをもたらしてくれると期待されているのです。こうした集団は、家族単位のこともあれば、職域、支持政党、趣味や友人関係に基づいた組織のこともあるでしょう。ただし、集団が機能するためには、それらの集団が平衡状態にあって、コンセンサスを維持していなければなりません。しかし、ときとして、集団のメンバーが、集団の規範を公然と破ったり、集団の「モラル規則」にあからさまに背いたりすることがあります。こうなると、集団が直面しているモラルの対立をめぐってメンバーは分裂し、その集団は危機に陥っていきます。たとえば、新技術の導入可否についての経営判断を迫られた職場集団は、「伝統」と「革新」のそれぞれの価値を主張して対立する複数の派閥に早々に分裂します。一人暮らしをしたいと言い出した十代の子どもをかかえる家族は、家族への「帰属」を重視するか、「自立性」を尊重するのかで、やはり分裂します。このような集団内での不協和音の衝撃を和らげるには、仕切り直しのメカニズムが機能します。仕切り直しの過程には、助言を与えたり、公式・非公式の仲裁を設けたり、公開の儀式を執り行ったりすることが含まれます。社会的ドラマの最終段階をなすのは、それまでに混乱して崩壊した社会集団の再統合だったり、集団の不和を再認識したうえでの分裂だったりします。

ターナーは、広範な現象を説明するために、社会の葛藤についての普遍的なモデルとして、この社会的ドラマの概念を用いたのです。それらの現象には、仕切り直しのメカニズムとして、広くは国連から、狭くは局所的なドラマであるンデンブ族の癒やしの儀式（第1章参照）まで含まれます。近代世界では、社会的ドラマは、ニュース、テレビドラマ、小説などを舞台にして、ひっきりなしに上演されています。しかし、近代世界には、社会的な不和や危機を仕切り直すような、安全な「劇場」がほとんどないのです。そのため、心理療法は、個人主義的傾向がますます高まる社会で、「局所的な社会の不和」を仕切り直すために発展したメカニズムとも見ることができます。

社会的ドラマの一形態に、社会学者のハロルド・ガーフィンケル（Garfinkel, 1957）が「降格儀礼」（degradation ceremony）と呼んだ概念があります。その場面では、重大な社会規範を犯した者が、最低でも一人の集団メンバーの見ている前で糾弾されます。降格儀礼が成功裡に終わると、規範を犯したその人物は、今はもう過去のその人ではなくなります。過去の所業も拭い去られ、「われわれの一員」に戻るのです。この降格儀礼は、あらゆる種類の社会集団に存在し、特有の社会的ドラマの「スクリプト」を表わしています。このスクリプトに則ると、「悪い」人間が低い社会的地位に留まり、アイデンティティを損ないつつも、その集団に留まることを許されます。

バーグナーの観察によれば、心理療法のクライエントの多くは、人生の諸局面で、「降格」され、屈辱を受けた経験をしてきています。こうした人びとにとって、心理療法は、「降格を取り消す」プロセスと考えると納得できます。そのように考えるならば、セラピストに課せられた仕事は、「クライエントを認めること」、すなわちコミュニティに再び参加するのにふさわしい状態にまでクライエントを高めることであるとなります（Bergner, 1987, p. 26）。バーグナーは、クライエントの降格を取り消すためにセラピストが用いる方略は多様にあると述べています。ただし、それらの方略の核心にあるのは、人が自己価値観を取り戻せるような、社会的ドラマというストーリィの修復ということになるのです。

おそらくは、カウンセリングと心理療法の最大の社会的貢献は、近代文化において人が安全に恥の感情に向き合う舞台を提供したということでしょう。ロジャーズ（Carl Rogers）は、心理療法では、クライエントへの受容と尊重を伝えることが肝要であると指摘しています。ロジャーズによれば、人は、信頼と安全を得られる状況を得てはじめて、自らも認めがたい感情を表わそうという気になるのです。こうした状況は、クライエントが自分の私的なストーリィを語っても、それによってあまり恥を感じなくて済むように設定されているとも考えられます。また、喪失、絶望、憤怒といった感情についても、表出することが苦痛で困難といえます。そのような感情を表出することは、心理療法であれ、それ以外の場面であれ、難しいものです。人がこうした感情に声を与えることを阻むのは、やはり恥の感覚なのです。「私がどんなに傷ついたかということだって、恥ずかしくてとても言えない」「もう何年も経っているのに、私がまだ怖がっていることは、とても気恥ずかしくて」といった表現に、そのことが示されています。心理療法のクライエントは、総じて、恥について話したがりません。恥は、話すのではなく、向き合う対象となっているのです。恥は、会話の一部ではなく、行為の一部なのです。ソーン(Thorne, 1985)は、セラピストに柔和さが不可欠であることを述べるなかで、恥による麻痺から解放されるために求められるのが、気配りと肯定の感覚であると指摘しています。

6　力の沈静と活用——ナラティヴの観点から「問題」の起源を探る

なぜ、人はセラピストのもとへ相談に訪れるのでしょうか。セラピストは、人が助けを求めに来る理由を、どのように理解しているのでしょうか。これらの問いに対する社会構成主義の立場からの返答は、どのようなものなのでしょうか。社会構成主義にもとづく回答は、心理療法に対するナラティヴ・アプローチが取り扱う範囲と限界を明確にするうえで、重要な意味をもつといえます。

マーラー(Mahrer, 1989)の主張によれば、首尾一貫した心理療法のモデルは、どれも人びとの問題が生じる原因についての理解を含む必要があります。つまり、モデルが問題の原因として想定することに応じて提供可能な介入形態が求められるのです。人びとをカウンセラーやセラピストのもとへと駆り立てるニーズには、大きく分けて三種類が考えられるでしょう。それは、個人の成長と充足の希求(「私はより良く生きたい」)、喪失やトラウマへの未解決な反応(「私はそれを克服できずにいる」)、長年に渡るメンタルヘルスの問題(「取り組めるとはとても思えない」）です。確かに、各種のナラティヴ・セラピィは、これら三種のクライエントすべてに対して試みられてきたといえます。しかし、ナラティヴの観点から、問題の原因論に関するモデルを確立することには関心を払ってきませんでした。要するに、社会構成主義の理論は、既存の主流の心理療法アプローチに比較した場合、人びとが問題を経験する理由として文化との関連を重視した解釈はするのですが、その原因を特定化することに意味を見出していないのです。

社会構成主義の観点からすれば、「問題」とは社会的に構成されたものとして定義されます。したがって、その定義の特徴を表わすために「問題」という形で引用符を示すことが必要となります。ある人にとっての「問題」は、他の人にとっては「解決」であったりするのです。このように用語としての複雑さはありますが、ここでは、とりあえずそれを脇に置いて議論を進めることにします。さて、人間の苦難は、文化的・対人的・個人的な条件（あるいはそれらすべての組み合わせ）に端を発して生じ得ます。このような苦難の源をナラティヴの観点から検討するならば、そこで明らかになるのは、ストーリィを語れないという事態です。つまり、心理療法を受けに来談する人びとに共通している苦難は、自分の経験の重要な側面を満足できる仕方で物語化する機会や能力に恵まれなかったり、自分の経験を語ることが許されていなかったりするという事態なのです。

ナラティヴ・セラピィの発展を促した主要人物としては、マイケル・ホワイトとデイビッド・エプストンの二人が挙げられます。彼らは、ナラティヴにまつわる苦難の文化的起源を解明するために、フランスの社会哲学者フーコーの著作を援用しています。フーコーは、人びとが自分の人生についてもつ知識が、社会で権力と統制を働かせるための装置の一部を形成していることを論じています。人びとがもつ「知識」は、その時代や社会において主流で支配的なイデオロギーを映し出しているのです。ホワイトとエプストンが紹介する事例の多くは、文化が押し付ける圧力やラベルを反映しています。そうした事例のライフ・ストーリィは、フーコーの言になぞらえれば、病理や「欠陥」のナラティヴを含む膨大なケース・ファイルという形で「書き表わされている」ということになります（Gergen, 1990）。

ホワイトとエプストンが問題にしている文化的プロセスの強力な例は、ジェンダーや自伝が関わる事例に見出すことができます。ガーゲンとガーゲン（Gergen & Gergen, 1993）は、公刊された自伝の構造を分析しています。それらの自伝には、男性によるものも、女性によるものも含まれます。その分析によって、ガーゲンらは、男性と女性がどのようにしてライフ・ストーリィを構成するかを明らかにしました。そこで見出された結果は、男性のストーリィが、より線形的で達成指向であり、家族に言及することはめったにないということでした。対照的に女性の自伝では、著者の自由にはならない出来事がしばしば言及され、家族をはじめとした対人関係に、より重きを置かれていました。この研究が示しているのは、男性と女性は、それぞれに異なるタイプのストーリィを語るよう学んでいるということです。これは、実際の人生経験を、文化的に許容される「ストーリィ・ライン」の要請に応じた形に従わせていることを意味しています。つまり、その文化的に許容される「ストーリィ・ライン」に従うなかで男女はそれぞれ、重要な意図や感情を不可避的に排除するよう迫られているのです。現実には、女性は関係指向であると同時に達成指向でもあるでしょうし、男性は仕事の経歴と並行して家族の絆をも大切にしているでしょう。したがって、ホワイトとエプストンの観点に立てば、公式に語られるストーリィのバージョンと並んで、隠れていて語られていないストーリィ、すなわち「ユニークな結果」が常に存在しているのです。

ホワイトとエプストンによるフーコー流の分析は、高い説得力をもっています。しかし、おそらく、それだけでは不十分です。なぜならば、彼らの例示は、人が単一の画一的な文化に生きていることを前提としているように思えるからです。多くの人びとは、異なる文化システムの狭間でさまざまな経験をしているのです。つまり、それぞれの文化的状況で語られる対照的なストーリィによって、異なる方向に引っ張られています。たとえば、ツェンとスー（Tseng & Hsu, 1972）は、伝統的な中国の子どものストーリィを分析しています。その結果、それらの物語に共通するテーマは、親（往々にして母親）を救うために子どもが犠牲になるというものであることを見出しています。これは、よくある西洋のお伽噺で、親が子どもの幸せを願って犠牲になるという結末（たとえば「赤頭巾ちゃん」）とは正反対です。人がこのように対照的な文化のストーリィに出会うと、それらのナラティヴを統合するための方策を追い求めるようになります。それは、仕方ないことです。すなわち、親子関係についての正反対な説明を、なんとか和解させることができるストーリィを獲得しようとするのです。

中国と西洋の文化的ナラティヴの間に立つという考えは、ストーリィの狭間の状況を劇的に表わす極端な一例ともいえるでしょう。考えてみれば、拮抗するナラティヴを統合する術を見出すという課題は、日常生活においてありふれた形で生じています。たとえば、カップルが結婚すれば、愛情表現、家計、養育などについて対照的なストーリィが明らかになります。あるいは、大学では、「いかに学習するか」について自分がもっているストーリィが指導教員のそれと合わないこともあります。若者は、失業やホームレスという社会の現実を考慮しつつ、新たな自己語りを構成する必要に直面する結果、就職して自活するというナラティヴに導かれ、大人の仲間入りをしていくのです。ここでも就職前の青年としてのストーリィと社会人としての大人のストーリィの統合が必要となります。

私たちが生きている文化においては、実際の経験にはしっくりとこないストーリィがもたらされる場合もあります。裏返せば、私たちの経験は、ストーリィの期待する通りにはならないこともあるのです。また、語るべきストーリィがあったとしても、それを語るために適切な場面が与えられないこともあるでしょう。これらの事態に共通するテーマは、黙するという経験です。つまり、語られないストーリィや、語ることのできないストーリィとともに生きるという経験です。そもそも物語ることは、その物語の聴き手である聴衆の存在を必要とする行為であり、出来事です。そう考えると、ある人が個人的な「問題」を抱える状況とは、語られるべきストーリィに聴く耳を持たない人びとが、その人に沈黙を強いている事態への反応と理解することができるのです。

「沈黙させる」という概念は、性的虐待のサバイバーに対する心理療法の分野で最初に用いられるようになりました（Lister, 1982）。性的虐待の加害者の多くは、被害者である子どもに対して、その出来事を口止めしようとして暴行、恫喝、ごまかしといった方法で脅しにかかります。このようにして口止めし、「沈黙させる」ことは、よく知られています。口を割った後に予想される恐怖が、その虐待の秘密を維持させてしまうのです。しかし、虐待のサバイバーからしばしば報告されるのは、秘密を話そうとしたときに周囲の人びとに拒絶される経験をしていたということです。たとえば、他の家族成員のみならず、教師や聖職者など、本来ならば力になってくれそうな援助の専門家たちがサバイバーの話を聴こうとしなかったのです。その結果、当初は加害者から強いられていた沈黙が、文化的圧力によってさらに堅固になってしまうのです。結局、聴く耳を持とうとしない第三者が虐待という事態を忌み怖がり、その事実を信じようとはしないことが、このような文化的圧力をもたらしてしまうのです。典型的なセルフヘルプの書物は、虐待のサバイバーに向けて「沈黙を破る」ことを勧め、事実を公けにする行為自体が治療的であると強調しています（Bass & Davis, 1988）。いずれにしろ、そのような状況にあるクライエントは、「自分のストーリィを語ると、まるで生命の危機に瀕するかのように感じている」ということがあります（Lister, 1982, p. 875）。したがって、注意深く語りを聴くことが求められるのです。

同様のプロセスが、ナチスによるホロコーストのサバイバーの場合にも見受けられます。ナチスが行ったユダヤ人らの虐殺は、想像を絶する規模の悲劇であり、暴虐でした。人を愛する力と地域共同体に価値を見出す者ならば誰しも、この出来事の意味を理解しようとするときに深い苦渋を覚えずにはいられません。この戦慄すべき事態のサバイバーにとっては、肉体的にも精神的にも苦しみは測り知れません。そして、ホロコーストについてもっとも驚かされることのひとつには、第二次世界大戦の終わりに、そのサバイバーが自ら口を閉ざしたことなのです。

> 解放されてからも、戦時中と同様、サバイバーは犠牲者であり続けた。世間の反応は、サバイバーの経験に対する無関心、忌避、抑圧、否認に満ちていた。サバイバーは、世間から遠ざけられ、見捨てられ、裏切られたのだった。彼らが、生涯のうちでももっとも戦慄と苦悩をもよおさせる時代や、途方もない喪失感を共有できたのは、わずかに自分の子どもや同志に限られていた。なかには、そうした相手すらいない者もいた。この沈黙の申し合せは、サバイバーとその子どもたちに、広範な影響を与えた。彼らは、孤立感、孤独感、疎外感を深く感じていた。その結果、人間性への不信や悼みを募らせた。そのため、その感情に収まりをつける作業に取り掛かることもできなかったのである。
> (Danieli, 1988a, p. 220)

ダニエリの研究に表われているように、「沈黙の申し合わせ」は、サバイバーが助けを求めたセラピストにもあてはまります。彼女が発見した一例によると、あるセラピストは、クライエントが収容所での出来事を語りたがるのを遮ったのでした。そして、その語られた断片を、発達早期の「肛門期の固着」や「前性器期サディズム」の顕れと解釈していたのでした。

以上にみてきたような重大事件の存在への懐疑やそれを語ることへの沈黙の強制が蔓延しています。そのようなことが起こる理由を、ホロコースト、近親姦、子どもへの性的虐待などがあくまでも極端で非日常的な状況だからであるとみなす主張があります。そして、そこから、そのような極端な事件の意味を深読みして、それを一般化するのは誤りであるとの結論が示唆されることもあります。おそらく沈黙とは、究極的な恐怖に対する文化的な対処なのでしょう。それほどまでに恐怖を呼び起こさない問題のストーリィならば、通常は、聴衆を得ることができるのでしょう。しかし、恐怖がある程度を越えると沈黙が生じます。

事実、ある種の苦痛を伴う出来事を取り扱った研究では、こうした沈黙が広範な文化的現象として生じることを認めています。ペネベイカーとハーバー（Pennebaker & Harber, 1993）は、一九八九年の十月にサンフランシスコ湾岸を襲ったロマ・プリータ地震の後に、居住者を対象とした一連の大規模調査を実施しています。この地震は、当該地域周辺では、一九〇六年のサンフランシスコ地震以来では最大級のものでした。六十人超の人びとが亡くなり、建物の倒壊が引き起こされました。調査の内容は、過去二十四時間以内に地震について何回話したり、考えたりしたかということでした。研究の重要な発見として、地震の二週間後には人びとがその経験について話さなくなる傾向が明らかとなったことでした。この時点での調査対象者は、「地震について考え続けてはいたし、それを話したいとも思っていた。しかし、他の人がそれを話すのを聞きたくない」と報告していました。その期間中（地震後二～六週間）、疾病率、地震関連の夢、対人葛藤は、いずれも有意に増加していました。ペネベイカー（Pennebaker, 1993b）は、初期の短い「緊急」期間を過ぎると、人びとが問題について話すのを抑制するさまざまな「社会的抑制のメカニズム」が存在していることを示唆しています。たとえば、トラウマについて聞くことに伴うストレスや適切に援助する手段を知ることの難しさなどが、そのような社会的抑制のメカニズムを起動させるのです。

「沈黙させる」という概念は、他の研究からもたらされた発見とも矛盾していません。たとえば、ブラウンとハリス（Brown & Harris, 1978）では、幼少期に実母と死別し、親密な話し相手が不在であった女性は、社会的孤立、失業、高層マンションでの居住といった状況に置かれたときに抑うつ的になる傾向が高いことが示されています。そのような女性は、苦しい社会環境に置かれたときに、沈黙せざるを得なくなっているともいえます。しかし、そのような状況だからこそ、自己開示やソーシャル・サポートが重要となるのです。実際、先行研究は、自分の苦しみを語ることの価値を見出しています。

7　欠陥という語を他の語に置き換える

メンタルヘルスの専門職は、心的欠陥（deficit）という語を客観化していくことに携わっている。それらの職種は、本来、人道的な志向性をもっている。だが、心的欠陥という現実を構成することによって、文化的には自然な相互扶助を失わせ、権利の階層性を助長し、文化を弱体化させている。そして、文化の力は、ますます弱くなっている。たとえば、ありふれた行為も心的欠陥という専門用語に翻訳される。用語が広まれば、文化自体が、こうした用語で構成されるようになってくる。

（Gergen, 1990, p. 353）

社会構成主義にもとづくアプローチでは、心理療法におけるナラティヴやクライエントが語るストーリィを、ただ単に心理療法の時間内に限られた出来事とは考えません。クライエントのストーリィはどれも、その人なりのバージョンであり、また広範な文化的ナラティヴの所産であることが前提となっています。心理療法においてクライエントがストーリィを語る際には、その文化に広まっている多くのストーリィ形式のなかから一つを選んでいるのです。その意味でクライエントは、文化的伝統から「引き出した」ストーリィを語っているのです。経験というものが、さまざまに異なる形で「ナラティヴ化」されるとするならば、同一の出来事や経験も多彩な語りとして表現されることになります。そのような場合、どのストーリィ形式がどのような状況下で用いられることになるのでしょうか。そして、それは、どのような要因によって決定されるのでしょうか。心理療法を遂行するのにあたっては、ストーリィ形式を決定する要因は、とても重要な意味をもつことになります。この点に関してガーゲン（Gergen, 1990）は、心理療法の場面設定や文化的環境が、「欠陥」を前提とする形式のストーリィを引き出していると主張しています。つまり、それは、心理療法という場面そのものが要因となって、「ありふれた行為も、心的欠陥という専門用語に翻訳される」ことになっているとの指摘です。

心理療法は、基本的に人を解放し、エンパワーするものです。ところが、セラピストが心的欠陥という現実を構成する作業に加担するならば、そのセラピストは、クライエントを解放し、エンパワーする助けにはなりません。そのような場合には、心理療法における出会いは、クライエントの弱みに付け込んで不平等な枠組みを構成することになってしまいます。社会構成主義にもとづくナラティヴ・アプローチは、セラピストがこのような枠組みを拒否することを求めるものです。むしろ、社会構成主義では、不平等な枠組みを構成しないためにセラピストがどのような方策をとるのかを重視します。ガーゲンは、クライエントの欠陥という語は、セラピストの優越感の投影反応であると提起しています。彼が問題にする心理療法の手続きとは、以下のようなものです。

> 劣等感を学習するためのレッスンをクライエントに課している……。間接的にではあるが、クライエントは、自分が無知で、鈍感で、現実を理解するための情緒的な能力に欠けると思い知らされることになる。対照的に、セラピストは、全知なる賢者として、そしてクライエントの憧れるモデルとして、位置づけられている。優位に立ったセラピストは、自分の弱さを見せられなくなって、この状況はますます嘆かわしいものになる。クライエントには、セラピストが発する言葉の基盤がいかに脆いものであるかということは、知る由もない。同様に、セラピストの疑わしさ、欠点、失策が白日の下になることもない。こうしてクライエントは、映画化された神話の英雄のように、手の届かない人間の可能性という幻に向き合わされる。近代的な心理療法はどれも、「十分に機能する」「良好」な個人というイメージを運んでくる。まるで最新流行のファッションのように、このイメージは、心理療法が行き着く先を指し示すモデルとして機能する。
>
> (Gergen, 1996, p. 210)

ガーゲンは、セラピストに対して、こうした階層的な関係性という衣を打ち捨てることを提言しています。セラピストは、自分自身が「問題」をどのように理解するかについて専門的な理論をもっていると思っています。しかし、クライエント自身も、自分の「問題」をどのように考えるのかについての理論をもっているのです。したがって、ガーゲンは、セラピストは、自らの理論がクライエントの理論に比べて優るものではないという事実を受け入れることを求めているのです。そうすれば、セラピストとクライエントは、「意味を共同構成」する協働者となります。

このようにクライエントとセラピストが対等な権限をもつに至るために、セラピストがクライエントに相対するための手立てが、アンダーソンとグーリシャン（Anderson & Goolishian, 1992）が呼ぶところの「無知の姿勢」です。「無知」という発想は、まさに解釈学的でポストモダンな認識様式に由来しています。たとえば、チェニーは、以下のように述べています。

> 近代主義者は、全体主義的で、基礎付け主義的なディスコースを世の中に広めている。しかし、そのような近代主義者のディスコースをポストモダンの脱構築の視点から再検討したら、どうであろうか。特権的なディスコースという考えは、無意味なものとなるであろう。つまり、専門的な特権をもった者のみが物事の本質に達する道を指し示すことができるといったディスコースは、時代遅れの、無意味なものとなるであろう。ポストモダンで主流となっている観点からは、そのようなことは、あり得ないのである。
>
> （Cheney, 1989, p. 117）

このように考えるならば、セラピストの理論やフォーミュレーション（定式化）とは、「物事の本質に達する道を指し示す」ために特別な要求を出すディスコースの一例とみなすことができます。実際には、そのような理論やフォーミュレーションは、心理療法の会話における一つの声（意見）に過ぎないのです。ポストモダンな世界にあっては、あるひとつの観点が他より優れており、すべてを見渡す全知なる「神の眼」の視座を得るという考えは、幻想とみなされます。そのような考えは、もはや保つことができないのです。「無知」の原理は、知るという行為への解釈学的（hermeneutic）／解釈的（interpretive）アプローチのなかにも、暗に含まれています。

テクストを理解しようとする人は、同時に、自分に何か言い聞かせようとしている。これが、解釈学的に訓練された精神が、テクストのもつ新しさに最初から敏感に反応する理由である。ただしこの種の敏感さは、物事に対する「中立性」を意味するわけでも、自分自身を消し去ることを意味するわけでもない。そうではなく、自分固有の偏りを意識的にテクストと摺り合わせてゆくことで、テクストはそれ自身のもつすべての新しさを現前させ、読者のもつ意味に対抗してそれ自身の真実を主張できるようになる。

（Gadamer, 1975, p. 238. 邦訳は、本文を引用した Anderson & Goolishian, 1992 の邦訳書、野口・野村訳『ナラティヴ・セラピー』七〇頁による）

アンダーソンとグーリシャンは、「無知の姿勢」が解釈学的原理の心理療法への応用であると考えています。すなわち、「セラピストの興味をそそるのは、世界にひとつしかない物語的真実（中略）に触れたときである」（Anderson & Goolishian, 1992, p. 30. 前掲『ナラティヴ・セラピー』七〇頁）と述べています。そして、セラピストの理論と適合するパターンを、クライエントのナラティヴに見出そうとする試みは誤りであると主張しています。その試みは、「クライエントのストーリーのもつ固有性を無視し、さらには、クライエントのアイデンティティそのものを無効化してしまう」（Anderson & Goolishian, 1992, p. 30. 同七〇頁）になるとされるのです。

ホフマンは、この「無知の姿勢」のアプローチを用いるセラピストと関わった経験から、次のようなことを見出しています。

彼らの質問やコメントの特徴は、仮定的でためらいがちな点と長く続く沈黙にある。インタビュアーの声が小さすぎて聞き取れないこともよくある。彼らの発言には、「ということもあるのでは？」とか「もしそうだとしたら？」といった言い回しがよく見られる。

(Hoffman, 1992, p. 18. 同四六頁)

クライエントとのこうした関わり方のモードは、ホフマンによれば、「専門家としての自己を慎重に消し去ること」(Hoffman, 1992, 同四六頁)、それに代わってクライエントの側の「参加と創意を促すこと」(Hoffman, 1992. 同四六頁) といった効果があるということになります。

ガーゲンにとっては、社会構成主義的なナラティヴ・セラピィの究極的な目標は、「あるストーリィを他のストーリィで置き換えること」ではなく、「意味を創出し、変容する絶え間ないプロセスに関わるようにクライエントをいざなうこと」(Gergen, 1996, p. 215) です。言い換えれば、伝統や文化を形成する協働的なディスコースや会話に加わり、寄与することなのです。こうした観点にもとづく心理療法は、「自己」についての最終的で決定的かつ固定的な理解に到達するためのものではありません。そうではなく、「理解の途上にとどまり続ける」(on the way) ためのものとなるのです (Anderson & Goolishian, 1992. 同七二頁)。そこでのセラピストの役割は、「会話の芸術家、対話の建築家としての役割であって、その専門性は対話の空間を押し拡げ、対話を促進する点にある」ということになります (Anderson & Goolishian, 1992, p. 27. 同六四頁)。

近代社会において「セラピスト」であることは、「心的欠陥」という考え方を推し進めるシステムに属しているという意味を担ってきました。そのような経緯を鑑みれば、「無知の姿勢」という方略は、会話のスペースを拡げるためのひとつの契機をもたらすことになります。その結果、クライエントの欠点やセラピストの優位性といった神話は、もはや過去のものとなるでしょう。しかし、当然のことながら、この方略は、専門職の地位の基盤を脅かすものとなります。もしも専門職を特徴づける定義が、確固とした知の総体を思いのままに操ることであるのなら、どのようにすれば、「無知」であり同時に専門職たることが可能になるのでしょうか。このパラドックスを解決することが、社会構成主義的な心理療法を打ち立てようとする者にとって大きな課題として残されているのです。

8 ポストモダンなナラティヴ・セラピィにおける心理療法関係

心理療法のアプローチが異なれば、それに応じてクライエント－セラピスト関係も異なったものになりがちです。クラークソン（Clarkson, 1995）が示すように、心理療法関係についてのさまざまなイメージがあります。セラピストがクライエントと取り結ぼうとする関係のスタイルは多様です。そして、それらのスタイルは、語り手としてのクライエントとの関係においてセラピストがどのような役割を演じ、課題を成そうとするかによって異なってきます。

あるセラピストは、あくまでも「聴き手」の役割をとり、耳を傾けることに集中してクライエントに語る機会を与えようとします。あるセラピストは、もう少し踏み込んで「目撃者」となり、クライエントの経験の正当性や現実性を認めるという文化的な役割を果たそうとします。あるセラピストは、「監督」となり、クライエントがストーリィをもっとも有効に語る方途を見出すよう援助しようとします。あるセラピストは、「編集者」となって、クライエントのナラティヴを部分的に削除したり移動したりすることで、意味を通りやすくしようとします。あるセラピストは、「通訳」となり、クライエントのストーリィを他の「言語」（たいていは心理学的言語）や概念システムへと翻訳しようとします。また、あるセラピストは「共著者」となり、物語行為の相互プロセスの一翼を担います。このようにナラティヴ・セラピィの観点からは、セラピストの、さまざまな役割が生み出されます。以上に挙げたのは、それらを表わすメタファーの一部です。

ただし、これらの心理療法関係のモデルは、援助専門職であるセラピストやカウンセラーと、その種の「援助」を求めて訪ねる人びと（クライエント）との関係性の一面のみを捉えているに過ぎません。結局、それらは、専門職の立場から捉えた一面的なものなのです。従来の心理療法関係のイメージは、セラピストが用いるカテゴリやアイディアを反映しているに過ぎないのです。一方、社会構成主義的観点からは、セラピストによる心理療法関係の理解を特別視する必要はないということになります。むしろ、心理療法で出会うという社会的現実がクライエントとセラピストの双方によって「共同構成」されたものになることが重要となります。もし、本当にそれが「共同構成」されたものならば、クライエントによる心理療法関係の理解は、セラピストによるそれと比べて何ら劣るものではないということになります。このような観点に立つならば、心理療法関係にしっかりと関与しようとするセラピストは、そこで支配的となっている優勢なストーリィ（White & Epston, 1990）に接近し、それを適用しようとします。心理療法の歴史を振り返れば、今まさにクライエントの視点を尊重しようとする状況に近づいているのです。したがって、心理療法関係の特質をクライエントの立場から探求することは、従来にも増して実り多いものとなっていくでしょう。構成主義的な観点からは、ガーゲンが指摘するように「セラピストを卓越した知者とみなす近代的な見方」はほとんど意味をなさないことになります（Gergen, 1996, p. 214）。

ここまでの議論において社会構成主義的なナラティヴ・セラピィの目指すものが見え隠れしていました。まず明らかになったこととして、ポストモダンなナラティヴ・セラピィには、クライエントや患者を「治療」したり、「改善」したりするための手引きというものがありません。多くの人びとにとっては、単に自らのストーリィを語る場があり、そこでそのストーリィを尊重され、受け止められることが計り知れない自己肯定感を得る経験となります。この事実を肝に銘ずる必要があるのです。もちろん、実際には、ストーリィを受け止められることが難しいクライエントもいます。たとえば、クライエントが自らのライフ・ストーリィを完全に受け入れることを求めたとして、そのストーリィが歪んでいたり、偏っていたりする場合には、調整し、修正することも必要となります。そのような人びとに対する心理療法の適確な目標は、「その人びとが生きてきたストーリィ」の機能を振り返り、微調整や再編成に導くことです。また、自己や他者に対して破壊的に作用するライフ・ストーリィに囚われている人びともいます。そのような人びとは、従来とはまったく異なる新たなストーリィを作り出したいと願っていることも稀ではないのです。

9　結び──ポストモダンなナラティヴ・セラピィの形と構造

ポストモダン思想とナラティヴ理論が手を組んだことから、新たな実践形態が次第に現われてきています。このような動向がもつ包括的な意味は、メイヤーによって的確に示されています。彼は、次のように述べています。

話すという行為、お話を物語るという行為は、いずれもある種の戦闘行為である。私たちは、自らの存在を賭し、自らの居場所を日の下に得るために闘わねばならない。私たちは、いつまでも静かで穏やかな世界に座して、眼の前に広がる光景を淡々と描写するために言葉を弄する訳ではない。私たちは、自分たちの子どもに対してストーリィを語り、住まうストーリィ世界を創出する。私たちが語るストーリィのなかには、物事が思い通りには進まないことが明白になったときに、役立ってくれるものもあれば、機能しなくなるものもある。もしも、あるストーリィや、それにまつわる他のストーリィがうまく機能しなくなると、私たちは困難に陥る。したがって、私たちに欠くことのできないストーリィは、単に気楽な娯楽の対象だけではない。私たち自身が子どもになって、子どもの気持ちでストーリィを語り、そして聴くことが大切なのである。そうすると、私たちは、あたかも世界の暗闇に押し出されるかのようである。自分が住まう世界を創り出し、常日頃からストーリィを紡ごうとしている。その結果、自分自身や取り巻く世界は、絶えず再生され、語り直され、改定されることになる。つまり、私たちはストーリィの只中で、自分を創り出すと同時に、創り出される存在でもある。

(Mair, 1989a, pp. 279–280)

セラピストであるメイヤーは、この世界に生きる苦しみについて、他の論者に比較して多くを語っています。近代社会にあっては、ケアの伝統や人間の尊厳が市場経済のなかで蝕まれています。そして、セラピストは、彼の言うところの「二重生活」を生きるように強いられています。つまり、「通常の慣例に従っている公共的な世界と、秘密や不安に満たされた陰の世界の両方を生きなければならない」ということになるのです(Mair, 1989a, p. 281)。不確実性の時代における心理療法は、戦いに似た営みになることも珍しくはありません。そこでは、クライエントに何らかの効果をもたらす方途が探られ、彼らの生を勝ち取る任務が目指されます。

ガーゲンは、「ナラティヴは、主として社会的な相互交換のなかで有用性を発揮する」と述べています(Gergen, 1996, p. 217)。つまり、ストーリィとは、「状況にはめ込まれた行為」なのです。ストーリィは、関係性を取り結び、集団や制度に整合一貫性を生み、社会生活を理解可能なものにします。心理療法は、物語行為や再著述行為の舞台を提供します。それは、人びとが生きるストーリィを見直すための場となります。では、どうしてそのようなことが起きるのでしょうか。次章では、このプロセスを検討していくことにします。

第6章 ナラティヴ・セラピィのプロセス
――〈意味〉を引き出す方略

物語作者は、その語ることを経験からひき出してくるが、それは自分自身の経験であることもあるし、報告された経験ということもある。そして、それをまた、彼の話に耳をかたむける人びとの経験とする。(Benjamin, 1969, p. 87；高木久雄・佐藤康彦訳『文学の危機』ベンヤミン著作集第七巻、晶文社、一九六九、一八五頁)（表題：物語作者）

近年、心理療法の研究や理論においては、〈プロセス〉と〈効果〉(outcome) を区別して用いることが増えてきています。〈効果〉といった場合、心理療法の一セッション、心理療法の全体経過、セラピストによる介入手続きの結果、クライエントがそこから享受した利益の意味が込められています。他方、〈プロセス〉とは、心理療法で実際に起きていること、すなわち実際の行動や行為、セラピストとクライエントとの相互作用を意味します。要するに〈プロセス〉とは、〈効果〉を生む源といえます。その意味で、これまでに心理療法の理論家、研究者から、膨大な種類のプロセス要素が見出されてきています (Orlinsky et al., 1994 参照)。

しかし、このように心理療法のプロセスと効果を区別することには批判もあります。〈効果〉として定義されることが、同時に〈プロセス〉でもあり得るというのが、批判の根拠です。たとえば、解釈を伝えるような介入のプロセスは、クライエントの洞察（つまりは効果）につながります。しかも、洞察という、その瞬間の経験自体は、認知的・感情的・対人的プロセスでもあるのです。

心理療法で〈プロセス〉と言うときには、他の意味もあります。それは、クライエントとセラピストとの間で共有される体験のことを指します。それは、双方の間に人工的ではない、自然な交流が生じ、感情、思考、関係性が絶え間なく移り変わる経験です。このようにプロセスを捉えると、心理療法のプロセスを研究して理解するということは、この体験の流れを概念化させる道筋を見出すこととなります。本章では、プロセスについての、この二番目の定義を採用してプロセス研究を論じることにします。それによって心理療法の参加者は、現在心理療法過程において生じつつあることや、これから生じるだろうことを予見できるようになります。それは、研究によってプロセスを理解できるようになる成果といえるでしょう。さらに、自ら望むように意図的に心理療法での行為を形作ることもできるでしょう。たとえば、もっとも広範に研究されてきたプロセス概念に、〈共感〉があります。ここに、他者の世界と共感的に関わるプロセスについて理解しているセラピストがいたとしましょう。そのセラピストは、クライエントの生育歴を聴取していて幼児期の問題歴や喪失経験に関する事実関係を知ろうとしています。そのような場合、有効な面接技法として、共感的反射をするよりも、クローズド・クエスチョンで事実関係を質問していくことが、一般的には望まれます。しかし、もしもクライエントが、それらの幼児期の出来事の意味や情緒的意義を探求したいと思うならば、共感的反射が適切な対応となります。クローズド・クエスチョンを用いれば、クライエントが望むプロセスは却って阻害されてしまうでしょう。

ところで、心理療法プロセスを理解するためには、一つ大きな問題があります。それは、心理療法の内で生じた出来事は、心理療法の外で起きた出来事とあらゆる点で相互に結びついているということです。そのため、何をもって、一つの経験として区切るのがよいのかを判別しがたいのです。どのような分類や分析のシステムであっても、ある程度の恣意性と過誤が避けられないことはいうまでもありません。しかし、それでもなお、心理療法のプロセスを包括的に理解するためには、以下の四種の時間枠（time frames）を考慮することが求められます。この点については、意見の一致がみられていると思われます（Elliott, 1991を参照）。

（1）**発話ターン（相互作用ユニット）**：一方の話者による応答。もう一方の話者の発話によって引き起こされる。

（2）**エピソード（トピック／タスク・ユニット）**：話者間で共有されたタスクやトピックにもとづいてまとめ上げられる一連の発話ターン。

（3）**セッション（生起ユニット）**：心理療法上のタスクに取り組むためにクライエントとセラピストが会う、時間制限的な状況。

（4）**心理療法（関係性ユニット）**：心理療法関係の全体経過。

第一に、〈マイクロ・プロセス〉があります。これは、時々刻々とセラピストやクライエントが経験し、行為することと結びついています。たとえば、セラピストによる解釈は、マイクロ・プロセスの一例でしょう。第二に、クライエントとセラピスト間の相互作用があります。これは、心理療法のセッションにおける、一つひとつの〈出来事〉として同定できます。たとえば、ストーリィを語ることは、一つの出来事とみなせるわけです。第三に、これらの出来事をいくつか結びつけた、より長い連鎖や〈周期〉を見出すことができます。最後に、さらに長い期間の包括的なプロセスがあります。これは、心理療法の出会い全体に及んでいます。

ナラティヴ理論は、これらの心理療法プロセスを解明するために、数多くの新たな方途を開発してきました。しかし、こうした目的でのナラティヴ概念の適用は、物語ることをある種の行為として理解して初めて可能になるものです。語り手も聴き手もいないストーリィは、あり得ないのです。ランジュリエは、個人のナラティヴに関する理論や研究を概観したうえで、ストーリィを単なる言語的テクストとみなすことが不適切であると論じています。彼女によれば、「ストーリィは、物語ることを意味している」ということになります（Langellier, 1989, p. 49）。そのため、ストーリィの語られ方に加え、聴き手の反応やコンテクスト的な要素を理解することが重要になってきます。物語るという行為は、会話による相互作用として理解されます。そこに現われるナラティヴは、語り手と聴き手によって共同構成（co-constructed）され、あるいは集団によって協働構成（collaboratively constructed）されたものです。けれども、ランジュリエの言うストーリィの行為とは、一人の（あるいは幾人かの）語り手と聴き手との間に生じる直接的な相互作用という意味のみに留まるものではありません。彼女の提起によれば、「個人的なナラティヴを語ることは、社会において何事かを為すことである」ということになります（Langellier, 1989, p. 261）。こうした物語行為の社会的な影響力の向こうには、政治的な次元が広がっています。あるストーリィが正当であって、他のストーリィがそうではないということがあり得るでしょうか。また、個人的なナラティヴを語ることが危険な場面もあります。ストーリィの信憑性は、力、統制、権威の要素に左右される可能性があるのです。

このように物語ることは、対人的、社会的、政治的行為の諸相としてみることができます。このことは、社会言語学やコミュニケーション研究の分野で広く研究されてきています（Finnegan, 1992 ; Langellier, 1989 を参照）。残念なことですが、心理療法における物語るという行為を解明するために、これらの観点を適用した著作はほとんどみあたりません。そこで本章では、心理療法プロセスに関する既存概念を参考としつつ、新たな領域として社会言語学やコミュニケーション研究の成果も取り入れて物語ることの意味を検討することを試みることにします。

1　心理療法のナラティヴが伴う社会的・政治的コンテクスト

心理療法の文化的実践としての位置づけについては、第1章で幅広く吟味しました。そこで明らかになったのは、面接室とは、いくらか特異な物語行為のための舞台を表わしているということでした。つまり、クライエントは、自ら選んだ私的なストーリィならばどのようなことでも語るよう促されます。

ターナー（Turner, 1982）は、心理療法が生み出すこうした文化的空間を、他のもっと伝統的な癒やしの形態になぞらえています。それは、人びとが住まう文化や社会の周縁部という、いわば〈境界〉（liminal）に位置づけられます。往々にして心理療法で語られるストーリィは、それ以外の日常生活では語り得ないものです。〈沈黙〉させられるという経験、ないしは〈沈黙〉を強いる社会状況が多くの人びとを心理療法に招じ入れていることについては、すでにこれまでの章で述べてきました。そして、心理療法が実践されているということは、（他の心理療法的なディスコースの喩えを借りるならば）〈文化的な孤島〉や〈移行空間〉を創る必要があるという意味をもつことが明らかとなってきました。それらが創られることによって、クライエントや患者は、苦痛な感情や体験を吟味できるだけの安全な環境を手に入れ、自分の人生におけるさまざまな出来事を内省することが可能になるのです。

従来、数多くの著作家が指摘してきたように心理療法は、ある一定の枠組みのなかで行なわれるものです。しかし、社会構成主義的な観点からは、この枠組みの性質や、この枠組みが伝えるメッセージについても、批判的に問題視する眼差しを向ける必要があります。主流にある大半の心理療法アプローチでは、セラピストは聴き手に徹していて、自身の私的なストーリィを伝え返すことは稀です。そして、クライエントや患者が何を言おうとも、中立的な立場を厳格に保とうとします。同時にまた、セラピストはクライエントから「きちんとした社会の一員」と目されています。そうした人物による承認は、通常は歓迎され、重きを置かれやすくなっています。さらに、典型的な心理療法は、プライバシーと守秘が保たれる状況下で行なわれます。

社会構成主義やポストモダン思想に想を得たセラピストは、これらの慣例的な心理療法の枠組みを成り立たせている前提に疑いの目を向けます。たとえば、クライエントが、セラピストの価値観やイデオロギーから影響を受けることは、まず間違いないことです。そこで、社会構成主義の観点に立つセラピストは、それらについてのセラピストの見解を、心理療法の当初から明確にしておくことが望ましいと考えます。さらにまた、密室性が高い私的な空間を設えることは、クライエントのストーリィがもつ社会的・政治的次元を排除し、中和する結果をもたらすことになるという点にも留意します。

2　ナラティヴ・セラピィの全体プロセス

これまでの章でも、ナラティヴ・セラピィを論じてきました。その際、クライエントとセラピストが、心理療法の作業を通じて一連の活動の段階や局面を進んでゆくという暗黙の前提がありました。すなわち、その第一段階は、クライエントが自らのストーリィを語るということです。第二段階では、そのストーリィとは異なる、新たなバージョンのストーリィが現われてきます。ストーリィには複数の語り方があり得ることに気づくにつれて、〈それまで身にまとっていた〉古いナラティヴが脱構築されます。そして、その古いストーリィに比較して、より満足のでき、有意味で寛容なストーリィがクライエントに適用されるようになっていきます。最後には、この新たなストーリィが試され、面接室の外の人びとに対して語られ、宣言されるようになります。その結果、そのストーリィは、そのクライエントの現実の対人関係世界における一つの特徴となっていきます。

語り、脱構築、適用、宣言というこれらの四段階は、心理療法で生じることの理想化された全体像を表わしているといえるでしょう。もちろん、実際には、これほどまでに整然と心理療法が進むことは稀です。しかし、始めから終わりまで、ナラティヴ・セラピィの全体的プロセスについてモデルを理解することは、意義があることです。心理療法の全体像は、一回のセッションや、瞬間のプロセスが、積み重なって成り立っています。モデルとは、こうした細かなレベルで、心理療法の進行を意味づけるためのコンテクストを提供するものであるからです。

3　一セッション中のプロセス

心理療法のセッションにおける一連の流れのなかで生じる行為に焦点を当てると、クライエントの語るストーリィがいかにその中核にあって重要性をもつかが際立ってきます。一つのセッションにおけるクライエントの語りには、複数の〈ストーリィ〉が同定されるのが、一般的です。そして、これらのストーリィの間には、明らかに物語行為とは異なるディスコースのエピソードが存在します。したがって、一つのセッションは、ストーリィ・モードへ出たり入ったりする循環的な運動から成り立っているとみなせるでしょう。この様は、〈問題〉の内実をセラピストに向けて表現しようとするクライエントの意図が、あたかもクライエントを突き動かして、その〈問題〉を具体的に表わすストーリィを語らせるかのようです。つまり、ストーリィとは、人生でこれまでに生じてきた諸々の事柄を、クライエントが余すところなく伝達するための、最善の方法なのです。そのため、ひとたびストーリィが語られた後には、そのストーリィの意味を（心理療法の参加者双方が）明らかにするための内省のときが訪れます。

この局面では、曖昧だったストーリィの一部分が明確にされ、それまでに語られていた他のストーリィと結び付けられていきます。内省は、洞察のモーメントと関わっているように思えます。クライエントが行き詰まりを打破し、新たな理解に至るのは、まさにストーリィを語っている最中ではないといえます。通常、クライエントが新しい理解に至るのは、むしろストーリィの意味を解明する、この段階においてではないでしょうか。ただし、意味を模索しながらも、〈問題〉のいくつかの側面は、理解しきれないままに残されることも、よくあることです。そして、これらの未解決の経験についてやり取りしようとする圧力が高まると、さらにまた別のストーリィが呼び起こされることになるのです。

心理療法のセッションを通じてストーリィへ出たり入ったりを繰り返す循環的プロセスが存在するという発想は、ジェンドリン（Gendlin, 1969）やブッチ（Bucci, 1993, 1995）の功績に端を発しています。パーソン・センタードの観点からジェンドリンは、心理療法で意味が創出される際に、身体的な内なる〈フェルト・センス〉が果たしている役割を描き出しました。ジェンドリンによれば、どのような状況、関係性、葛藤であっても、人間の活動の暗黙的な意味は、それらの活動と結び付けられた一群の感じ（feeling）の内に位置づけられるということになります。そのため、たとえばある状況のもつ意味を意識化したり、他者に意味を伝えたりするように、こうした意味を顕わにするためには〈フェルト・センス〉が象徴化されなければならないのです。象徴化は、身体運動や音楽を介しても引き起こされます。しかし、たいていの場合は、ことばやイメージという形をとります。もしもフェルト・センスが正確に象徴化されたならば、〈真実性〉（「そうだ、これこそまさに、そのすべてを表わしている……」）を経験することになります。そして、それまで象徴化されていなかった感情の領野に、表出の道筋が開かれます。こうした領野は、その瞬間までは、過去に中枢を占めてきた感情や意味の流れによって覆い隠されていたのでした。こうした心理療法セッションにおけるストーリィの循環プロセスは、ナラティヴ的な観点からも同様に描かれています。ただし、そこでは、体験される意味の象徴化は、主にストーリィを語ることを通じて引き起こされると考えられています。もちろん、ストーリィというコミュニケーション形態は、フェルト・センスの多様な側面を総合的に表出するための構造を提供するものです。

ウィルマ・ブッチ（Wilma Bucci）が開発したプロセス・モデルは、精神分析理論と認知心理学理論の統合を特徴としています。彼女によれば、クライエントのストーリィは、情動的でイメージ優位なプロセスと、省察的（reflective）で認知的なプロセスという二つの情報処理プロセスを橋渡ししています。彼女のモデルには、これらのプロセスの諸局面がセラピストの技術や技芸によって効果的に促進されるという意味合いが暗に込められています。セラピストは、ストーリィが十分に語られ、そのストーリィの意味が十分に引き出されるように、セッションを形成し、構造化させます。

そうしたセラピストの手立ては、オマー（Omer, 1993a）によってナラティヴ的観点から提起されています。彼は、心理療法のセッションや一連の介入を、始まりと中間と終わりのあるドラマとみなすことが有効と考えました。こうしたドラマを通じて生み出される新たな理解や洞察のもつ影響力は、その過程で得られる情動強度のレベルに左右されるところが大きいということになります。情動強度と、それが伝えるメッセージの影響力がどれほど高められるかは、心理療法セッションの構造によります。そして、セラピストは、自身の意図に関わらず、この構造化をし得る立場にあるのです。たとえば、セッションによっては、情動強度が徐々に高まって進行し、終盤近く（あるいは一連のセッションの最後に）でクライマックスに到達する場合があるでしょう。また、危機介入をしているような他の場面では、セッションの始まりに強度のピークがあり、徐々に弱まっていくこともあるでしょう。あるいはまた、ゲシュタルト療法の二つの椅子のワークは、対話的プロセスを通じて、情動強度をあえて高めるものです。ここで重要なポイントは、熟練したセラピストならば、強力なストーリィを語らせることも、記憶に残る意味をそこから引き出すことも、ともに促進できる心理療法の形態や進め方を会得しているということです。

西洋医学には、〈医師〉とは決められた時間に約束したうえで会うという前提があります。そして、ほとんどのセラピストは、医師モデルに慣れ親しんでいます。しかし、ドラマティックに情動的なカタルシスを引き起こす物語行為を目論むならば、こうした前提が足かせとなることがあります。ウィルソン（Wilson, 1988）が紹介した、ベトナム帰還兵のPTSDへの〈文化横断的〉アプローチを例に考えてみましょう。このアプローチは、伝統的なアメリカ原住民に広まっていた癒やしと浄化の儀式から、着想を得ています。それは、戦闘から戻った戦士を、地域共同体に再統合するために用いられていました。ここでは、特にラコタ・スー族のスウェット・ロッジ（Sweat Lodge）浄化法という儀式に着目します。この儀式では、まず、スウェット・ロッジと呼ばれるドーム型テントに、七人から二十人ほどの男が集められます。その中央に開けられた穴には、テントの外で火に焼かれた石が投げ入れられています。儀式の参加者は、穴を囲んで寄り集まり、あぐらをかいて座ります。石からは強い熱が発せられており、テントのなかを照らす灯りは、唯一その赤光のみです。そのような状況で、まじない師やシャーマンが一団を儀式に誘います。男たちは、順繰りに祈りを捧げ、私的な心配事や願い事を語り、他の者とそれを分かち合います。この状況は、閉所恐怖を呼び起こし、いたたまれなくなった者は逃げ出したい思いに駆られます。さらには、他者の存在や声を意識すると同時に、極度の自己覚醒（self awareness）の感情を招きます。これは、強力に情動を喚起させられる体験です。

ジェンドリンやブッチをはじめとして、心理療法についての著述家が見出したところでは、クライエントは二つの位相を行きつ戻りつしています。一つは、自発的ではありますが、あまり内省的ではない語りや自己開示であり、なんらかの気分や情動が随伴されているという特徴を示す位相です。もう一つは、より認知的にコントロールされた熟考や自己分析の位相です。ウィルソン（Wilson, 1988）が紹介した浄化の儀式も、同様の説明が可能でしょう。第5章で概観したマクマレイによる哲学的な着想を振り返ると、こうしたプロセスは、もっと一般的な枠組みのなかに位置づけられます。彼は、人という概念には、そもそも、他者との関わりにおける行為という含意があると提起しました。つまり、行為や関係性が、人間の一義的属性であるとみなしているのです。静的な実体である「個としての自己」という概念は、経験に対する知的内省を通じて現われるものではありません。しかし、それだけでは、人たることの本質を十分には捉えていないという指摘です。マックマレイの思想を心理療法プロセスに適用すれば、能動的で意図をもち、関係に生きる人間は、あたかもストーリィを通じて互いにコミュニケートしているかのようです。そのストーリィは、心理療法の時間中に語られたものであり、また賦活されたものです。クライエントとセラピストにあっては、こうしたストーリィに意味を見出す能力が必要となるわけです。ただし、心理療法では、この認知的な〈意味づけ〉のみでは不十分です。なぜならば、人間にとっては、分かる（realize）ということは、他者との関係における行為を通じてはじめて可能になるからです。

第2章では物語ることやナラティヴのもつ〈認識様式〉としての性質を探求しました。ストーリィという言語形態は、さまざまなことを伝達します。それには、意図、目的、因果、語り手の〈主観的世界〉、社会的コンテクスト、関係性、通常性と逸脱性との対比、生起した出来事とそこからもたらされるモラルなどが含まれます。そのため、良質なストーリィは、膨大な意味を伝達し、またその可能性を秘めているのです。マクマレイの表現を借りるならば、「人間であることの意味とは、ナラティヴを通じて伝達し得るもの」ということになるでしょう。実際のところ、私たちは、ストーリィを語りながら、「自ら知る以上のこと」を語っているのです。そのため、ストーリィは、さまざまに異なる聴き取られ方や読み取られ方をします。そこで、読み手や聴き手による働きかけがなければ現出しない意味をも伝えるということも、ストーリィの特徴となります。たとえば、日々の生活で、私たちが互いに語り合うストーリィの意味は、ごく限られた程度にしか現出されません。それとは対照的に、文芸批評では、一つの小説や詩に込められた意味についての新たな解釈が、何世代にも渡って、研究者によって生み出され続けています。

心理療法でも同様なことが生じています。つまり、セラピストとクライエントは、クライエントの語るストーリィを意味づけるための協働作業をしているのです。セラピストの聴き方や読み方によって、あるいはセラピストの働きかけによってはじめて現出してくる意味があるのです。したがって、心理療法の中核的な課題は、意味の導出となります。セラピストとクライエントがいくら拾い上げても、ストーリィには、常にそれ以上の意味が残されます。また、クライエントが早々に他のストーリィを語ることを求めたために、語られたストーリィが伝える意味の大半が流されていくこともあるでしょう。あるいは、クライエントが表向きに語るストーリィは、一種の殻であり、その内側には他のストーリィのバージョンが、語られずに覆い隠されていることもあるでしょう。いずれにしろ、ストーリィが意味することのすべての側面に渡って、セラピストが敏感であるというわけではありません。

こうした状況においてクライエントには、ストーリィを再び語り、もしくは少し言い換えてみる機会が与えられます。その結果、要点が通じることもあれば、クライエントが諦めてしまうこともあるでしょう。いずれにしろ、ストーリィを語り直すことによって、その都度、潜在的にはいくつかの心理援助的なプロセスが働きます。第一には、ストーリィが語り直されれば、セラピストとクライエントの双方にとって、その意味を聴き取り、理解する機会が再び与えられるということが生じます。第二には、ペネベイカー（Pennebaker, 1993b）が一連の研究で示したように否定的で困難な情動（たとえば怒り、恥、罪悪感、絶望感）をストーリィの形で語って表出し、それによってこうした気分の苦しさが和らぐことが生じます（この現象については、第4章で詳述しました）。第三には、ストーリィを語ることには、そのストーリィが〈語るに値する〉理由についての考えが常に含まれています。すなわち、ブルーナーが呼ぶところの、語り手が感じる「通常性からの逸脱」が伝達されるのです。最後に、ストーリィは、このように伝達される緊張状態からの解放を模索します。そして、その模索の結果として、緊張状態の解決が進むのです。つまり、どのようなストーリィも、問題解決の企てとなるのです。

4　ナラティヴのミクロ・プロセス

心理療法で刻々と生起するミクロ・プロセスは、セラピストの視点からも、クライエントの視点からも眺めることができます。これまで、クライエントとセラピストのミクロ・プロセスは、刻々と進行する心理療法中に双方が行なっていることの分類や一覧を作ることによって、解明が試みられてきました。セラピストとクライエントがどのように反応しているかについてヒルらのグループが作ったリストは、この種のアプローチの典型です(Hill et al., 1989)。そこに挙げられた諸反応は、ナラティヴ・アプローチに依拠して再定式化することができます。たとえば、セラピストの言語的反応は、下記のように分類可能です。

【承認】 情緒的サポート、承認、再保証、あるいは再強化の提供「クライエントのストーリィの受容と是認」

【情報提供】 データ、事実、あるいはリソースの形式による情報提供。心理療法プロセス、セラピストの行動、あるいは心理療法の設定（時間、料金、場所）と関わる情報も含む。

【直接的ガイダンス】 クライエントがセッション内外でなすべきことをセラピストが示す、指示や助言。「物語行為のプロセスの構造化」

【クローズド・クエスチョン】 データや、ある種の情報の収集。クライエントの反応は、限定的に特定される。「ストーリィの充塡」

【オープン・クエスチョン】 クライエントに対する明確化や説明の促し、もしくは要求。ナラティヴ的観点からは、オープン・クエスチョンは、ストーリィを語るよう促し、ストーリィの諸要素に込められた意味を探索するために活用できる。

【言い換え】 クライエントが言語的・非言語的に伝達しようとしていることの反射、もしくは要約。クライエントの言ったことを〈超え出た〉言い換えは禁物である。その他、クライエントの発言に対して新たな視点や理解を付加したり、クライエントの行動に対して説明を提供したりすることも、慎むべきである。この言い換えに含まれるのは、発言内容の言い直しに加え、感情や非言語的徴候や要約の反射などである。ナラティヴ・アプローチを採るセラピストは、ストーリィに聞き入っていることをクライエントに伝え、あるいは、ストーリィの特定の側面に焦点化を試みるよう、望むかもしれない。

［解釈］　クライエントが表面的には認識していることを超え出て、その理由や、オルタナティヴな意味、さらには、感情や行動、パーソナリティについて新たな認識枠組みを提供する。解釈することで、一見すると断片化されていた発言や出来事の間に、結びつきが生まれるだろう。防衛、感情、抵抗、転移が解釈される。また、行動やパーソナリティにおけるテーマ、パターン、因果関係が示唆され、現在と過去の出来事が関係づけられる。ナラティヴに着想を得た広範な介入は、ストーリィをさまざまなやり方で語り直すという大きな目標を目指している。ここで挙げた反応には、そうした広範な介入を含んでいる。

［直面化］　食い違い、矛盾の指摘。ただし、そうした食い違いが生じる理由は伝えない。食い違いは、さまざまな場所で起きる。ことばと行動との間で起きることもあれば、クライエントが話した二つの事柄の間や、クライエントとセラピスト二人の認識の間で起きることもある。これをナラティヴ・セラピィにあてはめて考えると、一つのストーリィには、互いに対立するバージョン間に緊張状態や不調和が生じる。クライエントは、この状態を解消するように促される。

［自己開示］　感情や個人的経験の相互共有。セラピストは、自分自身のストーリィを提示する。そのもとになるエピソードは、心理療法に関わるような私的なライフ・ストーリィから引き出されたり、心理療法上のメタナラティヴによって形成されたりする。あるいは、神話などの文化的資源から引き出されたものもある。

（Hill, 1989. 傍線部は、筆者）

クライエントの言語的反応は、下記のように分類可能です。

【単純応答】 短く、限定されたフレーズ。セラピストの発言に対する同意、承認、賛意を示す。あるいは、反対や否定を示す場合もある。また、セラピストの質問に対して限定的な情報や事実で簡単に応えることも含まれる。

【要求】 情報や助言をセラピストから得ようとしたり、当該の問題を解決するための責任の一端をセラピストに担わせようとしたりする試み。

【描写】 問題に関わる生育歴や出来事、事件について、物語行為やナラティヴ的な様式に沿って言い表わすこと。たいていの人は、感情的反応について伝えたり、問題を理解・解決したりするよりも、何が起こったかを描写する方を好むようである。ナラティヴ的な観点からは、この種の基礎的な物語行為は、心理療法の基盤を成す礎石と考えられる。

【体験】 自己や問題に関する感情、行動、反応の情緒的側面についての探索。ただし、因果関係についての理解を伝えることは含まない。ナラティヴの感情的・情動的要素を示す。

【クライエント－セラピストの関係性の探求】 セラピストや心理療法場面に関わって生じた感情、反応、態度、行動。「心理療法で生じていること」について共有できるストーリィを構築することを表わしている。

【洞察】 クライエントが納得し、テーマやパターンや因果関係を見出せるようになること。これは、自身の行動やパーソナリティのほか、他者の行動やパーソナリティを理解の対象とし、しばしば「なるほど！」といった表現で示される性質をもつ。ストーリィや、複数のストーリィ群に内在する意味を内省するプロセスを表わしている。

【プランの吟味】 行為指向的なプランや意思決定、将来の目標、考えられるプランの帰結。クライエントは、問題解決的な態度を示す。心理療法には、新たなストーリィを他者に対して実際に検証する要素が含まれることを表わしている。

【沈黙】　セラピストやクライエントの発言の間や、クライエントの単純応答の直後に生じる四、五秒間の休止。

【その他】　クライエントの問題とは無関係な発言。たとえば、雑談、天気・出来事についてのコメントが含まれる。

（Hill, 1989. 傍線部は、筆者）

ナラティヴのプロセスを理解するためには、単にセラピストとクライエントの行動を列挙するよりは、セラピストの意図に着目する方が有益であるといえます。その場合、セラピストの意図とは、特に心理療法で、主としてナラティヴ的な出来事やプロセスを促すよう目論む意図のことです。そのようなセラピストの活動は、四つのカテゴリーに大別されます。すなわち、構成（construction）、脱構築（deconstruction）、再構成（reconstruction）、リハーサルです。こうした活動や意図は、上述したナラティヴ・セラピィの四段階である〈語ること〉（telling）、〈脱構築すること〉（deconstructing）、〈適用すること〉（adopting）、〈宣言すること〉（proclaiming）に対応しています。

（＊ construction を構築と訳すと、構築主義と混同される恐れがあるので、ここでは構成と訳したい。しかし、deconstruction の邦訳としては、脱構築のほうが定着しているので、ここでは構築を用いる。訳者註）

5　ストーリィを語るという作業

セラピストは、クライエントが自らのストーリィを語ることを援助するためにさまざまな作業をします。オープン・エンドな質問、傾聴スキル、適切な姿勢などは、クライエントが人生上の重要な経験を物語れるよう促す手段の、ごく一部です。セラピストのなかには、クライエントのライフ・ヒストリィや、より包括的なライフ・ストーリィをつなぎ合わせるために、アセスメント・インタビューを用いる者もいます。この他、ストーリィを浮かび上がらせる手法は、いくつか考えられます。たとえば、セラピストが理解したことを伝え返す〈反射〉は、クライエントがそれまでに語った断片的ストーリィが理解され、意味づけられていることを再保証するための一手法です。これによって、クライエントは、〈もっと話す〉よう促されることになります。あるいは、断片的な行為の前後に生じたことを尋ねるのも有効でしょう。ただし、上記の手法は、うまく機能している文化的グループに属するメンバーならば、ふつうに見聞きする単純な会話上の方略といえます。

さらに、ストーリィが語られるよう促す〈専門的〉な方法もあります。たとえば、筆記による課題（投映法を含む）や、演じさせる技法、誘導ファンタジー、読書、玩具など遊具の活用、音楽の活用などです。また、精神分析で用いられる夢の報告や自由連想法は、クライエントがストーリィを作り出すことを狙った技術といえるでしょう。

このようにセラピストは、クライエントがストーリィを語れるよう助け、促すわけですが、そのために用いられる対応はさまざまです。ただし、どのような対応であっても、そこでのセラピストの役割は、決して中立的とはいえません。対応の種類に関わらず、立ち顕れたストーリィは、クライエントとセラピストの両者による協同構成産物なのです。上述したヒル（Hill, 1989）によるセラピストの対応リストには、セラピストの反射という行為も含まれていました。これも、ナラティヴの共同構成に際しては、微細ではあるものの、強力なプロセスとして働いています。仮にクライエントがある種の出来事について語り、そのストーリィを語り始めたとしましょう。それに応じたセラピストが語りの内容的、感情的側面を反射すれば、ストーリィのうちでも、特にそれらの要素に自ずと焦点が当たり、その部分が促されます。つまり、セラピストは、ときには、〈コーラス〉を演じているとみなすことができます（McLeod & Balamoutsou, 1996）。なぜならば、セラピストがストーリィのある種の側面を受け止め、映し返すときには、特有の共鳴が生じているのです。

スペンス（Spence, 1982a）の指摘するところでは、精神分析に訪れたクライエントは、〈自由連想〉を教示されます。そこでは、意識に上ったイメージ、思考、空想については、それがどんな内容であっても口に出して表現するように求められます。精神分析以外の心理療法を受けるクライエントならば、この種の行為をあからさまに求められることはないでしょう。精神分析では、クライエントの語りに向けて、このように明確な導入が行なわれるのです。しかし、それでもなお、発話に一貫性が欠けたり、まとまりを失ったりする局面は避けられないのです。心理療法の場面で、こうしたことが特に生じやすいのは、おそらくクライエントが〈ことばを失った〉ときや、あるいは初めて思いついた不慣れなアイディアを表現するためのことばを見つけようとして、模索しているときではないでしょうか。このような場合のセラピストは、〈平等に漂う注意〉を維持するのではなく、「そこで語られていることを意味づけようとして必死にならざるを得ない」とスペンスは指摘しています。

> クライエントの発言を、いくらかなりとも理解して心に留めるために、私たちはいくつもの作業をしなければならない。広範な背景を想像で補い、能動的で構成的なやり方で聴き入る必要がある。話に欠けたところを想像し、あいまいな言及には肉づけしなくてはならない。それ以外にも、患者が省略したことをこちらが補充しなければならない。
>
> (Spence, 1982a, p. 29)

「ストーリィを語る」という言い回しは、誤解を招きかねません。なぜならば、人はさまざまなコンテクストにおいてさまざまなストーリィを語るからです。私たちは皆、状況に応じてさまざまに異なる〈声〉を使って話すことができます。セラピストが果たす役割の一つは、こうした自己表出の多様性や生産性を高めることです。セラピストのなかには、ペンとフランクフルト（Penn & Frankfurt, 1994）のように、物語行為に伴うこの側面を非常に強調する者もいます。彼らのアプローチの主目標は、自己破壊的な一人語り（たとえば「おまえはどうしようもない奴だ」「人生の敗者で、まったく無能な奴だ」）のもつ力を減殺することです。そのためには、「他のもっと肯定的で自信に満ちた、歓喜の声を発見したり、作り出したりする」ことが大切になります（Penn & Frankfurt, 1994, p. 218）。彼らは、こうした目標に到達する方法として、さまざまな形態の筆記課題を提案しています。たとえば、日記、手紙、自伝、夢日記、詩、対話劇などです。クライエントは、セラピストとの対話を通して、古いストーリィに替わる新たなストーリィを見出していきます。そして、そのような新しいストーリィの声を書き出すことで、そのストーリィを〈表明〉してみるのです。さらに、書かれたものが貯まれば、それは、〈参与者のテクスト〉（participant text）となって多様な声や意味の存在を将来に渡って支え続けてくれることになります。

心理療法における物語行為のプロセスには、他の側面もあります。それは、ストーリィを語るときに伴う情動や感情の強さです。クライエントは、恐怖感や喪失感といった感情を再体験して、それに浸りきってしまい、語られたストーリィのナラティヴ的な筋道が覆い隠される場合もあります。あるいはまた、クライエントは、淡々と、〈客観的〉に、整い過ぎた口ぶりでストーリィを語る場合もあります。従来、こうした情動表出の問題は、心理療法の分野では、多大な関心を寄せられてきました。クラインら（Klein et al., 1986）による体験過程レベル、ライスとカー（Rice & Kerr, 1986）による声質の意義といった研究が、その代表となります。シェフ（Scheff, 1977, 1981）は、演劇批評の理論に依拠して、情緒的距離（emotional distance）という概念を用いています。情緒的距離の近いストーリィや演劇は、聴衆に生々しい情動を喚起します。逆に情緒的距離の遠い芝居は、聴衆の心には訴えにくいことになります。聴衆を圧倒するでもなく、かといって退屈させるでもない距離を示す演劇やストーリィは、これら対極の中間に位置づけられます。シェフは、セラピストの主要な役割の一つが、クライエントのこうした情緒的距離の取り方をモニターし、必要に応じて制御、調節することにあると考えています。この役割によって、クライエントは、〈抑圧された〉感情を表出することもできれば、それと同時に、その感情を加工することもできます。つまり、クライエントは、参加者でありながら、観察者でもあり得るのです。こうした観点を活用していると思われる心理療法の手続きは、たくさんあります。たとえば、ゲシュタルト療法の二つの椅子を用いて演じてもらう方法や心理劇は、情緒的距離を縮める手段といえます。また、クライエント中心療法で行なわれる感情の反射技法も、より緩やかなやり方ではありますが、同様の試みといえます。これらとは対照的にリラクセーション・トレーニングや認知的リフレーミングは、クライエントが感情に深入りし過ぎず、客観的事実に見通しをもってもらうために活用されます。ナラティヴ・セラピィの立場からは、情緒的な関与の程度がさまざまに異なるストーリィの語り方を思いつくことができます。たとえば、ささやく、叫ぶ、手紙を書く、日記をつける、一人称で語る、三人称で語る、相手と目を合わせて語る、虚空に語りかける、などがそれにあたります。

要するに心理療法においてストーリィを語ることは、決して単純な行為ではないのです。そのことをしっかりと認める必要があります。第2章で検討した通り、人がナラティヴの行為に携わるときに生じていることは、数多くあります。たとえば、クライエントの視点からは、心理療法での体験をナラティヴ化するその瞬間は、さまざまな異なるタイプの活動から構成されているとみなせます。こうしたプロセスについては、レニー（Rennie, 1992, 1994a）がセッション後にクライエントに回顧的インタビューを試みた結果を報告しています。それによれば、クライエントの立場にある者は、ストーリィを語っていることを意識しており、（それと同時に）それらのストーリィの意味や意義に考えをめぐらしています（クライエントの省察性）。また、クライエントは、ストーリィの一部を語らずに留めることを選ぶ場合もありました。ストーリィを語っている間にも、クライエントは、ストーリィの終末に向けて進み続ける必要性を感じていることもありました。レニーは、これを〈進行の途上〉にある状態と分類しています。クライエントはまた、自らのストーリィの聴き手として、セラピストの存在を意識しており、ときには、セラピストに好感をもたれるようにナラティヴの独特な語り方を用いています。ストーリィは、クライエントを、感情や情動の新たな領域に導き入れ、あるいはまた、それら情動を表出するための手段（カタルシス）になり得るのです。

さらに、クライエントによるナラティヴの行為には、レニーが試みたセッション後のインタビューでは示されなかったものもありました。それは、心理療法セッションの逐語録の分析から明らかになりました。クライエントは、ストーリィの始まりや終わりを聴き手に示すために沈黙や声質を活用していました。ほかにも、「そういった問題が起きたのは、「たとえば……」とか、「つまり、まとめると……」といった表現を用いてもいました。クライエントは、時間的・場所的な標識によって特定のストーリィを、より広範なライフ・ナラティヴのなかに位置づけていました。たとえば、「だいたい二カ月前」とか、「それは、私がロンドンで暮らしていたときのことでした」といった表現を用いて、それをしていました。また、心理療法の談話分析から明らかになったのは、クライエントが自分の語っているストーリィとの情緒的距離をコントロールするために、さまざまな手段を用いているということでした。つまり、あるストーリィが語られるときには、客観的な言語的方略のフィルターがかけられていたのです。たとえば、「それ」「あなた」のような代名詞が明示され、過去時制が用いられる一方で、体験の詳細や〈あや〉は省かれていました。また異なるストーリィが語られるときには、ずっと情緒が身近に差し迫っていて、その場の様子が生々しく描写され、直接話法や現在時制が用いられていました。

6　ストーリィを聴く

セラピストから見れば、ナラティヴ・セラピィとそれ以外のタイプの心理療法との間でもっとも大きく異なる点は、おそらくナラティヴ・アプローチが「ストーリィを聴く」ことを含むところでしょう。たしかに、心理力動的、もしくは構築主義的なセラピストのなかにもナラティヴ的着想の影響を受けたセラピストは多くいます。しかし、彼らのストーリィと関わることの目的は、ナラティヴ・セラピィとは異なっています。そこで目的とされているのは、たとえば無意識的過程や認知的スキーマなど、ストーリィの背後にある何かに接近することです。しかし、ナラティヴ・セラピィのセラピストは、ストーリィそのものに関心があるのです。このことが実際に何を意味しているのかは、エデルソン（Edelson, 1993）の研究から理解できます。下記のリストは、彼が訓練中のセラピストに示したガイドラインを要約したものです。このリストは、ナラティヴのインパクトやリズムに対するセラピストの感受性を高め、クライエントが語った実際のストーリィに波長を合わせられるようにセラピストを援助することを意図して作成されています。

- 心理療法の最中に自分がどのような態度を取るべきか知りたいならば、ストーリィを語ってもらいたがった子どもの頃の経験を思い起こしてほしい。あなたは、母親にどんなふうにして、ストーリィを語ってもらっただろうか。ストーリィをどのように聴き、また応じていただろうか。ストーリィを語ってもらうときにあなたが好んだこと、好まなかったこと、あるいは欲したこと、心躍らせたことは何だろうか。あなたを不安にさせたり、うんざりさせたりしたことは何だろうか。そして、あなたと語り手との間では、いったい何が起きていたのだろうか。
- 友だちと昼食を共にしている席を思い起こしてほしい。そこでは、自分や友達の生活上の出来事が話され、互いに尋ねては答えているだろう。たとえば、「最近、どのようにしているの？」とか、「この一週間、どんなふうに過ごしていたの？」といった具合である。相手がさまざまな出来事について話している間、あなたたちは、どんな種類のことを言い、尋ねていただろうか。相手の関心を引くために、あなたたちはどんなことをしていただろうか。あるいはまた、相手が自分の話に関心をもっていないことは、どんなことから分かり、そしてそれが語りにどのように影響していただろうか。

- 映画を観ているときのことを思い起こしてほしい。映画の何があなたを感動させたか、じっくり考えてほしい。その映画がすばらしく良質だったり、あるいは反対にお粗末だったり感じるのは、何によるのだろうか。
- 早分かりしようと頑張らないでほしい。その代わり、もしも何らかのイメージや空想、あるいは自分の知っているストーリィが頭に浮かんだら、それに身を委ねるようにしてほしい。
- 曖昧でおぼろげなことをそのままにせず、確かなことを追求するようにしてほしい。
- クライエントは、さまざまな出来事を並べ立てるものである。あなたは、それらの出来事からストーリィを読み取ってほしい。そして、それらがどのように因果的に結びついているかをクライエントに確かめるようにしてみる。もしもクライエントの報告に話の飛躍があったり、因果的な結びつきを読み取れないということがあったりしたならば、そこに欠落していると思える出来事をクライエントに尋ねるようにしてみてほしい。
- もしもクライエントの語りが、ナラティヴの筋道から逸れるようならば、「それでどうなったのですか」と尋ねてみてほしい。
- 次のような疑問に答えられるストーリィをクライエントから得ることが大切となる。その疑問とは、「なぜ、このクライエントは、今この時期に、このストーリィを語っているのだろうか」「そして、それは、どの出来事が引き金を引いているのだろうか」「クライエントがこのストーリィを語っているのは、何を目的とし、どのような感情を取り扱おうとしているのだろうか」「クライエントは、このストーリィを語ることで、私にどのような感情を引き起こそうとしているのだろうか」といったものである。セラピストは、クライエントに適切な質問をして、このような疑問に答えるストーリィを得るようにしてほしい。

7　ストーリィを脱構築する作業

心理療法における物語行為と、日々の生活における物語行為との間には大きな違いがあります。まず後者の生活場面では、何年もの間、まったく同じストーリィが同じように繰り返し語られることがあります。しかし、心理療法ではストーリィは変容することが望まれています。そのため、セラピストもクライエントも、より好ましい話を見つけ出すことを目指して、語られたストーリィを脱構築するための協働作業を進めます。ホワイトは、このプロセスを以下のように言い表わしています。

> 脱構築は、あたりまえと思われている現実や活動を覆す手法と関わっている。それによって覆されるのは、いわゆる「真実」である。ここで言う「真実」は、その場の状況や、それを作り出すコンテクストと切り離された存在である。また、バイアスや偏見を隠蔽してしまううわべだけの話や慣れ親しんだ活動が覆される。自己や関係性に関わる活動のなかには、人びとの生を制圧しているものがある。脱構築の多くの手法によって、これらの慣れ親しんでいて、普段は当たり前と思っている現実や活動は、対象化され、人びとに違和感を覚えさせる。その意味では、この脱構築の手法は、「馴染みの世界を異化すること」なのである。
>
> (White, 1992, p. 121)

セラピストにとって、脱構築の仕事では、「馴染み」に「違和感を覚える」ことが必要になります。心理療法セッションでクライエントが自分について話すときには、他人事のようにうわべをなぞる話し方をします。脱構築は、この話し方を転換するよう目論むのです。

ただし、この作業を成し遂げるためにセラピストが用いる手段は、一様ではありません。一部のセラピストは、クライエントのストーリィを、より説得力の高い心理療法的メタナラティヴに同化させようと腐心します。この方略は、たとえば精神分析の解釈や、認知療法のリフレーミングにもとづいています。また、他のセラピストは、クライエントが自分のストーリィを構成するその仕方に、クライエントの目を向けさせます。この過程でセラピストは、他の語り方を考えるようクライエントを促すこともあれば、あるいはほかにあり得る語り方のモデルや例を提示することもあります。このアプローチは、歴史的には、人間性主義的・体験的心理療法と近い関係にあります。そのほかにもクライエントが自分のストーリィのなかや、いくつかのストーリィの間に存在する矛盾に気がつくよう、質問を繰り出すセラピストもいます。これは、特に家族療法の学派に属するセラピストが工夫を重ねてきた方法です。おそらくは、程度の差はあるにせよ、どのようなセラピストも、上記の方略すべてを用いている可能性が高いといえるでしょう。ただ、セラピストの個人的好み、訓練経験、所属学派によって、それらの方略のいずれかに〈特化〉しているという面もあるといえるでしょう。

セラピストは、どのようにしたらクライエントのストーリィが、より広範で大きなナラティヴ・スキーマに同化し得るかをクライエントに示そうとします。そのための方略は、シェーファーによって、以下のようにまとめられています。

> 精神分析を受ける人びと（いわゆる被分析者）は、過去から現在にわたる自分自身と他者について、分析家に語る。そして、解釈を加える際に、分析家は、それらのストーリィを語り直す。この語り直しでは、ある特徴に重きが置かれる一方で、それ以外のことは括弧に入れられる。それらの特徴は、他のことと今までにない仕方で結び付けられる。結び付けられること自体が初めてのこともある。また、ある特徴は、さらに深められ、長い語りを生む。このような語り直しは、精神分析的な筋立てに沿って行なわれる。（中略）分析家の語りは、被分析者が、何をどのように物語るかに関して次第に影響を与えていく。（中略）こうしてテクストが織り成され、最終的に、まったく新たな

共著の作品が生み出されるのである。
(Schafer, 1980, pp. 35-36)

精神分析においては、クライエントが語るストーリィの特徴のなかでも必ずと言っていいほど深められるものがあります。それは、セラピストが登場するストーリィ、つまりは転移のストーリィです。このプロセスの間、セラピストが行なう働きかけは解釈です。クライエントの側から見れば、自分が語るどのような話も、セラピストによって精神分析の世界観に従った言葉で、一貫して厳密に語り直されているかのように映ることになります。

近年のナラティヴ・セラピィの著作では、セラピストの保有するメタナラティヴやいわゆる〈マクロナラティヴ〉のもつ重要性が強調される傾向があります。たしかに、理論体系に相当する〈グランド・ナラティヴ〉の整合性や説明力が、ある役割を果たしています。たとえば、精神分析理論は、一部のクライエントがライフ・ストーリィを〈再著述〉するよう促す役割を果たします。しかし、たいていのストーリィの語り直しは、そのような理論にもとづくグランド・ナラティヴではなく、日常生活から引き出された新たなナラティヴに導かれることによって生じるのです。これは、特に留意しておくべき点です。シュインバーグ (Sheinberg, 1992) が近親姦に関して例を挙げています。セラピストは、近親姦が起きた家族と関わる際には価値観の板挟みに遭います。というのは、問題のストーリィの語り直しは、日常的な〈心配〉(care) 理論の観点からも、また、道徳理論にもとづく〈正義〉の観点からも生じ得るからです。性的虐待の加害者である男性は、自分の所業を道徳理論にもとづいて〈過ち〉とはっきり認めることはできます。しかし、彼らが被害者の経験に思い至らせ、心を込めて〈心配〉することは難しいのです。したがって、そうした男性にとっては、日常的な〈心配〉の観点から語られるストーリィを生み出すことに意味があるのです。そのように日常生活から引き出されたナラティヴの語り直しがあって初めて、古いストーリィに替わる、新たなストーリィが生まれてくるといえるのです。

人びとが自分の生活について語る際に日常的に見出される新たなストーリィの他のタイプとして、ホワイトとエプストン（White & Epston, 1990）やド・シェーザー（de Shazer, 1985）らが〈解決〉ストーリィと名づけるものがあります。セラピストのもとを訪ねるのは自分たちの〈問題〉を語るためであるという思い込みが、人びとの間にはあります。しかし、問題に出会いながらも、それに効果的に対処しているという解決ストーリィも存在しているのです。ただ、それは、日々の会話に埋もれてしまっていて、あえて人から尋ねられなければ意識に上らない解決ストーリィなのです。ホワイトとエプストンやド・シェーザーのようなセラピストが依拠するアプローチは、徹底した解決の探求に基づいています。彼らは、効果的に対処した出来事から学び取るようにクライエントに働きかけます。たとえば、「うまくいくために何をしたのか」「問題がまた生じたときにどうすれば同じような結果を招くことができるのか」といった質問を、クライエントに提示します。

〈あたりまえの現実や活動を覆す〉ために用いられる基礎的な方略は、そのストーリィを語るにあたって、今までとは違った語り方や、ストーリィの別バージョンを見出すことです。そこで用いられる一法は、古いものに替わる新たなストーリィを見出し、もしくは創り出すことです。ストーリィの、複数バージョンの間に生じた食い違いに、なんとか折り合いをつけようとして人は苦しみます。そこで、まずその人がもつナラティヴのレパートリーのうち、優勢となっている〈問題〉のストーリィをじっくりと検討し、そこにある食い違いに目を向けるようにします。そして、そのストーリィを新たに組み立て直すよう促すのが、セラピストの方略ということになります。このほかにも、よく用いられる脱構築方略には、優勢となっているストーリィの語りをいったん崩し、従来支配的であった語り方を封じ込めてしまうやり方もあります。

スラツキ（Sluzki, 1992）は、一連の〈転換ミクロ・プラクティス〉と称する方法を用いて、クライエントのストーリィを揺さぶることを狙っています。彼は、ストーリィを時間、場所、因果、相互作用、価値、語りモードという六つの次元から捉えようとしています。このモデルに従ってセラピストが介入した場合、クライエントの注意はストーリィ構成の仕方に向けられます。その際に六つの次元が参照されるのです。その結果、今までと

表6-1　転換ミクロ・プラクティス：ナラティヴの変容を招くために

クライエントのナラティヴの一例：「このことが，過去十年間，私を悩ませてきたんです。ことの起こりは，いくつかの試験で不合格になって，大学にいられなくなったことです。それ以来，自分が評価されると思うような場面では，いつも，とても心配になるんです。たとえば，採用面接のときなんかが，そうです。それで，実際に就職し損ねると，毎回，母にはひどく叱られたものです。私がどれほど馬鹿であるか，母は繰り返しました。でも，母がそれほどまでに気が動転するのは，私を気にかけているからだということも，分かっていました」

ナラティヴの次元	ナラティヴ・シフトを招く質問例
時　間	「まさに今，私を訪ねていらしたのは，どうしてですか」
場　所	「どのような場面／状況になると，その問題が，気になりますか／気にならなくなりますか」
因　果	「この問題が起きる前には，どのようなことがありましたか」
相互作用	「そうやってお母さんとやり合っている間，どちらが大人びていて，どちらが子どもじみていましたか。どちらがどちらを気遣う立場にあると思っていましたか」
価　値	「気にかけている人に対して，あなたならば，どんなふうに振舞いますか」
語りモード	「採用面接になると，実際に何があなたに起きるのか，まるで私の目に映るように，説明していただけますか」

〔出典　Sluzki, 1992〕

は違ったストーリィのバージョンが、姿を現わす可能性が生じます。六次元に関してセラピストが尋ねる質問の例を、表6-1に示しました。

スラツキのモデルは、セラピストが用いるナラティヴの〈揺さぶり〉をうまく示しています。このモデルは、日常的に用いられている脱構築的手法を、セラピストが改めて振り返るのにも役立ちます。いずれにしろ、セラピストをはじめとして人を援助する人びとというのは、この種の行為をまったく自然に、直観的に行なっているとみることもできます。このような脱構築を強力に推し進める例は、ヤングとバイヤー（Young & Beier, 1982）が開発した〈心理療法のコミュニケーション・モデル〉に見受けられます。彼らは、クライエントに〈服従を強いる〉自滅的ライフ・ストーリィがいつまでも維持されるのは、クライエントと周囲とのやり取りに原因があると考えます。周囲の人びととは、クライエントに対して、お決まりのやり方で反応するというやり取りを続けています。たとえば、他者に対して辛辣で批判的に振る舞うクライエントがいたとしましょう。そのクライエントの振る舞いは、周囲の人びとに否定的な反応を引き起こしてしまいます。するとそれが今度はクライエントに跳ね返ります。他者の否定的な反応の影響を受けてクライエントは、自分（あるいは自分についてのストーリィ）を「いけ好かない。役立たない」者として思い込まされます。ここで、もしセラピストが他者と同じ反応をしないようにすれば、クライエントは、今までの自分を見直す機会を得られます。それはまるで、今まで、他者の影響を受けて当然のごとく自分を規定していた仕方が、いかに奇異であるかに初めて気づくような体験となるでしょう。下記に抜粋した心理療法セッションの記録に示されたクライエントは、大学のカウンセリング・センターへカウンセリングを受けに来た学生です。時間制限付きの心理療法契約により、あと二週間の期間を残している心理療法の場面からの抜粋です。

クライエント　ところで、今学期は、あともう二週間しかないですよね。うーんと、それで、僕にはここで面接を続ける意味が分からなくて。ただ時間を無駄にしてしまっているように思えてならないんです。どのみち、もうすぐ終わるわけですから。たぶん、今回で終わりにした方がいいと思います。

セラピスト　（やや大げさな態度で笑って）それはよかった！　そう言ってもらえて助かるよ。もしもあなたが来なくなったら、木曜日のこの空いた時間をどうやって過ごそうか、そればかり考えていました。

クライエント　（声を立てて笑い）いえ、そんなつもりで言ったんじゃないです。ただ、なんだかお終いにするのが悲しいような気分で。お別れする悲しみを、長引かせたくはなかったんです。

(Young & Beier, 1982)

この短いやり取りは、ストーリィを脱構築する一つの方法を示しています。クライエントが口火を切ったこの発言は、彼が自分のことを〈不適格者〉（「あなたの時間の無駄」）として語るストーリィの一端とみなせます。しかし、セラピストは、このクライエントが期待するような再保証を与えることを避けたのです。そして、〈不適格者〉のストーリィを、セラピストが肯定も否定もせずにいると、クライエントは、自分についてまったく異なるストーリィ・ラインを表わし始めたのです。つまり彼は、終結をめぐる〈別れの悲しみ〉にひしがれる者として、自分を表わしたのです。さらに、この例は、ユーモアが果たす重要な役割についても、私たちに教えてくれます。疑いを差し挟まれない現実は、ストーリィが繰り返し語られることによって、いつまでも永らえてしまいます。この現実を揺さぶり、覆し、脱構築するためにユーモアが役立つのです。心温まるユーモアは、それを言った者の内にも、聞いた者の内にも、一息入れる〈間〉を作り出します。まるで、その場の話題をジョークにしてしまうことで、それまでの決まりきった話題から脇に逸れることができるようになります。そして、その結果、目新しい光の下に話題を見直すかのようです。

ストーリィが構成される仕方によって、言語のニュアンスや、多様な意味が伝達されます。このことは、第2章で述べました。そうしたニュアンスや意味への敏感さというテーマは、ナラティヴの脱構築に関する議論にも、同様に貫かれています。ヴァン・ランゲンホフとハレ（Van Langenhovê & Harrê, 1993）は、自伝的ストーリィにおける「私」という語の用いられ方に関心を寄せています。それはナラティヴにおける自己の〈ポジショニング〉の問題です。たとえば、ヴァン・ランゲンホフとハレは、人が自伝的な説明をするときに、「シャロンは、私に〈あなたは、もうここでは働けない〉と言った」と言うのと、「シャロンは、私がもうあそこでは働けないと言った」と言うのとでは、伝達される情報は同じでも、両者の間には意味深い違いがあると指摘しています。前者では、話者は、生き生きと自分なりの言い方で、説明を劇化し、聴く者をそのドラマに引き入れます。それとは対照的に、後者では、話者はもっと距離を取り、出来事の〈報告〉を述べています。それに呼応して聴き手は、自らが組み込まれているストーリィを脱構築するように関与する余地はずっと少なくなっています。

上述した脱構築を狙った巧妙な方略が、有効に働く決め手となるのは、おそらくは〈可能性〉を切り開くところでしょう。つまり、一連の問題を語るためには、他のストーリィもあり得るという可能性です。人びとは、行き詰っているからこそセラピストの援助を求めるのです。行き詰まりが起きるのは、常に同一の不快感情に襲われ、同一の耐え難い考えにとらわれ、同一の自己破壊的な振る舞いから逃れられないからです。ここで、一つの興味深い知見があります。心理療法の研究からは、クライエントは、しばしばセラピストの〈誤り〉に重きを置いていることが明らかとなっています（Strupp et al., 1964）。セラピストは、クライエントのことをすっかり誤解してしまうこともあれば、まったく訳の分からない解釈を伝えてしまうこともあります。しかし、それでもなお十分に良好な心理療法関係が築かれていれば、クライエントは、セラピストから言われたことが役に立ったと感じているのです。そのため、この種のセラピストの失策は、ストーリィの新たなバージョンが存在する可能性を切り開くことに寄与し得ると思われます。セラピストは、解釈したり、語り直したりします。しかし、それがクライエントにとってあり得ないことである場合には、誤ったナラティヴとなります。しかし、この誤ったナラティヴは、非常に効果的なシグナルとして機能し得るのです。セラピストの解釈が何ともお粗末な見当違いであったとしましょう。ただ、それがセラピストの実直さを表わしているならば、クライエントにとっては、ある種の納得できる感じを残すのです。つまり、クライエントは、セラピストが伝えた解釈のナラティヴを「見当違いである」と一蹴したとしても、そこには、ある疑問が残るのです。それは、「そう、たしかにそれはぴったりこない。でも、それでは、その出来事を他にどんなふうに説明できるだろうか」といった疑問です。そして、それが、古いものに替わる新しいバージョンにつながるのです。新しいバージョンとは、今までとは違った考え方、感じ方、振る舞い方を示すものです。また、それまでに言い表わされていた出来事についての、今までとは違った語り方です。それが、上記の疑問から導き出される場合があるのです。

ここで重要なことは、社会構成主義的な観点からは、ストーリィの最終バージョンなどというものは、後にも先にも、決してあり得ないということです。決定的な〈真の〉語りは、あり得ないのです。ライフ・ナラティヴを構成するということは、マッキンタイアー（MacIntyre, 1981）のイメージを借りれば、終わりなき〈探求〉なのです。心理療法は、決定的で、もうこれっきりのストーリィ・ラインを提供することなどできません。できることは、〈可能な選択肢〉（Bruner, 1993）を見つけようとする人びとの努力を支持することに尽きるのです。

8　ナラティヴ的な出来事

心理療法のセッション中には、ナラティヴ・プロセスを表わすさまざまな種類の出来事を見出すことができます。すぐに思いつくのは、ストーリィを語るということです。クライエントは、ともかくも自分に何が起きたかを、セラピストと共有したい思いに駆られるものです。しかし、セラピストとクライエントが一緒になってストーリィを語り、そこから意味を引き出すためには、さまざまな方法があり得ます。たとえば、ただ語ることだけではなく、それに関連して語りへの導入、語りへの反射は、心理療法セッションに特異的な要素を構成していることが多いといえます。エリオットは、心理療法の転回が起きるのは、たいていの場合、心理療法中に生じた重要な出来事の影響によることを指摘し、こうした出来事の構造が研究に値すると述べています（Elliott, 1991）。したがって、心理療法プロセスの一側面は、ある種の出来事や一連の相互作用から成り立っているとみなせるでしょう。そして、その相互作用においては、ある短い時間内に特定のトピックが話題となっているのです。

心理療法セッション中にさまざまに生じる有効な出来事については、解説されてきています。なかでもグリーンバーグら（Greenberg et al., 1993）による体験的心理療法のマニュアルにおいて、もっとも説得力の高い解説を見出すことができます。彼らのモデルの重要な特徴の一つは、臨床実践と研究を相互に照らし合わせることから生まれた点です。この種の心理療法におけるセラピストの主要な課題は、クライエント側が表出した徴候や〈指標〉を見つけることです。それらの表出は、クライエントが特異的な情動処理を今まさに始めようとしている、あるいは始めざるを得なくなっていることを示しています。表6-2に提示したのは、心理療法において生じる出来事に関してグリーンバーグらのチームの研究によって発見された六種の要約です。これらの出来事の構

表 6-2　心理療法中の出来事の諸タイプ

グリーンバーグら（1993、邦訳 2006）によって同定された出来事	これらの出来事のナラティヴ的次元
問題反応の指標が現われた時点での系統的感情喚起展開法	ストーリィの語り直し，脱構築，補完
はっきりしないフェルトセンスの体験的フォーカシング	ストーリィを語るために要することばを見つける。その時点でもっとも重要と思えるストーリィを見つける。
二つの椅子の対話と分離	異なる「声」を表に現わす。ドミナントな文化におけるナラティヴの観点から語られたストーリィと，隷属された個人の声によって語られたストーリィの，それぞれのバージョンを区別する。
自己中断分離のための二つの椅子の試演	ドミナント・ナラティヴが実演されていることの認識（すなわち，身振りや姿勢，行動による表出）
空の椅子の作業と未完了の体験	それまで埋もれていた感情的ストーリィを語る。重要な他者との対人関係をテーマに，より充足的で一貫した感情的ストーリィを構築する（たとえば，「私が怒っているのは，愛情が失われて，がっかりしたからだ」）。
極端な傷つきやすさの指標における共感的肯定	極度に痛烈な出来事のストーリィを，おそらくは初めて，語れるようにする。

造は、いずれもナラティヴの用語で理解し得るものです。たとえば、グリーンバーグらが記述した出来事には、「問題の多い反応を標識とした、体系的かつ喚起的な解明」（訳注：邦訳書では、「問題反応の指標が現われた時点での系統的感情喚起展開法」）というものがあります。これは、クライエントが、自分でも予期しなかった不合理かつ問題の多いやり方で事態に反応してしまったことに自ら気づき、それを報告するような状況を指しています。この種の出来事の指標には、主に三つの特徴があります。

（1）クライエントは、ある特定の状況での反応の具体例を詳しく話す。

（2）問題であると感じられた反応はクライエント自身のものであり、他者の反応ではない。

（3）クライエントは、自分の反応が単に他人の振る舞いの不運な結果としてではなく、それ自体が問題であると見なしている証拠がある。

（Greenberg et al., 1993, p. 144. 岩壁訳『感情に働きかける面接技法』一一八頁）

ナラティヴ的観点からは、この指標は、まさにストーリィ構成を表わすと考えられます。つまり、クライエントは、ある特定の状況下でどのように振る舞ったかについて、自分が混乱していることを聴き手に伝えるためにストーリィを語るのです。

グリーンバーグらが問題の多い反応をした出来事について提起したモデルの次の段階では、クライエントが自分のそうした反応に再没入し、再体験して反応を探索するようにセラピストが導く手続きが含まれています。この段階では、「生き生きと、鮮やかに、しかし、ゆったりと探索する姿勢」(Greenberg, 1993, p. 148) がクライエントには求められます。やはり、この心理療法方略についてもナラティヴ的観点をあてはめると、ストーリィに対して、より近い間合いから語り直すことを表わしていると考えられます。これは、セラピストとクライエントの双方にとって共同構成されたバージョンのストーリィに向かって、〈ゆったりと〉共に作業する機会となります。こうした〈探索〉が始まるためにセラピストの果たす役割が大きいことは、グリーンバーグらが紹介した実際の事例からも明らかです。ナラティヴ・モデルにおいてセラピストは、ストーリィの再著述に向けた道を切り開こうとして、本章で既述したいくつかの脱構築方略を用いるのです。

グリーンバーグらが、こうした心理療法プロセスの到達点を見出していることは重要です。その到達点は、クライエントが、問題の多い反応を「自身の機能モードにおける、より広範な側面の一例」と位置付けるようになったときです。つまり、ナラティヴの用語でいえば、クライエントが、ストーリィ全体を満足のゆく結末に導けるようになることです。そのような結末は、ナラティヴの評価部の後、解決部や結びで締めくくられます (Labov & Waletzky, 1967)。そこでのセラピストの役割は、クライエントが十全なストーリィを語るように援助することです。それによってクライエントは、ある特定の「通常性からの逸脱」(Bruner, 1986) のナラティヴを、自らが拠って立つ (あるいは再構築を模索している) 支配的なライフ・ストーリィに結びつけることが可能になります。グリーンバーグらが紹介した短い事例が捉え得ていることの一つは、ナラティヴの完成という点です。もう一つは、実際の出来事のストーリィを、より広い良好な生活のストーリィへと結びつける（あるいはグリーンバーグらの表現では〈意味の架橋〉）という点です。

グリーンバーグらが開発したプロセス体験的アプローチは、出来事に焦点化した心理療法スタイルではありますが、〈ナラティヴ〉や〈ストーリィ〉といった概念を明示的には使っていません。しかし、このアプローチは、ナラティヴの観点から理解可能です。なぜならば、彼らの一連の方略は、第一にクライエントが語るストーリィの情動的・対人関係的影響力を高め、第二にそれらのストーリィが伝える意味を引き出し、熟考することを目指しているとみなせるからです。こうした働きかけは、最終的には、より広範なライフ・ストーリィを再吟味、もしくは再著述することを目論んでいます。表6-2に掲げた心理療法の出来事リストでは、グリーンバーグと彼の共同研究者らが、ヴォーゲル（Vogel, 1994）の〈不調和がもたらす視座〉という概念を頻繁に用いていることが明らかです。この視座は、クライエントが、現実を描き出すための対抗的ナラティヴの存在に直面せざるを得ない瞬間を創出します。

この他のオリエンテーションをもつセラピストにおいても、また違った種類のナラティヴ的出来事を見出すことができます。たとえば、心理療法で夢を材料に用いると、クライエントが語るストーリィには特有のナラティヴ的出来事の類型が導き出されます。そうしたストーリィの形式の一部は、通常の〈現実的〉な生活や、通常の〈事実〉のストーリィに現われる因果の継起が反転していることが分かります。あるいはまた、エリクソン流の催眠療法やゲルシーの物語り療法（Story-telling therapy）が作り出す心理療法の出来事は、セラピストが語る比喩的・象徴的ストーリィに即して構造化されます。認知分析的心理療法（Cognitive-Analytic Therapy）やホワイトとエプストン流のナラティヴ・セラピィの訓練を受けたセラピストによる出来事の構築の仕方は、クライエントのストーリィをリフレーミングする文書を用いるところに特徴があります。パリーとドアン（Parry & Doan, 1994）もまた、ナラティヴ的な心理療法の出来事のカテゴリーを作成しています。それは、クライエントが重要な他者に語ろうと考えている、新たなストーリィのリハーサルにもとづいています。

もっとも精緻かつ興味深いナラティヴ的出来事は、行動療法のアプローチのなかに見出すことができます。行動療法のオリエンテーションをもつセラピストは、クライエントが何を為すか、つまり実際の行動の変容に関心があります。そのため行動療法では、ナラティヴ的な観点を導入する余地がないように思われます。たとえば、系統的脱感作法という技法があります。行動療法のセラピストは、系統的脱感作を用いることによって、ある刺激が引き起こした不安や恐怖といった反応を、リラクセーションやコーピングといった反応で置き換えることを目指します。そこでセラピストは、クライエントにリラクセーション法を教え、恐怖を引き起こすような他の場面においてこうした手法を実践できるように促します。ナラティヴ的な観点からは、この種の手続きは、異なるストーリィを語るための基盤をクライエントに提供していると理解できます。たとえば、系統的脱感作の前には、クライエントは、「もし私が人前で話すよう頼まれたら、すぐにパニック発作に襲われるだろう」というストーリィのバージョンをいくつももっていたとしましょう。ところが、行動療法を受けた後には、クライエントは少なくとも二つの新たなストーリィを語れるようになっているはずです。一つは、「セラピストが私といっしょに会議に出ていれば、何の問題もなくプレゼンテーションをできただろう」といったものです。もう一つは、「パニック発作を克服するために学んだ方法は、まさにこれだ」といったものです。

したがって、ナラティヴ的な観点からするならば、系統的脱感作法は、クライエントに課せられた物語行為的な出来事と解釈することができます。クライエントは、説得力のあるストーリィを語るための素材を集める目的で、個人的にさまざまな行動を観察し、体験してみることが必要となります。ジョージ・オーウェル（George Orwell）は、労働者階級の暮らしぶりをもっともらしく描けるようになるために、皿洗いの仕事に時間を費やしたという逸話があります。同じように、怖がりな人物が、信じるに足るだけのコーピング・ストーリィを語れるようになるためには、実際に勇ましい行ないに乗り出す必要があるのです。

以上、セッション中に生起する出来事という観点から心理療法のプロセスを考察してきました。ナラティヴの観点に立つならば、心理療法においては、従来発見され、開発されてきたよりも、はるかに多種多様な物語行為としての出来事が存在することが明らかになってきます。世界のさまざまな文化には、それぞれ独自の特徴的なストーリィの語り方が流布しています。口頭伝承というナラティヴのジャンルや形式は、物語行為としてみるならば、既存のモードに替わる新たな物語モードを表わしているといえるでしょう。これらすべてが、セラピストにとっての広大な資源になり得るのです。

9　結び――ストーリィ、語り手、プロセス

心理療法において経験をストーリィの形をとって語ることは、「彼の話に耳をかたむける人びとの経験とする」(Benjamin, 1969, p. 87) ということなのです。本章で議論したナラティヴ・プロセスは、いずれも、〈より良い〉ストーリィを構成することにつながるものです。それらのストーリィは、クライエントの内的世界をセラピストに鮮やかに伝えます。その結果、ウィダーショーヴン (Widdershoven, 1993) の言う「啓発的対話」が可能となります。ただし、心理療法のプロセスを、心理学的な用語法を用いずに描き出すことは、依然として難しいといえます。本章で紹介したナラティヴ・セラピィのプロセスについての解説は、過度に心理学化されているきらいは否めません。これは、心理療法やカウンセリングの文献が心理療法を科学の一領域として説明することを望むという、根強い嗜好を反映しています。

しかし、今後、心理療法に関する学際的な研究は、心理療法という経験に伴う数多くの文化的次元を確実に明るみに出すことになるでしょう。たとえば、クライエントのなかには、自分たちが小説を読んだり、映画を観たりすることから受ける高い影響力をセラピストに報告する者も多くいます。ところが、こうした報告を取り立て

て重要視するセラピストは多いとはいえません。ナラティヴ的な観点からは、心理療法の利用者が著述と再著述というプロセスを歩んでいるとみなすことができます。そして、その利用者は、同時にストーリィや神話といった文化の〈裏庭〉を渉猟していると考えることができます。こうしたストーリィや神話が利用者自身の個人的なナラティヴに意味や意義を付与することに役立っていると思われます。さらに、文化という環境に内在するストーリィの構造は、心理療法のプロセスに影響し、それを形成さえしているといえるでしょう。心理療法のプロセスを捉えようとすれば、まずはそうしたストーリィの構造に依拠するよりほかありません。たとえば、〈物語論的転回〉に深く関わる精神分析のセラピストであるエデルソン（Edelson, 1993）は、自分が耳にするクライエントのストーリィが、（あくまでも彼の心の内では）ハリウッド映画のメロドラマの筋立てに沿って構造化されていると明言しています。彼は、「私は心理療法を実践し、教育するときには、自分が認知科学者というよりは、むしろ一人の映画好きのように思えてならない」と語っています（Edelson, 1993, p. 312）。彼の記述は、心理療法を文化的な構成という観点から意味づけることの意義を表わしています。

ところで、エデルソンのクライエントや患者がお伽噺のジャンルに依拠して自分の経験を組み立てているのだとしたら、そこでは何が起きているのでしょうか。自分の人生をテレビの連続メロドラマのように語っているとしたら、あるいは探偵物のように語っているとしたら、そこでは何が起きているのでしょうか。こうした文化的な資源の活用が心理療法プロセスのなかで生じているのは、確かなことといえるでしょう。しかし、その内実は、いまだほとんど分かっていないのです。次章では、心理療法において、これらの文化的プロセスが作用しているといえる事例を紹介することにします。

第7章 ポストモダンのナラティヴ・セラピィ
――事例研究

本章の目的は、単一事例を通して、ナラティヴ・セラピィの諸側面が臨床実践においてどのように用いられているかを検討することです。対象として選択した事例は、一九九五年に出版されたデイヴィッド・ロッジの小説『恋愛療法』（原題 *Therapy*）から引用したものです。この小説は、抑うつ状態となって認知行動療法を施された男性の二年間の生活に焦点を当てたものです。

〈本物〉の心理療法事例から得たデータを追求するのではなく、小説を事例検討の材料に用いたのには理由があります。第一の理由は、〈実在する〉クライエントが、〈実在する〉セラピストに明かした情報の守秘性が侵される危険を避けるためです。多くの場合、カウンセリングや心理療法の事例研究では、理論、査定、解釈を幾重にも積み重ね、それによってクライエントの実生活を覆い隠し、分からないようにします。その結果、事例に関する情報は当たり障りのないものになります。しかし、それとは逆に、クライエントの予想を超えて過度に個人的情報が暴かれてしまうこともあります。もちろん、そのような場合、クライエントは、事前に自分の事例の素材を公刊することをカウンセラーやセラピストに許可しているということはあります。しかし、そのクライエントは、自分の姿が、どれほどまでに公けに晒されるのかを正しく見積もっていたとは限らないのです。また、ときとしてクライエントがそうした危険を冒すことを快諾するのは、セラピストとクライエントの不均衡なパワー・バランスを反映した結果であるということがあるのです。それは、クライエントが「私のセラピストは、今までにずいぶんとよくやってくれた。セラピストの申し出を拒むことなど、この私にできようか」と考え、事例公表を求めるセラピストの力に抗しきれないということです。

事例の素材として小説を選んだのには、もう一つ理由があります。素材のテクストはすでに出版されて広く流通しており、誰でも手に取ることができるからです。したがって、私が提示する事例の解釈とは異なる読み方をしたい読者は、原典であるテクストを入手し、それに直にあたることが容易にできます。スペンス（Spence, 1986）が指摘したように、心理療法の文献に提示される事例の記述では、実際の面接のやり取りの大部分が省略されています。つまり、事例研究の基盤となっているのは、すでに著者によって周到な〈円滑化〉がなされた心理療法のやり取りや対話のサンプルなのです。したがって、事例解釈の〈素材〉として会話の一説が引用されていたとしても、その〈素材〉と解釈の間には巧妙な対応が成立しているのです。スペンス（Spence, 1986）は、このような事例提示のアプローチが、事例研究の読解可能性に対して見過ごせない限界を課すと論じています。結局、事例の解釈を正当かつ適確なものとして納得できるようするには限界があるという指摘なのです。このような事例研究の限界は、事例を十分に説明するに足るだけのデータ量の不足に由来するものです。

臨床事例の分析の素材として小説を選んだ理由の最後は、この本に描かれた出来事が事実にもとづくか否かが明白な点です。これは、明らかに事実にもとづいてはいません。小説のなかでデイヴィッド・ロッジは、心理療法という経験を再現してみせました。『恋愛療法』がデイヴィッド・ロッジ個人の心理療法経験における出来事にどれほど依拠しているか、あるいは依拠していないかについては、私には知る由もありません。彼は、バーミンガム大学で現代イギリス文学を講じる教授の職にあります。そこから、彼が中産階級に属し、専門職に就き、教養があって、経済的に安定していることが分かります。セラピストのサービスを、もっとも享受しやすい社会集団のメンバーなのです。こうした社会環境で生活している人びとにとって、心理療法は一般的になっています。そのような人びとが心理療法として理解することを描き出しているという点で、ロッジは信頼できる確かなインフォーマントと考えられます。心理療法についての彼の解説が、それ自体でどれほど信頼に足るかは、小説を読んでもらえば誰でも判断できます。これまでに、この小説は人びとの間で幅広く読まれてきています。さらに、評論家の間でも、心理療法体験に関する説明の全般的な信頼性について否定的な声は挙がっていない模様です。

もちろん、単一事例を過度に一般化することは、適切とはいえません。他の心理療法のストーリィならば、まったく違ったテーマを表わすかもしれません。しかし、昔も今も個別事例を用いる魅力は、〈あり得る出来事〉の豊かな詳細を例示し得るところにあります。その点で『恋愛療法』に描かれている心理療法は、カウンセラーやセラピストが目にしてきたケースすべての典型とはいえないかもしれません。ロッジの他の小説同様に『恋愛療法』は、たいていは喜劇に分類されます。おもしろおかしい本です。一九八〇年代の英国の日常を、そこかしこに見出すことができます。事例研究に好適な理由は、まさにその日常性にあります。さまざまな登場人物も、そこで起きる出来事も、英国人にとっては必ずどこかで見覚えがあるものでしょう。

1　クライエント

ロレンス（愛称タビー）・パスモア、五十八歳。妻のサリーは、大学で言語学の講師をしています。二人の間にはジェインとアダムという名の二人の子どもがいます。子どもたちは、二人とも自立し、すでに離れて暮らしています。タビーの母親は四年前に、父親は七年前に亡くなっています。弟のケンは、オーストラリアに住んでいます。また、タビーは、テレビで人気の連続ホームコメディ「お隣さん」の台本作家でもあります。「お隣さん」は、隣り合わせて住んでいる二つの家族間のドタバタを描いている番組です。一方の家族は中産階級、他方の家族は労働者階級です。タビーは、仕事では成功しており、かなり稼いでいます。彼は、〈ラミッジ〉地区（英国の読者ならば、これがバーミンガムの山の手地区に相当することは容易に分かるでしょう）という高級住宅街に家をもっており、さらにロンドンにアパートを一戸持っています。妻との関係は、安定しています。夫婦関係は、彼の支えになっており、性交渉も保たれています。妻以外に、性的な関係はありませんが、エイミーという女性と親しい関係にあります。彼女とは、仕事でロンドンに行った折に会っています。そんなタビーは、二つの問題を抱えていました。ときどき、膝の痛みに襲われるのです。また、彼は、ときどき落ち込むことがありました。そのようなことから、タビー・パスモアは、心理療法の利用者となっていました。彼は、さまざまな心理療法を試し、どのようなセラピストを選択するのかを見極めようとしていました。

> わたしは、おおいに心理療法の世話になっている。月曜日にはローランドのところで物理《フィジオ》療法を受け、火曜日にはアレグザンドラのところでコグニティヴ・ビヘイヴィヤー・心理療法を受け、金曜日には芳香《アロマ》療法か鍼療法を受ける。水曜日と木曜日は、たいていロンドンにいるが、そのときはエイミーに会う。それも一種の心理療法だと思う。
>
> （Lodge, 1995, pp. 14-15. 高橋訳『恋愛療法』二四頁）

タビーは、他の種類の心理療法も世間にはあることを知ってはいました。たとえば、彼の知る限り、エイミーは週に五回、精神分析家のもとを訪ねていました。しかし、これは、彼には手ぬるく、効果に乏しいと思えました。

彼は、落ち込んでいました。「抑うつ状態、不安、極度の恐怖、寝汗、不眠は経験している」（同一一頁）「決心がつかない。近頃では、なんであれ、決心がつかない」（同二三頁）といった事態になっていました。彼は、このような事態となって、生きる意味を見失っていました。彼は、次のように振り返っています。

> 幸福だった頃を思い出すことができるのだ。ともかく、一応満足していた頃を。あるいは、少なくとも、自分は不幸だとは思わなかった（それはたぶん、幸福であるのと同じことだろう）頃を。しかし、どこかで、いつか、それを失くしてしまったのだ。心配したり欝状態に陥ったりすることなく、ただ生きてゆくこつを。どうやって失くしたのか。アイ・ドント・ノウ。
>
> （Lodge, 1995, p. 16. 前掲『恋愛療法』二六頁）

タビーにとって膝の痛みは、少なくとも当初は納得できるものでした。整形外科医を受診して関節鏡検査を受けました。この検査は、局所麻酔下で膝に挿入した小型カメラを見ながら、顕微手術（マイクロ・サージャリー）によって軟骨、骨、組織の一片を摘出するものでした。この手術は、効果がありませんでした。そして、医師がたどり着いた診断名は、「膝関節内障（Internal Derangement of the Knee : IDK）」というものでした。しかし、タビーがかかっていた理学療法士は、この「膝関節内障」が医師の仲間内でのみ通じる語か、あるいは医師のジョークであると指摘し、「私は知らない診断名だ（I don't know）」と告げました。これが、タビーの頭から離れなくなってしまったのです。たしかに痛みは、感じられました。その痛みに「知らない」という言葉が結びつき、彼の苦痛に火をつけました。それは、身体的なものなのか情緒的なものかは不明ですが、彼にとってはたいへんな苦痛となりました。彼は、痛みと「知らない」ということがどう結びつくかを知ろうとしました。そして、自分が生きている生活状況において、それがどのような意味をもつのかを確かめようとする苦闘が始まったのです。彼の心理療法を担当したのは、女性セラピストのアレグザンドラでした。彼女は、抑うつと自己懐疑の原因を、彼の自己否定的なセルフ・トークに求めました。そして、宿題として、自己描写を書き留めることを提案しました。彼はこの課題が自分に役立つと思い、日誌をつけ始めました。小説は、この日誌によって成り立っているのです。

タビーの膝の痛みと、精神的な痛みは、しだいに一体になってきました。たとえば、いよいよ手術が始まるというときになって、次のような心理的な揺れ戻しが起きています。

古バケツから漏る水さながらに、自尊心が漏れて流れ去った。弱気になってカット（訳註：手術）を受け容れてしまい、それについて何かすべきかどうか迷った自分を軽蔑した。膝がズキズキ痛みはじめた。悪い天気になるのを敏感に察知するリウマチに罹った関節のように。欝状態という嵐が水平線の彼方に見え隠れし、絶望の高潮がわたしを呑み込もうとしているのを感じた。（Lodge, 1995, p. 60. 同八六頁）

2　タビーのライフ・ナラティヴ

この日記／小説は、心理療法（あるいはいくつかの心理療法）のプロセスを解説するものとして、多種多様なストーリィ・ラインを内包しています。なかでも中核的なストーリィは、タビーのライフ・ストーリィです。彼は、労働者階級の家庭に生まれました。弟が一人いました。父親は、市電の運転士でした。子どもの頃、タビーは、中産階級以上の子どもが通う名門のグラマー・スクールに入学しました。しかし、学校での生活は、あまりうまくいきませんでした。

それほど名門でもなくもったいぶりもしない学校に入っていたら、わたしはもっと幸福だったろうし、したがってもっと多くのことを学ぶことができただろうと、今になっては確信しているからだ。わたしは生来の頭の良さはもっていたが、（中略）教育から恩恵を受けるための社会的・文化的後ろ楯はもっていなかった。（中略）わたしは学校にうまく適合できず、在学中、ほとんどいつもクラスのびりで過ごした。（中略）わたしが学校で成功を博したのは、恒例の学芸会で喜劇役者になったときだけだった。（Lodge, 1995, p. 222-223. 前掲『恋愛療法』三〇九-三一〇頁）

卒業後、タビーは、ウェストエンドの劇場興行主の事務所に職を得ました。その後、彼は国民兵役に就きました。そこで彼は、「耐え難い退屈から逃れるためにわたしが見つけた唯一の手立ては、基地で行われるレヴューやパントマイムや女装ショーなどの、自分たちで工夫したさまざまな演し物に出演したり、そういうもののために台本を書いたりすることだった」（同三五八頁）という経験をしています。退役後、彼は地方を巡業する小劇団を結成し、学校を巡回し、「中学生のためには、うんと縮めたシェイクスピアを上演し、小学生のためにはお伽噺を劇にしたものを上演した」（同二七〇頁）のでした。彼が妻のサリーと出会ったのは、リーズにある中学校を訪ねたときでした。彼よりも二、三歳年下の彼女は、そこで教育実習生をしていたのです。

サリーの父親は、リーズ旧市街の教会区で牧師をしていました。熱意と善意にあふれた人物でしたが、とても厳格なところがありました。タビーの目には、彼らの家庭は風変わりに映りました。

『フォーサイト家物語』みたいに古風だ」、（中略）一日に二度か三度一家全員で一緒に食卓を囲み、食前食後の祈りを上げ、洗濯する手間を省くために、食事が終わるごとに布のナプキンを各自のナプキン・リングに戻さねばならず、いかに使い古して変色したものであれ、正式の刃物類を使う、つまり、スープにはスープ用スプーン、魚には魚用ナイフと魚用フォークを使う等というのは。（Lodge, 1995, p. 197. 同二七五頁）

タビーは、後になって台本作家として成功を収めました。そして、労働者階級と中産階級の間の規範や態度に生じる葛藤を、軽妙な語り口で言い当てたストーリィをいくつも生み出しました。こうした作品は、彼自身の人生を貫く中核的テーマの一つを表現しているとみられるでしょう。タビーは、学生の頃から二つの階級社会の間で、いわば文化的にからめ取られていたといえます。そして、彼の問題に対処する方法は、演じることであり、人を笑わせることでした。彼は、演技を傍から眺める観察者になりました。また、後には自ら作り出したショーの観客を観察する作家にもなりました。それは、当然の帰結といえます。学校も兵役も、彼は喜劇役者を演じることで、切り抜けてきたのです。サリーとの間にはさまざまな違いがありました。彼は、「穴のあいている、薄汚れた黒っぽいセーターを着て、長い油染みた髪」（同二七一頁）をしていました。そんな彼が彼女の気を引くときもやはり、彼女を笑わせるというやり方でした。

彼の生活についてのこうした説明の背後には、タビーにとっての〈良い生活〉への思いがありました。さらに、彼のライフ・ストーリィが埋め込まれている神話的なマクロナラティヴがありました。そのマクロ・ナラティヴは、彼の考えを支配していました。タビーにとっての〈良い〉という意味を、小説のテクストの一節が浮き彫りにして言い表わしています。その一節は、ボビー・ムーアの訃報に接したときのタビーの反応です。タビーは、サッカーの試合で英国が南米とヨーロッパの他国に屈辱的な敗北を喫したときのことを思い出しました。その英国のチームを率いていたのが、「物静かで、自信にあふれ、落ち着いていた」（同一二五頁）ボビー・ムーアだったのです。彼は、「頭を上げ、背中を真っすぐにし、突撃する騎兵隊の隊長のように、ボールを蹴って守りから攻撃に移る姿」（同一二五頁）を連想しました。さらに、一九六六年のワールドカップ決勝をテレビで観戦したときの記憶が、共有した体験として思い出されてきました。

ボールが相手のネットに入ったとき、近所の家の開いた窓から歓声が聞こえた。試合が終わると、人びとは満面に笑みを湛えながら裏庭に出てきたり、通りに出たりし、これまで「おはよう」以外何も言わなかった隣人と試合についてしゃべった。
（Lodge, 1995, p. 91. 同一二七頁）

ここに描かれた良い生活は、人びとがナラティヴを共有し、そこで一つのまとまりを形成しているというものでした。この場面は、その趣きを伝えています。しかし、それは、失われてしまったのです。その場面では、一直線のモラル的価値観や国家的アイデンティティへの誇りが息づいていました。ところが、その時代は、レザボア・ドッグス（Reservoir Dogs）の世界とロイヤル・ファミリーの不倫に取って代わられたのです。

3　心理療法

もう一つの中心的なストーリィ・ラインは、心理療法でタビーの身に起きた出来事についての、彼のナラティヴに関するものでした。タビーは、過去五年間に二回の心理療法を試してみたようです。一度は、夫婦カウンセラーによる数セッションのカップル・カウンセリングでした。そしてその後、抑うつ状態に陥ったために、およそ六か月間の個人療法を受けています。彼のセラピストであるアレグザンドラ・マープルズ博士は、家庭医でもある開業医からの紹介でした。その開業医は、彼女を評して「非常に実際的だ。無意識を突っつきまわしたり」（前掲二六頁）して時間を空費することはしないと述べ、それを理由に彼女をセラピストとして紹介したのでした。タビーは、「そう聞いて（中略）ほっとした」（前掲二六頁）とのことでした。彼は、精神分析の効き目には、懐疑的になっていたのでした。彼は、「精神分析というものは、自己をほぐすものだ。糸を長く引っ張れば引っ張るほど、自分の欠陥がどんどん現われてくる」（前掲四五頁）と考えていました。

タビーは、好みのアプローチである認知行動療法について、以下のような言い方で説明しています。

たとえば、子どものとき、列車がトンネルのなかを走っている際に隣に坐っていた男に性的な悪戯をされたが（列車がトンネルに入りコンパートメントが暗くなったので）、列車がトンネルを抜けても、怯えていて恥ずかしかったので男に文句を言う勇気が出ず、その後、そのことについては両親にも誰にも言わず、その記憶をすっかり抑えつけてしまったとする。（中略）認知行動療法士は、公共交通機関を利用して乗り物に乗るのに慣れるようなプログラムを作ってくれるだろう。たとえば地下鉄のインナー・サークル線に乗るのだ。最初は次の駅まで、二回目は二つ目の駅まで、三回目は三つ目の駅までという具合に。初めは電車の空いている時間に乗り、次にラッシュアワーに乗る。そして、降りる駅が延びるごとに、一杯飲むとか、食事をするとか、新しいネクタイを買うとか、なんであれ好きなことをして自分を褒めてやる——やがて、自分の努力の成果と、そういう、自分に対するちょっとしたプレゼントでおおいにいい気分になるので、怖がることを忘れ、ついに、怖いものは何一つないということに気づく。ともかく、理論上は。

（Lodge, 1995, pp. 15-16. 前掲二四-二五頁）

明らかに、タビーは、認知行動療法のメタナラティヴ、つまりは心理療法変化がどのように生じるかについてのセラピストのストーリィを言い当てています。

実際、アレグザンドラは、行動療法と認知療法を組み合わせて用いているようでした。彼女は、タビーに、リラクセーションと呼吸訓練によって不安をコントロールする術を教えています。加えて、彼の否定的なセルフ・トークを反駁することを意図して、数々の認知療法の技法を使っています。たとえば、彼は「彼女は、わたしが自分について否定的な言葉を使うたびに咎める」（同二七頁）と述べています。彼は、自らを「病的である」とか、「特権的怠け者」という言葉で呼び、自己否定をしていたのです。彼女は、それを指摘したのです。また、彼女は、宿題として筆記課題をやってくるよう求めていました。これは、自己の行動を記載する課題でした。つまり、日常生活において良かったことと悪かったことのリストを作成してくることが課題となっていたのでした。さらに彼女は、タビーが自分についてあまりにも高い理想をもっていて、それがために自尊心の欠如に悩むことになると指摘しました。そして、抗うつ薬であるプロザックを使うことには、難色を示しました。そうこうしているうちにタビーは、サリーから結婚生活の破局を宣言されました。その結果、彼は、どん底の危機を迎えることになりました。それに対してセラピストである彼女は、「他人が自分のことをひそかにどんなふうに考え、どんなふうに互いに話し合っていると思うかについて、できるだけ正確に書いてみたらどうか」（同二九四頁）と提案しています。こうして最後の宿題は、タビーの生活を他の重要人物の視点から書いてみるという日誌のかたちで、終わりを迎えることになります。

4　変容のプロセス

タビーは、自らのライフ・ストーリィや心理療法プロセスについて説明をしています。この説明は、この小説／事例のもっとも重要な側面を浮き上がらせるための背景や文脈を構成しています。それによって、どのようにしてタビーが抑うつを、（そして膝の痛みを）克服するのかが明らかとなります。つまり、心理療法は、タビーに、ある種のハッピィエンドを提供したのです。心理療法によって、彼は一つのお話（tale）を得たのです。このお話は、問題の解決に至る道筋を示すものであり、ストーリィに込められたメッセージ、あるいは〈モラル〉を言い表わしていました。タビーは、抑うつ状態に見舞われた他の多くの人びとと同様、自分の苦境を何とかしようとして、たゆまぬ努力を続けていました。彼は、セラピストの助けを得て、さまざまな〈生活上の実験〉を試みていました。そのような試みのなかには役立ったものもあれば、役立たないものもありました。しかし、ここで大切なことは、彼がそれまでとは異なる、新たなライフ・ストーリィを前向きに探し求めたことです。彼は、自分にしっくりきて、生きやすいストーリィを求めていました。そのようなストーリィが満足できる生活の土台となるのです。

タビーの危機は、妻がテニスコーチと関係しているのではないかと想像したときに訪れました。それは、この世界に対する獏とした幻滅が次第にはっきりとした輪郭を現わし、わが身に迫ってきた瞬間です。このときのタビーの反応は、自分の世界を原状復帰させようとするものでした。彼は、コーチに挑みかかり、家に怒鳴り込むまでしました。その次に、タビーが心休まる世界を再構成しようとしてとった方策は、性的パートナーを他に見つけることでした。こうして彼は、さまざまな方法を使って三人の恋人候補にアプローチしました。一人目のエイミーは、昔馴染みの友だちであり、親友でした。二人目のルイーズは、ハリウッド映画関連の会社の役員で、数年前、彼にモーションをかけてきたことがあった女性でした。三人目のサマンサは、『お隣さん』の制作スタッフのなかでも、若くてとりわけ魅力的なメンバーでした。しかし、これら三人と通じようとする試みは、いずれも喜劇的な失敗に終わりました。西洋社会の男たちが中年期の危機に瀕して用いるアプローチとしては、きわめてありふれているといえるでしょう。すなわち、孤独感、生きる意味の喪失、疎外感を解決しようとして性的な親密さを求めるというものです。サリーが結婚生活を終わりにしたがっていることを知ってからの彼の反応を述べたくだりでは、タビーは、自分のストーリィを修復し、新たに組み立てなおしたライフ・ストーリィを再創出しようとするかのように振る舞っていました。ただし、あくまでも今まで同様に生活し続けられるためのライフ・ストーリィが目指されていました。彼の望みは、以前と同じ登場人物に違う役を演じさせ、プロットを維持することでした。

タビーは、こうした実りのない情事を追い求めていました。しかし、その一方で、彼は、自分がこれまで馴染みのなかった、まったく新しい方向にも引きつけられていることに気づいていました。彼は、キルケゴールに出会ったのでした。そして、その思想を参考にすれば、自分が感じていることを理解することができるかもしれないと思い、キルケゴールの著作にのめりこんでいきました。もちろん、キルケゴールの著作を理解するのは、たやすいことではありませんでした。それでもなお、彼の胸に響く何かがそこにはあったのでしょう。つまり、キルケゴールのなかに、自分自身を、そして自身の経験を見出したのです。さらに、幼少期の初恋の相手であるモーリーンへの思慕を強めている自分を意識するようになりました。そして、次第に彼女がその後にどのような人生を送っているのかを知りたいという気持ちを強くもつようになりました。「彼女は今、どんな人間になっているのだろう」と思うようになっていきました。彼は、モーリーンがよく「崇敬するようにわたしの顔をみる」（五三頁）ことを思い出しました。「その後、誰もそうしてくれた者はいない。サリーも、エイミーも、ルイーズも、時折わたしに色目を使う他の女たちも、そうしてくれなかった」（五三頁）と考えるようになりました。

学業面では落伍者を自認する彼は、それを埋め合わせるために見慣れない言葉に出会う度に辞書でその語を調べることをしていました。エイミーが会話のなかで、「アングスト」なる言葉を使ったときもそうでした。この語の意味を辞書で引いているうちに、そこに参照されていた実存主義、さらにはキルケゴールにたどり着きました。キルケゴールについて伝記事典で初めて読んだときの経験を、彼は次のように記しています。

その人生は短いと同時に退屈なもののように見えた。しかし、その項目の最後に、彼の著書の何冊かが載っていた。その題名を読んだときの気持ちをうまく言い表わすことはできない。うなじの毛が、もっと短かったら、立ったことだろう。『おそれとおののき』『死に至る病』『不安の概念』――哲学書の題名らしくなかった。的にバッシと当たる矢のように、私の精神状態を言い当てているかに見えた。

(Lodge, 1995, pp. 64-65. 同九一頁)

タビーは、キルケゴールの著作の多くを読み、そこから自分の歩んできた人生の意味を読み取ろうとしました。それと同時にキルケゴールと、レギーネという名の若い女性との婚約が破棄されたことに惹きつけられました。彼は、当初その著作に対して「なんとも退屈で、論旨を追うのがむずかしかった」（一二三頁）と感じていました。しかし、次第にそれらの著述のなかに、〈無知〉(not knowing) ということを理解させてくれる概念や解説を見出すようになっていきました。

キーアカガードを読むというのは、厚い雲のなかを飛行機で飛ぶようなものだ。時折、切れ間があり、明るく照らされた地面を一瞬垣間見ることができるが、渦巻く灰色の霧に、ふたたび包まれてしまい、自分がいったいどこにいるのか、皆目見当がつかない。

(Lodge, 1995, p. 109. 同一五一頁)

タビーは、キルケゴールを読めば読むほどにモーリーンを思い出すようになりました。タビーにとってモーリーンを追い求めることが、人生の意味を見つける手段になっていったのです。この追求を通じて、彼は今まで以上に自分のストーリィをまとめ上げることができるようになりました。つまり、子どもの頃の自分、今の自分、そして先々に望ましい自分というストーリィです。モーリーンとの関係性のストーリィは、その終わり方も含めて、別種のライフ・ナラティヴを構成するための要として浮かび上がってきました。

モーリーン・キャバナは、タビーの初恋の相手でした。通う学校は違っていましたが、毎朝、学校に向かうバスや市電を待つ間に顔を合わせていました。モーリーンは、厳格なカトリックの家族の出身でした。そのため、交友関係は、母親にがっちりとコントロールされていました。彼女の交友関係の中心は、教会活動を通してのものでした。タビーは、その頃の教会を再訪し、モーリーンがビードと結婚したことを知りました。ビードは、当時は中産階級の少年で、モーリーンをめぐる恋敵でした。タビーは、彼らの現住所をたどり、訪ねて行きました。その家に行き、ビードからモーリーンの消息を聞きました。彼女は、病気で息子を亡くした後、スペインのサンティアゴ・デ・コンポステラに向けて徒歩による数千マイルの巡礼の旅に出ていたのです。

タビーは、サンティアゴに向かう途上のモーリーンに会うために、近代のシンボルである大型の新車に乗り込みました。今や彼は、ただ一人になっていました。古い人生のしがらみから自由になったのです。彼は、彼女に会い、遂には巡礼に加わりました。そこで、彼は、ある種の啓示を受けました。それは、すべてが一変した瞬間でした。

5　タビー・パスモアの心理療法におけるナラティヴ・プロセス

では、私たちは、この小説／事例からポストモダン社会のカウンセリングと心理療法の特質について、何を学び取ることができるのでしょうか。『恋愛療法』は、心理療法について何を物語っているのでしょうか。第一に、このクライエントは、さまざまな点でポストモダン期の人間の特徴を備えています。彼は、テレビ番組の放送作家として伝統的な家族構造を描き直す仕事をしています。しかし、実際には、情報／娯楽産業に携わっています。その点で彼は、〈専門家〉ではありますが、旧弊な種類の専門家ではありません。彼は、内省的な人物です。ここで大事なのは、タビーが自身をよく観察し、自分の振る舞いについての別の読み取られ方を自覚していることです。人間関係のネットワークは、断片的で、かつ世界中にまたがっています。つまり、所が変わり、相手が変われば、〈自己〉も変え得るということです。そして、世界に蔓延する危機、危険を敏感に感じ取っています。彼は、目利きの消費者なのです。さまざまな意味で彼は、深みのない、上辺だけの人間にみえます。内なる自己や無意識を目指す旅路というメタファーに依拠して自分のストーリィを構成することはありません。彼のストーリィは、たしかに一種の探求ではあります。しかし、その旅路は、場面の連続に過ぎないのです。参考図書、図書館、キルケゴールの墓碑、スペインといった具合です。

そしてまた、タビーは、心理療法の熱心な消費者でもあります。彼は手に入る限りの心理療法について、それらが何をしてくれるのかということを含めて豊富な知識を集めています。さらに、彼は、セラピストが示した提案や課題をほぼすべて実行しています。ただし、そのことは、彼が受身的に処方を守る〈患者〉であることを意味するわけではありません。彼は、セラピストのアレグザンドラの〈手中〉にあったのではありません。むしろ能動的に自分のニードに合うように彼女を利用していました。この点は、エイミーと比較することで、否応なく際立つ特徴です。エイミーは、果てしなく続く精神分析を受け、分析家に頼りきっているように描かれています。タビーは、こうした精神分析に見込みがあるとは到底思えないと考えていました。彼にとって、心理療法は終結を目指す一手段なのです。たしかにアレグザンドラの介入（たとえば日誌をつけるよう促したこと）が、タビーにとって非常に役立つものに思えたということはあったかもしれません。しかし、アレグザンドラの指示を修正し、彼女が予想もしなかった方法で推し進めたのは、紛れもなくタビー自身でした。たとえば、生活場面で他人から自分がどのように見られているかを書き留めるように指示されたとき、タビーは、セラピストの期待を超えて、自分のストーリィを劇化してみせたのです。アレグザンドラは、否定的な自己陳述や自己認知に直面化させるつもりで課題を出していました。この探索が、タビーにとって、その課題は、現在のライフ・ナラティヴの探索へ乗り出すための誘い水となりました。この探索が、彼のライフ・ナラティヴにおける意味の欠如や虚無感を徹底的に白日の下に晒すことになりました。そして、他人が自分をどのように見ているかについて書き留めるという行為は、タビーに、しばらくの間、この世界から退却することを余儀なくさせました。そして、ロンドンのアパートという避難所に引きこもり、人との接触をできるだけ避けることになりました。彼は、そのように引きこもることで、古くて役立たなくなっていたナラティヴを維持しようとしたのです。

このようにクライエントは、セラピストがほとんど考えもしない方法で、セラピストの介入や提案を自分で調整しながら取り入れるのです。こうした方法でクライエントが心理療法に接することは、たいていの、いや、すべての心理療法で生じ得ます。しかし、心理療法のこうした側面は、おそらくは表面化することはありませんでした。それは、心理療法におけるクライエントの経験をはっきりと、しかも詳細に渡って報告した例がこれまでになかったからです。あるいは、そうした報告がクライエントから引き出されたとしても、事例報告をするセラピストがそれらを省いてしまったということもあるでしょう。つまり、クライエントの生の声が、セラピストの操作によって沈黙を強いられていたということです。このような事実も、クライエントが心理療法に接する方法を表面化させない要因になっていたといえます。実際、「クライエント」という用語自体が、受領者、〈問題ある人物〉という意味を匂わせています。そこには、能動的に自己選択する主体という意味合いが感じられません。

もう一つ、この事例には重要な側面が伴われています。タビーのライフ・ストーリィは、経験している〈問題〉の説明に終始しているわけではありません。それらの問題の〈解決〉の基本的要素も組み込まれているのです。この事例は、〈問題〉と〈解決〉の双方がどれほど含まれているかを示している点で重要なのです。特に初めの頃、タビーの日誌の大半はさまざまな不安についての描写に費やされていました。その不安は、妻との関係、仕事、自分の対人的な魅力、痛む膝についてのものでした。まるで自分自身を存在価値のない人物であるかのように言い表わす自己卑下的なストーリィもたくさんありました。しかし、ホワイトとエプストン（White & Epston, 1990）ならば、おそらくは〈ユニークな結果〉とか、〈解決〉ストーリィと呼ぶ箇所が、この〈問題がしみわたった〉談話のなかにも見え隠れしているようです。たとえば、当初、モーリーンとキルケゴールは、ほとんど何の脈絡もなく、タビーの意識に上ってきたと思われます。しかし、新たなライフ・ナラティヴは、この二人を中心にして構成され始められています。ともかくも、これらのイメージには意味があったのです。そして、次へ進むための手がかりとなったのです。

モーリーンとキルケゴールのストーリィは、どのようにしてタビーの人生の重要なテーマへと発展を遂げたのでしょうか。それは、「意味の追求に駆られる人間」という考え方と深く結びついていました。モーリーンもキルケゴールも、タビーの意識に登場した当初からたしかに重要なイメージでした。しかし、なぜ、どのようにしてそれらのイメージや偶像が意味をもつようになったのかについては、まったく明示されていません。タビーの人生の、この局面においてモーリーンとキルケゴールは、大きな意味をもったといえます。しかし、その意味内容は、暗黙に付されています。恐らく人間には、このようなストーリィの展開に直感的に反応し、そこに語られている以上のことに即座に気づく能力が備わっているのでしょう。数多のストーリィのなかには、私たちが引き込まれ、結末へと読み進めたくなるものもあれば、その一方でまったく心引かないものもあります。タビーは、モーリーンについて「彼女は、わたしがこの日誌をつけはじめて以来、わたしの意識にさっと入ってきては消えた。遠くの森の端で、樹木のあいだを動き、物陰にすっと入ったり、物陰からすっと出たりしているのがチラリと見える、ぼんやりとした人影のように」（邦訳三〇七頁）と記しています。タビーは、青年期のモーリーンとの関係というストーリィから、自分にとっての意味をゆっくりと引き出せるようになります。そして、それらいくつかの意味を組み込んだ形式で、新たなストーリィを構成できるようになります。つまり彼は、ライフ・ナラティヴのなかに位置づけられるように、モーリーンを〈語り直し〉、また、おそらくは〈修復〉をしているのです。

『恋愛療法』のナラティヴは、身体・運動的な経験の核心的な意義について繰り返し言及しています。タビーは、若い頃の自分にとってはスポーツが心理療法だったと振り返っています。この事例の主眼を成している中年期危機に至ると、膝の痛みが彼の不機嫌の中心になりました。膝の痛みのためにスポーツを楽しむことができなくなったのです。そして膝のせいで、さまざまなセラピストのもとを訪ねる結果になりました。この痛みの意味は、彼にとって奇妙で不可解に思えました。いわく「自分には分からない」ということになったのです。そして、この行き詰まりを遂に打開したきっかけは、痛みを甘受するリスクに対して意図的に自らの身を委ねたことでした。モーリーンと同行する道すがら、彼はこの膝の問題が明らかに悪化する危機を冒しました。しかし、実際には反対のことが起きたのです。膝は、もはや彼を悩ませはしませんでした。たいていの種類の心理療法では、セラピストやクライエントが身体的な経験を話題にするとき、感情や情動を報告／表出したり、ジェスチャーや姿勢を解釈したりといった形式をとります。そして、心理療法では、通常クライエントとセラピストは椅子に座っています。つまり、実のところ、身体的な意味で両者が一つの世界に関わり合うことはないのです。ロッジが言わんとしているのは、タビー・パスモアにとっての〈心理療法〉が、単にアレグザンドラとのセッションのみを指すのではなく、彼の生きている時間中の活動全般を形成しているということのようです。このような幅広い観点から考えた場合、彼が得た啓示は、認知的な出来事や洞察の瞬間ではなく（たしかにそれもあるでしょうが）、身体的な出来事、つまりサンティアゴへ続く道を歩むことに由来しているものだったのです。

最後に、『恋愛療法』が伝える主なメッセージの一つを挙げておきましょう。すなわち、人生における意味の構成とは、単に心理的な結びつきを作り上げる営みというものではありません。たとえば、（精神分析理論が指し示すように）幼児期の経験と成人期の情動や行為とのつながりを理解するというものではないのです。また、（認知行動理論が指し示すように）抑うつ気分が続いているときに、それを維持させている〈非合理的〉で自滅的かつ自己批判的な思考のあり方に気づくといったものでもありません。もちろん、このような個々のナラティヴの一貫性に到達することは、タビー・パスモアの自己理解には役立つ面はあったでしょう。

しかし、もっと大事なのは、より包括的な、何らかの文化的ストーリィに取り組む方策を見出すことです。そして、宗教に代表されるような、より大きな〈意味の天蓋〉の下に自分の居場所を見出すことです。すくなくとも、タビー・パスモアにとっては、そうでした。リンチ（Lynch, 1996）の言葉にならえば、タビーは、「文化というストーリィの内へ身を乗り出す」ことができたといえます。そして、タビーの心理療法のもっとも重要な側面として浮き上がってくるのは、二種類のまったく異質なナラティヴ的な文化の源泉に携わったという点にあります。一つは、キルケゴールの人生のストーリィに現われた実存主義哲学です。もう一つは、巡礼です。これらのナラティヴの筋は、スペインのある場面において一つにより合わされました。そこでタビーは、現代の巡礼者のドキュメンタリーを作っているBBCフィルムのクルーに出会ったのです。彼は、カメラの前でインタビューに答えて、巡礼がキルケゴールの理論上の言葉によって理解可能であると語ります。それは、個人の思想における美学的、倫理的、宗教的な発達段階についての理論なのです。インタビューを終え、プロデューサーがタビーに公開許可書のサインを求めました。この段になってプロデューサーは、タビーが何者であるかに気づき、このインタビューすべてが茶番であると思い直すのでした。著者のロッジは、このストーリィの意味に総仕上げをすべく、本書の冒頭において私たち読者に向けて一言述べています。それは、「登場人物とその行動は、〈まったくのフィクション〉である。ただし、このドキュメンタリー・プロデューサー一人〈は別として〉」というものでした。

『恋愛療法』は、人生の方が自分から逃げ出して行ってしまいそうななか、最善を尽くそうとしてもがく一人の男性のストーリィです。本の結末に近づくと、ロッジは、タビー・パスモアの人生のメタファーとしての意味をもつイメージをいくつか登場させています。読者は、それらのメタファーを通してタビーの人生が根本から覆ったことの意味が感じ取れるようになります。スペインを去るにあたってタビーとモーリーンは、〈地の果て〉を意味するフィニステーレ岬を訪れました。タビーがロンドンに戻ると、マンションは空き巣に入られてもぬけの殻となっていました。しかし、もっとも強力なメタファーは、他のところにありました。そのメタファーは、プロット全体に織り込まれた一つの葛藤から浮かび上がってきます。それは、『お隣さん』の主要登場人物であり、シェークスピア劇の女優でもあるデビー・ラドクリフをめぐるものでした。彼女は、このテレビ・ショーから降板し、演劇の仕事に集中することを決めていました。そこで、「どのようにしたら視聴者を手放すことなく、彼女を外すプロットが書けるだろうか」ということが、タビーにとってのテーマとなりました。結局、この登場人物は、交通事故で死ぬということにしました。しかし、即座に幽霊として甦らせるプロットとしたのです。この幽霊は、唯一、夫に対してだけ話しかけることができ、また夫だけに姿が見えるというものでした。ここで、ロッジ／タビーは、私たちに「もし、人が、世界に向けて語れるようにライフ・ストーリィを首尾よく変えることができたならば、そこで何が起きるのか」という問いに対する答えを語っているのです。周りの人からすれば、眼に入るのは、新たなストーリィや改定された筋立てばかりでしょう。しかし、古いストーリィも存在を保っていて、ときには警告や助言の声を発してくれるのです。

6 結び――『恋愛療法』を吟味する

タビー・パスモアの膝にまつわるストーリィは、〈ポストモダン〉なナラティヴ・セラピィの事例として読み解くことができるでしょうか。ここに登場する人物は、完全に、モダン世界の住人です。地域共同体に埋もれて生活しているのではありません。むしろ、内省的で、進歩と専門性を信頼しています。彼の両親や祖父母にとっては、伝統や儀式が人生を組織化するための核となっていました。しかし、彼は、そのような伝統や儀式を失い、あるいは自ら捨て去った一人です。ところが、彼は、人生に意味を生成しようとする過程で伝統的なキリスト教世界の最古の儀式、すなわちサンティアゴ・デ・コンポステラに向けた巡礼に参加したのです。さらに、キルケゴールの著作のなかに、自分の人生に対する異なる見方をみつけています。それでもなお、彼はこれらの世界にどっぷりと浸りきることはできないのです。そして、近代性と伝統の要素を結合させるといった、彼独自のやり方にたどり着きました。こうしてタビーは、〈自らに自らを提示〉できるようになったことに気づきます。彼は、自分が生きるストーリィと折り合いをつけたのでした。ストーリィは、どうにか〈ぴったり〉くるようになりました。彼は、人生のこの時期に生じた出来事の渦中においてある種の通過儀礼を受けたのです。その儀礼を通じて、サリーの夫としての従来のライフ・ナラティヴは、それらの出来事群を含む説明に組み込まれるようになっただけではありません。ライフ・ナラティヴは、昔と今のモーリーンとの関係性や、実存主義哲学に代表される知識への没頭にまで及ぶ説明に組み込まれるようになったのです。この新たなナラティヴは、以前には存在していなかった未来についての意味を伝えています。タビーは、『恋愛療法』の始めの頃、自分自身に囚われ、動きがとれない状態でした。しかし、彼は、『恋愛療法』が終わる頃までには、それとは対照的に可能性と意味と目的に満ちた未来へと動き始めたのです。

タビー・パスモアのストーリィは、ナラティヴ的かつ構成主義的な心理療法における、いくつもの主要なテーマをうまくまとめ上げています。心理療法中の人間は、能動的、内省的で、意図的な主体です。また、利用可能な文化的資源を用いてアイデンティティを構成しています。彼は、社会と文化に埋め込まれているのです。自分が何者かということの意味は、個人史だけではなく、関係性、役割、文化から引き出されるものなのです。したがって、人として存在する経験には、深部にある〈内なる自己〉との出会いが、ことさらに求められはしないのです。そうではなく、人は、核となる実存的な葛藤を経験するのです。その葛藤は、他者との関係性のなかで生まれることもあれば、関係性を通して生まれることもあります。また、その葛藤は、痛みや場所という身体物理的世界との間に具現された関係性のなかに生まれることもあります。そして、セラピストは、まぎれもなく、そうした人生における重要で影響力の高い人物となります。セラピストの主な役割は、心理療法を受けている人間がライフ・ナラティヴの崩壊や喪失を受容できるように援助することでしょう。それとともに、それを組み込める新たなナラティヴの探求を図ることを援助することも役割となるでしょう。ただし、この新たなナラティヴやライフ・ストーリィ自体は、セラピストによってもたらされるわけではありません。それらは、〈外にある〉、つまりは文化のうちにあるストーリィ・ラインなのです。そして、それらが、世界での異なる振る舞い方、他者との関係性の異なるタイプをもたらしてくれるのです。

第8章
心理療法の新しいかたち

本書では、心理療法の理論と実践に現われてきた新たなアプローチについて論じてきました。そのアプローチでは、人間のコミュニケーションと社会においてはナラティヴが中心的な位置づけにあることを基盤に据えています。それこそがポストモダンの構成主義的思想にもとづくナラティヴ・セラピィです。第5章と第6章でそのナラティヴ・セラピィの基本的な構成要素となっている考え方を示し、前章ではその実例を解説しました。この最終章では、心理療法における〈物語論的転回〉の意義を吟味します。

心理力動的、もしくは認知的／構築主義的なセラピストも、ナラティヴが心理療法に果たす役割を理解するうえで多大な貢献をしてきました。しかし、それらのアプローチは、個別的で自律的、そして他から独立した自己を維持することを前提としていました。その点でそれらの心理療法は、近代の概念を堅持したままという限界がありました。それに対して、私の見解では、第5章から第7章まで論じてきたように構成主義的なナラティヴ・セラピィは、心理療法に対するまったく異なる立場をとっていると思われます。それは、社会的存在としての人間という点を前面に押し出す立場です。つまり、文化とそのストーリィの内に（あるいはそれらを通じて）生きているという意味において社会的存在の意義を前面に押し出しているのです。こうした見解の相違は、心理療法に関連する諸領域にとってもさまざまな影響を与えるものです。たとえば、訓練、研究、倫理、そして究極的には心理療法という援助の本質に関わる領域に重要な影響を与えます。

1　ナラティヴ・セラピィの訓練

昨今では、カウンセリングと心理療法の訓練に必要な要素に関しては、かなりの程度でコンセンサスが得られています（Dryden & Thorne, 1991；Dryden et al., 1995 を参照）。たとえば、理論に関する基礎知識や多様な対人スキルの学習は、セラピストを目指す者の必修の要素として幅広く認められています。この他にも倫理、守秘、職務範囲といった職業関連の広範な事項についても必修の要素となっています。また、訓練中のカウンセラーやセラピストは、自らの仕事に占める文化的次元の重要性を認識し、研究活動の寄与について正当に評価することも必修の要素といえるでしょう。こうしたカリキュラムの諸側面が、個人療法や体験的グループワークを通じて、最終的にはセラピストという一人の人間のなかに統合されることが望ましいということになります。こうしたカウンセリングと心理療法の訓練プログラムは、徐々に大学教育に組み込まれるようになってきています。教育方法として、体験学習（往々にして現場研修やインターンシップという形をとる）と理論学習を組み合わせて学習を進めるという形式がとられるようになっています。その点で医師、看護師、ソーシャル・ワーカーなどのヒューマン・サービス専門職向けのプログラムと似てきています。新たにカウンセラーやセラピストの訓練を受けようとする者は、ほとんどが大学の専門分野として心理学ではじめに学位を得ています。あるいは看護、医学、ソーシャル・ワーク、教育に関連したヒューマン・サービス職でまず経験を積んだ後に、心理療法の専門職に就く者も多くいます。

それでは、ナラティヴ・アプローチは、心理療法の訓練にどのような変化をもたらすでしょうか。ナラティヴ・セラピィが、人びとの語るストーリィの考え方に影響を及ぼすことを目指すならば、セラピストは、一人ひとりの語りであるナラティヴに集中しなければなりません。つまり、セラピストの担当するクライエントが、いかに自らの話を構成し、物語るかに耳をそばだて、傾聴するということが必要となるのです。心理療法のナラティヴを論じている者のなかには、ストーリィの意味が生成し、整えられていくプロセスの多様性に関心を寄せる者がいます（Bamberg, 1991；Russell & van den Broek, 1992)。また、多くのセラピストは、言語的特徴が情動の動きと深く関連していることに気づいています。たとえば、能動／受動態や主体的意図の忌避を表わす「私は……しなければならない」といった表現などは、情動の動きがその背後で関連しています。ギー（Gee, 1986, 1991）やランジュリエ（Langellier, 1989）のような言語学のナラティヴ論者の見解を参考にすれば、クライエントのストーリィに埋め込まれた意味を、より豊かに聴き取ることが可能になります。バンバーグは、〈臨床的聴取〉の有効性を高める手段として、ナラティヴ論の潜在的可能性を認めるように主張しています。

では、次にクライエントのストーリィを能動的に共同構成するセラピストの役割についてみていくことにしましょう。オマー（Omer, 1993a）は、セラピストが行なうことは、必然的に職人芸的であり、劇作や創造的な著述や修辞に通じているものが求められると提言しています。そしてオマーは、心理療法が最大の効果を挙げるには、セラピストの個々の発言だけではなく、心理療法のセッションの流れやリズムの全体像を意識的に活用する意義を強調しています。たとえば、心理療法のセッションを一つの実体として想像することが役立つとして、「一セッションがもつ形式上の構成は、（中略）ストーリィや音楽の一節がもつそれと同様に重要であろう」と述べています（Omer, 1993a, p. 64)。セッションが効果を挙げるのは、終わりの頃のクライマックスによる場合もあれば、始まりの頃のクライマックスによる場合もあります。あるいは、たとえば、ゲシュタルト療法の二つの椅子の技法を用いるなどして心理療法を構造化することもあります。セラピストとクライエントのやりとりを微細に、瞬間レベルで考慮するならば、セラピストによる個々の発言は、その〈詩的〉性質を考慮して形成される必要があります。オマーは、観察にもとづいて次のように述べています。

> ……心理療法で言葉の使い方についての第一の教訓は、良質な作文についての第一の教訓とよく似ている。短く、シンプルに、具体的にすること、専門用語や回りくどい表現は避けること、相手が理解しやすいようにすること、能動態を用いることである。
>
> (Omer, 1993a, p. 60)

心理療法の言葉の使い方に関連する、他の要素としては比喩やイメージを活用する能力、言語表現の身体物理的特性の有効活用、速さや音の高低、丁寧さに応じて声色を調節する能力があります。この点に関してオマーは、「もしも心理療法における実証主義の衰退を真剣に思案するならば、重視すべきは、理論の問題よりも、言葉の使い方の問題となる」と提案しています（Omer, 1996, p. 331）。オマー（Omer, 1996）は、言葉の使い方については、同一の理論的背景に立って活動する熟達したセラピストの間でも必ず相違がみられることを明らかにしています。したがって、セラピストは、クライエントに最大限の効果をもたらすためには、クライエントの持ち前の資質、価値観、文化的アイデンティティを表出することを可能にするように言葉の使い方を工夫し、自らのスタイルを確立する必要があるといえます。

したがって、ストーリィに耳を傾けるセラピストは、クライエントが文化から入手できるストーリィの蓄積を知る必要があります。クライエントが、セラピストには馴染みが薄く、意味が分からない映画や小説について語ることも少なくないでしょう。もしもクライエントとセラピストが相異なる文化や民族の出身者ならば、ナラティヴの資源の重なり合いは最小限に留まります。クライエントにとって大きな意味をもつストーリィは、彼らの世界に入り込むための強力な手段となっている場合があります。しかし、クライエントに対して「自分自身にとって大きな意味をもつ宗教的、創作的ストーリィを話してみるように」と促すセラピストは、非常に少ないでしょう。また、それらのストーリィを、自ら手に取り、読んでみる労を惜しまないセラピストもまた、あまりにも少ないといえます。

ナラティヴ・セラピィのセラピストには、ストーリィへの感受性が求められます。そこで、ストーリィに関する、それまでの経験や関心にもとづいてセラピストを養成することは、理に適っています。明らかに、一群の人びとはナラティヴに対して高度に発達した〈耳〉を持っていると思われます。たとえば、それは、言語学、文芸批評、劇文学、人類学などの訓練を積んだ人びとです。しかし、この種の体系的な訓練を受けていない、その他大勢の人びとであっても、その人なりの読み書き経験、物語行為への何らかの参画、テレビの視聴を通じて、ナラティヴに対する感受性を養っているといえます。

医学教育では、高度な技能を求められます。ところが、医学生に、人間として患者との関係を作る能力が欠けているという危険は広く認められるところです。医学部のなかには、患者がどのような経験をしているのかを推測させる能力を養う手段として、特定の文芸作品を検討し、議論する機会を学生にもたせるところもあります。これなどは、ストーリィ・ラインやジャンルへの気づきを促進するための手段として、心理療法の訓練にも容易に応用できる方法です。なお、ナイツ（Knights, 1995）による提言は、こうした分野への入門として卓越しているものです。

メイヤー（Mair, 1989b, 1990b）は、「談話学」（discipline of discourse）として心理学の再構成を主張しています。彼の提案する「談話学」のなかには、とりわけ修辞の〈古典的学問〉への回帰が含まれています。その「談話学」は、学問として次のように定義されています。

> ……私たちの話し方、特に、……決定的に重要なのが、新たな思考の〈場〉を作り出すことによる、想像的で開発的な発話である。こうした〈場〉は、あたかも森のなかの未開地のように、これから耕され、住まわれることに備えている。
>
> （Mair, 1990b, p. 8）

メイヤーが述べていることは、すでにオマー（Omer, 1987, 1993b）が援助的〈影響力〉の文脈で論じた事柄と同様であり、両者は、まさに相通じるものがあります。すなわち、そこでは、セラピストは、どのようにしたら人を癒やす心理的な対話を構成できるのかが問われているのです。メイヤーと同様にグレイザー（Glaser, 1980）とフランク（Frank, 1987）も、心理療法と修辞学理論との関連性を探求することを推奨しています。

心理療法にナラティヴの観点を適用することによって、訓練についても多様な可能性が開かれるようになると思われます。おそらくは、このような訓練課程のもっとも大きな意義は、セラピスト自身が生活するストーリィの世界を省察し、そこでの発見を同僚のみならず、クライエントとの間でも共有するように導くことにつながるでしょう。そのような自己探求を導くのは、ローカルで文化的に構成された性質の意義を認識することです。なぜならば、私たちが生き、活動する基礎になるストーリィは、そのようなローカルで文化的に構成された性質を伴っているからです。このような観点に立つならば、科学に基づき、普遍的な妥当性を有していると考えられるメタナラティヴ（すなわち心理療法の諸理論）に対しては、これまでとは異なる見方をする必要性が出てきます。セラピストや指導者がそのような科学的なメタナラティヴに固執するならば、それは、近代の中核的価値観を心理療法の領域に盛り込むことに加担するだけだからです。

2　研究、そして知の構築

ナラティヴの観点は、カウンセリングと心理療法の研究に今までとは異なる論点を問う方向性をもたらします。本書では、これまでの章において心理療法におけるナラティヴの役割に関する先行研究のほとんどを網羅してきました。そこからも明らかなように一九九七年の時点での研究の蓄積には、数多く不明な点が存在していま す。むしろ、研究が蓄積されているというよりも、まだまだ分からない点が多いというのが妥当なところでしょう。バーギンとガーフィールド（Bergin & Garfield, 1994）が編集した心理療法の研究に関するレビューは、明快かつ権威あるものとされています。しかし、その索引では、ナラティヴやストーリィといった項目は取り上げられていません。総じて言えば、心理療法のナラティヴ・プロセスを考慮した研究であっても、そのプロセスは、心理療法の他の側面を問題にしたことの副産物として盛り込まれているに過ぎないのです。たとえば、ルボルスキーによるクライエントのナラティヴについての研究は、転移や解釈といった精神分析の概念を研究することを目的としたプログラムの一部なのです。レニーによる物語行為についての論文もやはり、心理療法の時間をクライエントがどのように体験しているかを問題にした大規模な研究に組み込まれているものです。おそらくナラティヴが研究の主要な焦点とされた研究は、わずかにアンガス、ラッセル、マクアダムス、そして著者自身のグループによるもののみでしょう。

心理療法におけるナラティヴの役割やナラティヴに着想を得た心理療法のプロセスについては、本書では実践に多大な影響を与え得る研究領域の一例として取り上げています。しかし、それは、こうした領域にはまだ明らかにされていない事柄が多いので、とりあえずその領域の一例として位置づけたというだけのことです。実際には、本書で扱いきれなかった疑問として、以下のようなものがあります。

- 心理療法のオリエンテーションが異なると、ストーリィの共同構成プロセスに関しても明らかな違いがみられるのか。
- 〈成功した〉心理療法では、どのようなパターンやプロセスを辿ってストーリィの修復や再構成が生じているのか。
- 心理療法が〈停滞〉したり、行き詰ったりしたとき、ストーリィには何が起きているのか。
- 面接室で語られた〈問題〉のストーリィと、たとえば友人との会話のような、その他の場面で語られたストーリィとの間には、どのような関係があるのか。

・心理療法のクライエントの〈改善〉は、ストーリィの語り方や語るストーリィのタイプにはどの程度表われているのか。つまり、ストーリィは、効果を知る測度として使えるのか。
・心理療法にナラティヴ技法を導入する有効性は、抑うつや不安の尺度得点を用いて測定した場合、どのくらいになるのか。
・ナラティヴ・アプローチの訓練を受けたセラピストは、能力が向上するか。
・文化や民族集団が異なると、心理療法の物語行為にはどのような差異が生じるのか。

これらの（そしてこの他の）問いに答えるために研究を発展させるためには、心理学の概念や方法を利用するだけでは不十分です。心理学以外に哲学、言語学、社会人類学、文芸批評、文化研究といった学問領域の概念や方法が必要とされます。心理療法の研究者は、これらの領域のなかにこそナラティヴを理解するための豊富な資源を見出すことができるでしょう。さらにまた、心理療法のナラティヴを研究するためには、解釈的（interpretive）手法や解釈学的（hermeneutic）手法が必然的に求められます。それらの手法は、あるコンテクストにおけるひとまとまりの意味としてストーリィの統合性を重視しています（Riessman, 1993)。

ナラティヴ・アプローチは、カウンセリングと心理療法の研究を、従来とは異なる方向へと誘います。現代の心理療法研究の大部分は、心理学の主流から引き出された問いを起源とするモデルに依拠しています。つまり、数量化と〈客観的〉測定、〈変数〉の操作的定義、独立した観察者が執り行なう実験的研究デザインの活用に特別に重きを置かれています。心理療法の〈科学的〉知識基盤が『サイコセラピィ・リサーチ』『ジャーナル・オブ・コンサルティング・アンド・クリニカル・サイコロジー』『ジャーナル・オブ・カウンセリング・サイコロジー』などの雑誌に発表された実験研究や『ソサエティ・フォ・サイコセラピィ・リサーチ』の会報で報告された調査研究によって規定されるとするならば、どうでしょうか。この領域の研究は、ブルーナー（Bruner, 1986）が〈パラディグマ的〉な認識とした様式にもとづき、その枠内に囚われているものです。近年にいたって漸く研究誌においても〈質的〉な解釈的研究が受け容れるに足る価値あるものとして、その適切性を認められるようになってきました（McLeod, 1996を参照）。しかし、それでもなお、専門誌に掲載される質的な研究活動のタイプは、限られています。結局、インフォーマントによってなされたナラティヴ的な説明は、データを集約する手続きの過程において抽象的で論理科学的な〈パラディグマ的〉知識に転換されているのです（Polkinghorne, 1988；Rennie & Toukmanian, 1992を参照）。

構成主義的な観点に立つならば、研究という活動もまた、異なったものとしてみえてきます。レニー（Rennie, 1994b）は、デルタイ（Dilthey）にまで遡る〈人間科学〉の伝統と心理療法研究との間の関連性に注意を寄せています。彼は、意味の解明を研究の目標に据えています。また、ガーゲン（Gergen, 1985）は、構成主義的研究の特徴を、社会における定義と活動を成り立たせているさまざまな前提に揺さぶりをかけ、その意味を問い直すことにあるとみなしています。似たような論調でローティ（Rorty, 1980）は、体系的な研究の目標として、社会的な会話と議論を維持させていることの解明があると論じています。

そのような研究活動は、〈自然を映す鏡〉や根本的で普遍的な真実の源泉として機能することを研究目標としてはいません。むしろ、社会構成主義の観点から定義される〈研究〉においては〈研究者〉も、もはや中立的で、不可視な存在とはみなされないことになります。実際、研究者の意図、経験、そして知の構築という課題に向けた研究者の関与の質が、研究プロセスの核心になってきています。研究という活動は、省察性とアイロニーに関わらざるを得ないのです。アイロニーとは、そこで前提とされているのとは異なる意味の表現を含むものです。したがって、社会構成主義の研究活動においては、社会で前提となっていることを疑ってかかり、自らの活動を見直し、既存の意味とは矛盾する視点をも組み込んでいく態度が必要となります。それらが、ポストモダンな生活の重要な構成要素であるからです（Giddens, 1991）。

一九九七年の時点では、カウンセリングと心理療法の研究において社会構成主義を標榜するものは、まだ非常に少数に留まっています。哲学的観点から行なわれた研究のなかに、その種の研究例が見出されるのみです。たとえば、そのような研究として、クッシュマン（Cushman, 1995）、デイビス（Davis, 1986）、エレンハウス（Ehrenhaus, 1993）、ガーゲン（Gergen, 1990）、グリーンバーグ（Greenberg, 1994a）、ルイスら（Lewis et al., 1992）、リンゼイ-ハーツら（Lindsay-Hartz et al., 1995）、マクレオッドとバラマウトソー（McLeod & Balamoutsou, 1996）などがあります。心理療法の文献には、ナラティヴ・プロセスに焦点を絞って検証した研究は、ほとんど見当たりません。しかし、社会学的、心理学的なトピックのナラティヴ分析に関する文献は、増えてきています。近年、それらは、『ジャーナル・オブ・ナラティヴ・アンド・ライフ・ヒストリー』や、リービッヒとジョセルソンが編集した『ナラティヴ・スタディ・オブ・ライブス』（Josselson & Lieblich, 1993, 1995；Lieblich & Josselson, 1994）にまとめられてきています。さらに、健康と病いをめぐる経験と談話のナラティヴ分析については有意義な文献が現われています。その多くは、クラインマン（精神科医）とミシュラー（社会学者）の独創的な業績から影響を受けています（たとえば、Hyden, 1995；Kleinman, 1988；Mishler, 1986；Monks, 1995；Stacey, 1996を参照）。したがって、ナラティヴに惹かれる心理療法の研究者が参考にできる研究のモデルやアプローチには事欠かないといえます。

心理療法に関するこうしたナラティヴ研究を進めるうえで考えておかなければならない、もう一つの論点として、発話と筆記という表現モード間の相互関係の問題があります。私たちが生活する文化は、あまりにも印刷物が優位です。そのため、心理療法で語られるストーリィも、小説のような書かれたストーリィの類似物とみなされる傾向が避けがたくなっています。心理療法のストーリィの意味を探るアプローチには、この点を見失う重大な危険性が常につきまといます。心理療法とは、あくまでも会話の一形態です。そして、心理療法の関係性とは、セラピストとクライエント（あるいは心理療法集団の他メンバー）間の発話による対話によって構成されています。それは、少人数のメンバーが構成する小集団文化に匹敵する何かを創り出す営みとみなすことができるでしょう。オング（Ong, 1982）は、筆記と発話のコミュニケーション形態の間には多くの相違点があり、それらは、相異なる心理的効果をもたらすことを見出しています。したがって、研究において重要なのは、クライエントとセラピストとの間の対話によって共同構成される会話的性質を取りこぼさない手法を見出すことです。こうした目標を成し遂げるための一つの技法として、心理療法のセッションを四行詩の形式でテクスト化する表記方法があります（Gee, 1986, 1991；Richardson, 1992）。詩は、口頭によるパフォーマンスから直接的に導かれた筆記形態をもちます。そのため、四行詩の構造とリズムは、ストーリィを耳で聴くことによって、生きた経験を捉えることを目指しています。下記に四行詩の形式で示したのは、心理療法のクライエントであるカールがセッションのはじめに語ったストーリィです。このストーリィは、すでに第2章において標準的な散文形式によって例示してあるものです。この四行詩版は、ストーリィの語り手が伝えてくる感情や、彼の経験する世界に散在する多様な〈声〉をいっそう細やかに表わしています。

〈私は彼女に強要されているような感じがしています〉

二週間前
一人の友達がオランダから電話をくれました。

九月半ばには

私はオランダにまた戻る予定で
その友達と私は
いっしょにアパートを借りて
二人で住むことに決めていました。

以前に私がオランダにいる間
彼女に話しかけて
「どこに行ったら何か仕事を見つけられるかな？」とか
「どこで仕事を見つけられるか分からないんだ」と言いました。

どこで仕事を見つけられるのか
そのために自分には何ができるのか、まったく分からなかったんです。

そうしたら彼女は
学校の先生をしている人を
知っているって言いました。

私、教師なんです。
そう、教師なんです。

その人物に電話をかけることも
自分にいくらかでも教える時間を
担当させてもらえそうかを
尋ねることもできました。

それで、私は彼女に
自分で尋ねるって言ったんです。

その後、二週間前に
こちらに戻ってきたら
彼女から電話でこう訊かれたんです。
「あの人に電話したの?」って。
私は「いいや」と答えました。

すると、さっき話したような感じが起きました。

ああ、なんで彼女は私のやり方に任せてくれないんでしょう。
なんで、自分でさせてくれないんでしょう。
どうして、私にそうさせたがるんでしょう。

彼女に対して言えませんでした。

「気にかけてくれるのは本当にありがたい。でも、正直言ってあんまり気乗りしないな。自分でそんなふうにしようとは思えない」とは。

だって、そうしたら彼女は私のことを拒むようになりそうで怖くて。

それで、彼女にそうは言えませんでした。

今、私は彼女に強要されているような感じがしています。

3　さまざまな実践モード

私たちの活動は、さまざまな思い込みや社会的に構成されたプロセスに支えられています。社会構成主義の趨勢は、これらに対する吟味や懐疑を善しとすることで推し進められてきました。コヴェル（Kovel, 1981）、クッシュマン（Cushman, 1995）、ガーゲン（Gergen, 1990）、グリーンバーグ（Greenberg, 1994a）、リンチ（Lynch, 1997）、パーカーら（Parker et al., 1995）、サス（Sass 1987, 1990）の著作は、心理療法や〈メンタル・ヘルス〉の領域に、こうした〈脱構築主義〉の一撃を加えました。それらの業績には、ほぼ共通した主張が含まれています。それは、社会構成主義の観点からするならば、学問領域としての心理療法には自らの内なる矛盾によって圧し潰される惧れがあるという主張です。この点に関するガーゲンの見解は、以下の通りです。

もしも、本質的な〈病い〉というものが存在しないならば、〈治癒〉とはいったい何を指すのだろうか。だが、このレベルでの疑念は、専門職の間に、苦悩の波紋を投げかける。なぜならば、治癒という概念を捨て去れば、心理療法の役目に疑念が生じるからである。もしも、現実には何の問題もなく、何の解決もないのならば、援助はいかにして正当化されるだろうか。人はなぜ心理療法による援助を求め、なぜその職業に就き、なぜそのサービスに金を払わなければならないのだろうか。

(Gergen, 1996, p. 214)

ここで論点の核心になるのは、心理療法の文化的位置づけです。第1章で論じたようにカウンセリングと心理療法は、近代社会における人びとの生活の主要テーマを擁護することを通じて、二十一世紀社会という織物に編み込まれてきています。それらのテーマとは、信仰にとって替わった科学思考に加えて医療専門職の力、市場の需求への対応、知的植民地主義、個人主義的な人間観、モラルの否定などです。社会構成主義は、以上のような立場すべてに対して批判的眼差しを向けます。そして、そのような方針で文化的に形成された心理療法の温存にも異議を唱えるのです。

したがって、ナラティヴの概念と方法を採用するセラピストが、現行の週一回約束された五十分間の個人面接に代表される確立された伝統と袂を分かち、新たな実践形態の開発に取り掛かったとしても、それは、なんら不思議なことではありません。さしあたり、こうした伝統を脱構築するための正攻法は、必要なセッション数や、一セッションあたりの必要な時間をクライエントに直接尋ねるというものです。たとえば、ローゼンバウム(Rosenbaum, 1994)は、精神科の外来クリニックで、一セッション二時間を上限として行なったシングル・セッションの心理療法の効果について報告しています。それによれば、クライエントのうち五八パーセントは、一セッションで満足しています。また、八八パーセントは、その時の問題が十分改善され、三カ月後のフォローアップ時点でも改善が維持されていると評価していました。他のセラピスト(たとえばEpston et al., 1992;

Holland, 1979 ; Zhu & Pierce, 1995）も、すべてのクライエントに週一回のセッションが適切と考えるのではなく、クライエントのニーズに合わせてセッション間隔を個々に取り決めています。もちろん、これらのセラピスト全員が、ナラティヴ的、構成主義的な枠組みを標榜して臨床活動をしているわけではありません。しかし、こうした実践は、ポストモダンという時代の流れを体現しているといえます。構成主義の枠組においてクライエントは、情報を与えられる消費者として位置づけられます。そして、自分に合っていると思える心理療法の種類や時間を自らが選ぶことが認められるということになります。このような発想は、徐々に受け容れられてきています。これは、〈介入〉の適切性は、熟練した専門家が判断するという発想とは対照的な考え方です。実際、ナラティヴ・セラピィの内でもホワイトとエプストンの学派は、クライエントに〈コンサルタント〉となるよう促しています。これは、心理療法の終結後にクライエントに戻ってきてもらい、心理療法チームに人が変容を成し遂げるための最善の方法をアドバイスする〈コンサルタント〉としての役割をとってもらうというものです。

第４章と第５章で論じたように、ナラティヴ・セラピィの実践には、さまざまな筆記形式の課題が組み込まれることがあります。ビレンとビレン（Birren & Birren, 1996）は、個人の洞察を深めるモードとして「誘導自伝法」（Guided autobiography）という分類を設定したと報告しています。この分類は、筆記による心理療法的効果を十分に活用するだけではなく、〈心理療法〉というラベルに含まれる否定的意味合いを払拭することも狙っています。また、心理療法に対する西洋的アプローチがもつ普遍主義的で植民地主義的な傾向に対抗しようとするセラピストの数も増え続けています。そのような目的のために他文化圏のヒーラーやシャーマンと慎重に協議を重ねたり、そうした人びとの実践から発想や技法を取り入れたりしているセラピストもいます（こうした展開を概観するためには、Gersie, 1991 ; Lee & Armstrong, 1995 ; Walter, 1996 を参照）。ラパポートとシンキンス（Rappaport & Simkins, 1991）は、小規模の相互支援的地域共同体の生活改善に向けてナラティヴを活用する方法を提案しています。

ナラティヴ・セラピィによってもたらされるもっとも刺激的な一側面は、おそらくそれが切り開く創造的可能性の巨大さでしょう。心理療法が科学にもとづく〈介入〉であり続けることに終止符を打つということを考えてみましょう。そして、心理療法が、生きるためにストーリィを用いる権限を人びと自身の手に戻すのを援助する手段になったとしたら、どのようなことが起きるでしょうか。おそらく新たな心理療法の実践形態が姿を現わす可能性が高まるでしょう。文化に蓄えられた資源は、莫大です。文化という資源は、〈良質な生活〉がどのようなものであるかを規定しています。また、それを維持しようとしてさまざまな対話、儀式、実践を進化させてきています。カウンセリングや心理療法は、こうした資源に、まだほとんど目を向けていないのです。

本章では、ここまでのところで実践面においてナラティヴ・セラピィが意味することを考察してきました。その際、セラピストの訓練、心理療法を成り立たせるモード、研究のテーマといった見地から論を進めてきました。そこで、次節では、社会構成主義の観点から心理療法を再構成し、心理療法の新しいかたちを創っていく際の概念的な難しさを検討することにします。

4　サバイバーのストーリィの〈真実性〉

カウンセリングや心理療法では、多くの場合、根気強く長時間に亘って人生のあらゆる局面を探索するという作業を行ないます。ナラティヴ的な観点からすれば、心理療法における主要な課題の一つは、人生について語り得るさまざまなストーリィを縦横に結びつける、一貫性の感覚を獲得することです。したがって、心理療法では、必然的にそれまで表出されたことがなかったと思われる人生経験の諸領域がナラティヴ化されることになるでしょう。おそらくセラピストは、クライエントにとっては相当に辛く、語るのが恥ずかしいストーリィの最初の聴き手となります。しかし、これらの事実は、驚くほどのことではなく、別段注目すべきことでもありません。クライエントのストーリィにじっと耳を澄ますのは、心理療法の中核的なスキルだからです。

しかし、近年、こうしたクライエントのストーリィの真実味という問題が、とみに議論の的になってきています。そこでは、〈多重人格〉と幼児期の性的虐待に関して思い出された〈記憶〉という、互いに関わり合う二つの臨床単位が争点となっています。この二つの現象を結びつける要は、抑圧というメカニズムです。幼児期に虐待されてきた人びとは、その出来事にまつわる極度の恐怖と脅威ゆえに出来事の記憶を意識から切り離してしまいます。その結果、自己がバラバラに〈解離〉される危機に瀕するために、別個の副パーソナリティ（sub-personality）や〈副自己〉（sub-selves）が生み出されるというのが、抑圧のメカニズムです。この理論のなかでも特に異論が出される部分は、心理療法中のクライエントによる記憶の回復という点です。つまり、心理療法によって、幼児期の虐待という事件に関して、それまで忘却ないしは抑圧されていた記憶が回復したとの報告がしばしばなされます。そのような記憶に、回復の真実性に関しての疑義が提出されているのです。そうしたクライエントのなかには、意を決して加害者である親を告発し、場合によっては裁判で賠償請求する者も現われました。心理学や心理療法の専門家の間では、このいわゆる「虚偽記憶症候群」をめぐって多方面から論議が沸き起こりました。今や議論は、過熱状態を呈しているといって過言ではありません。この論争は、メディアや法曹界、さらには一般大衆からもかなりの関心を集めてきています。論争から生まれた広範かつ錯綜した文献群は、特にガナウェイ（Ganaway, 1989）とエンスら（Enns et al., 1995）によって詳しくレビューされています。

以上の議論の核心は、長年にわたって埋もれていた遠い昔の出来事の記憶が、その後に再浮上することが果たしてあり得るのかどうかということです。言い換えるならば、記憶と目されているものが、実は過度に熱意あるセラピストによって〈植え付けられた〉ものなのではないのかという疑問です。それは、ストーリィの真実味の問題と言ってよいでしょう。心理療法に限らず、誰でもストーリィを語るときには過去に生じた出来事に関して説明をしています。もちろん、現在時制や未来時制でストーリィを語ることはあり得ます。しかし、それは、かなり限られた場合です。たいていのストーリィは、先行する場面についての記憶を元にしています。したがって、ストーリィとは、記憶をコミュニケートするための媒体なのです。

心理療法のアプローチのなかには、クライエントが語るストーリィの重視を謳うものがあります。そのようなアプローチにとっては、虚偽記憶をめぐる論争から避けて通れない挑戦を受けることになります。そのような心理療法アプローチについての懐疑論者は、それを根拠にして、過去を扱う心理療法の実践技法は無意味であると糾弾することにもなるでしょう。懐疑論者は、そうした心理療法がクライエントの人生の出来事に関して事実無根の偽りを扱っている可能性を指摘します。つまり、その種のアプローチは、事実無根の〈ファンタジー〉にクライエントを巻き込んでしまう危険を孕んでいることを糾弾の根拠とするのです。さらに懐疑論者は、クライエントのナラティヴの真実性を判断できる高みにセラピストを位置づける臨床手法に対しても糾弾するでしょう。このような懐疑論者の舌鋒の方が鋭いかもしれません。たとえば、精神分析的なアプローチでは、無意識的ファンタジーにもとづいてストーリィを解釈し、心理的防衛メカニズムを操作することが認められています。それに対して行動主義や新行動主義のアプローチでは、過去の記憶ではなく、観察可能な行動というエビデンスが必要とされます。もちろん行動主義や新行動主義のアプローチでも、ストーリィは用いられますが、それは、行動としての日常習慣を見つけ出すためのガイドとして用いられているのに過ぎません。したがって、虚偽記憶の問題は、精神分析のようにナラティヴに焦点化した心理療法が孕む危険性をセラピストに突きつけるのです。もしもナラティヴが間違っていたならば、あるいはそもそも創作されたフィクションだったり、嘘八百だったりしたならば、ナラティヴに焦点化した心理療法の成立基盤はいったいどうなってしまうのでしょうか。

スペンス（Spence, 1982a）は、物語的真実と歴史的真実の違いという区分を提示しています。しかし、懐疑論者にとっては、そのような区分はほとんど意味をもたないものです。実際、スペンスの著作は、急増したかに見える虚偽記憶の片棒を担いでいると、一部では考えられてきています。つまり、物語的真実のみに関心を寄せるセラピストは、クライエントの報告の〈現実〉的基盤を完全に見失い、語られた出来事が〈実際に〉生じたのか否かのチェックを怠る危険性があると、指摘されているのです。

このように〈虚偽記憶〉は、人びとを魅了し、心を揺り動かすトピックとなっています。しかし、こうした状況は、〈虚偽記憶〉の問題が現代の心理療法内部に存在するさまざまな対立の触媒ないしは避雷針の役割を果たしているだけのことのように思われます。少なくとも、私にはそのように思えるのです。ここでの対立とは、〈実験的研究〉対〈臨床的エビデンス〉の位置づけ、〈解放〉対〈社会統制の道具〉としての心理療法、〈セルフ・ヘルプ〉対〈専門的援助〉、心理療法技法としての〈指示的〉対〈非指示的〉の正当性、人間についての〈個人主義的なイメージ〉対〈集合主義的なイメージ〉、ジェンダー・ポリティクスにおける対立などです。結局、このような対立図式が、〈虚偽記憶〉というトピックを媒介として表面に噴出してきているだけのように、私には思えるのです。もちろん、私は、これらの厄介な論点に片を付けようと目論んでいるわけではありません。むしろ、私としては、本章ではナラティヴ的観点や社会構成主義的な観点から、このトピックに関してやや慎重な見解を限定付きで述べるのに止めることにします。

〈虚偽記憶〉の論点に関して、ナラティヴ・セラピィの第一の重要な側面は、第2章での議論と関わっています。第2章では、物語ることの特質について議論し、それによって人の談話におけるストーリィの多様な機能を概観できたと思います。ストーリィを、単に〈何が起きたか〉についての〈客観的〉な報告とみなすのは、まったく馬鹿げています。もっとも単純なストーリィですら、主観的な意図、動機、感情状態、社会文化的コンテクスト、道徳的評価を伝えています。さらに、どのようなストーリィを語るに際しても、そこにはある種の曖昧さが付きまといます。ストーリィは、一連の出来事の構造を形作ります。しかし、その構造とは、一つの選択肢なのです。つまり、違った時に、違った場面でストーリィを語り直せば、ずいぶんと異なるお話のバージョンが生まれるのです。ナラティヴ論に依拠するセラピストは、こうした要因を心得ています。したがって、心理療法で語られた、いかなるストーリィについても、事実性の地位を与えることには慎重にならざるを得ないのです。

第二の重要な側面は、心理療法におけるナラティヴが〈共同構成〉されたものであるという仮定にあります。心理療法の時間中に生まれたストーリィは、何であれ、クライエントとセラピストという二人の作業の産物です。セラピストは、心理療法についての理論である〈メタナラティヴ〉(Omer & Strenger, 1992) をもっています。また、〈良質な生活〉とは何かについて社会一般で流布している〈マクロナラティヴ〉にも影響を受けています。そのようなナラティヴは、セラピストの対応を導き、形作る役割をします。そして、その対応が、心理療法の時間におけるストーリィの共同構成に寄与しているのです。したがって、クライエントが心理療法で語られるストーリィのただ一人の著者であると考えるのは、まったく的外れなのです。心理療法に外から持ち込まれるストーリィは、セラピストが生きている文化において支配的で優勢なナラティヴに満たされています。心理療法のセッション中に生まれたと思えるストーリィであっても、同じことです。つまり、クライエントが語る話は、当のセラピストに語ろうと選んだものなのです。セラピストがその話を聴く意欲や可能性が、クライエントの語りにおいて前提とされているのです。心理療法のセッションという状況自体があまりにも強力に作用するため、そこで語られるストーリィはどれも、セラピストの影響を受けているという意味で、実質的には〈セラピィ・ストーリィ〉なのです。

心理療法で語られるストーリィの真実性を理解する場合に考慮すべき第三の要因は、ストーリィが過去だけでなく、将来に向けて発信されているという点にあります。ストーリィとは、発話行為と密接に関連しています。過去の出来事についての単なる記録や年代記ではないのです。ガーゲンが述べるようにストーリィは、現実を認識するための、ただのレンズではないのです。また、単なる行為の指針でもありません。そうではなく、ストーリィは、状況に埋め込まれた行為であり、活動なのです (Gergen, 1996, p. 217)。つまり、ストーリィは、未来を形成するように語り手や聴き手に常に影響を及ぼすものなのです。このような見方には、物語の語り手は能動的な主体であり、ストーリィを語ることを通じて何らかの結果を生み出そうとしているとの認識が含まれています。たとえば、セラピストからの承認を求めるクライエントならば、自分が知っているセラピストの好みに合うようにストーリィを語るでしょう。クライエント中心療法のクライエントならば、自己についてのストーリィを語るでしょう。したがって、精神分析の患者ならば、分析家が求める夢の世界のストーリィを語るでしょう。解決志向心理療法のクライエントならば、うまくいったお手柄についてのストーリィを語るでしょう。ストーリィは、現在の、そして未来の世界を能動的に構成するために機能しているのです。心理療法で語られるストーリィの意味を理解するためには、この点を考慮することが重要となります。

心理療法のストーリィを意味づけるために最後に考慮すべき事柄は、心理療法が文化的コンテクストに埋め込まれているということです。したがって、そこで語られたストーリィは、文化から入手できる潜在的な筋立てやジャンルの蓄積から引き出されているのです。この点も考慮が必要です。近年、心理療法のストーリィを扱うメディア報道の規模は、爆発的に増大してきました。近代の文化の特徴は、元々セルフ・ヘルプと自己改善のマニュアルが広範に印刷され普及するところにありました。初期のセルフ・ヘルプのベストセラーには、メアリー・ベイカー・エディ、デール・カーネギー、ノーマン・ヴィンセント・パールらによる著作があります（Mahoney, 1995を参照）。最近では、流行りの雑誌、テレビ番組、〈私はこうして回復した〉といった類の本が多量に出回っています。そこには、トラウマ、虐待、人間関係上の問題、その他の心理的な悩みについての詳細な解説が記載されています（Greenberg, 1994a）。人びとは、それまでにメディアのなかで目にしてきたものに影響を受けつつ個人的問題のストーリィを語るようになります。そうすることによって、人はただ個人的なことを語っているのではなくなります。同時に広い文化的プロセスや社会的動向の一部として自己を認識し、提示しているのです。

以上、心理療法に関するナラティヴ・アプローチの主要要素を概観しました。その四要素を整理すると〈ストーリィの曖昧さ〉〈ナラティヴの共同構成性〉〈目的をもつ行為としてのストーリィ〉〈ストーリィの文化的蓄積の存在〉となります。これらは、現在議論の的となっている〈虚偽の〉記憶や多重人格の問題について、新たな理解の可能性をもたらすものとなるでしょう。たとえば、キーン（Keen, 1995）、サービン（Sarbin, 1995a, 1995b）、スペンス（Spence, 1994）らの著作は、〈虚偽の〉記憶や多重人格の問題に関して、ナラティヴ的観点の基本原則にもとづく見解を示しています。彼らが取り上げているナラティヴ的観点は、本質的に心理療法で語られるストーリィは社会的に構成されたものであるという見方を前提としたものです。サービン（Sarbin, 1995a）は、近年に至るまでセラピストは自らの仕事をクライエントの〈破綻した自己語りの再構成〉を手助けすることにあるとの前提に立っており、そこで語られるストーリィが歴史的真実なのか否かについてはさしたる懸念を抱くことはなかったと指摘しています。

しかし、この十年の間に、今までにない社会現象が出現したのです。つまり、犯罪的行為の犠牲者が、加害者に対して法的賠償を求めるようになったのです。それによって、セラピストは、語られたストーリィが物語的真実なのか、あるいは歴史的真実なのかという問いに頭を痛めざるを得ない状況がもたらされるようになりました。サービン（Sarbin, 1995a）は、この論争には、また別の社会構成的側面が存在すると指摘しています。それは、多重人格障害を主張する者も、〈虚偽記憶症候群〉を主張する者も、ともに特有のモラル上の論点を追究しようとして独特なサブカルチャーを形成したという事実と密接に関連しています。スペンス（Spence, 1994）が着目したのは、ナラティヴ的な説明に附随する固有の曖昧さです。そして彼は、虐待のサバイバーと関わるセラピスト等の専門家が、きちっと心に留めて置くべき事柄を提起しています。それは、虐待のストーリィが他の何かを表わすメタファーとして機能している可能性です。

これと関連してスペンスは、恐ろしかった昔の出来事の記憶を回復しようともがくクライエントは、〈子どもの声〉でコミュニケーションをすることが一般的であると指摘しています。その声は、不明瞭さ、混乱、おぼつかなさ、観点の移動、そして一貫性の全般的欠如を特徴としています。ところが、虐待のサバイバーでありながら、〈子どもの声〉ではなく、〈全知の高み〉から告げる〈大人のような声〉でストーリィを語る者がいます。スペンスによれば、このような〈高み〉から語られるストーリィは、〈虐待とは異なる何か他のことを表わすメタファー〉であることを示すとされます。つまり、それは、過去の虐待ではなく、現時点での問題や人間関係にまつわる不幸を伝達するためのコミュニケーションであるというのです。したがって、ナラティヴに着想を得たセラピストが培わなければならないのは、ストーリィの構成や遂行に関する、こうした微妙な差異を敏感に聞き取る聴力ということになります。

このように、サービンやスペンスは、〈虚偽記憶〉論争に特異的な文化的プロセスを見出しています。ただし、その独創的な提言の背景には、残虐性、屈辱、恥、怒りなどの社会的構成に関わる、さらに広範囲の文化上の論点が潜んでいるのです。これらの論点の概略は、アルコフとグレイ（Alcoff & Gray, 1991）によって、かなり明確に描き出されています。そこでは、次のような指摘がなされています。すなわち、「沈黙を破る」という原則は、虐待のサバイバーを援助するための多様な心理療法や、セルフ・ヘルプのアプローチに幅広く受け容れられている要素ではあります。しかし、「打ち明ける」ことの適否は、そうした個人的な自己開示がどのような状況で行なわれるかにもよるのです。アルコフとグレイは、フーコー（Foucault）の著作を引きつつ、告白という手続きが発明され、その後に心理療法が発展してからというもの、ある種の文化的実践が執り行なわれてきたと論じています。そして、「語り手は、自分のもっとも奥底に秘めた経験を、熟練した媒介者に向けて開示する。すると、媒介者は、それらの経験を語り手である彼女に再解釈して伝え返す。だが、そこでは、慣習的な『正常性』という、社会において優勢で支配的な言説が活用されているのである」と指摘しています（Alcoff & Gray, 1991, p. 260）。こうしたプロセスを経た結果、語り手の内面的生活は、「広く流布したドグマに従うように作り変えられる」ことになるのです。アルコフとグレイの主張では、〈デート・レイプ〉の犠牲者である女子大学生が、後にテレビ番組への出演を依頼されていたことが例示されています。明らかに、この出演依頼は、数百万人もの聴衆を前にして大規模に〈打ち明ける〉機会を具現しているとみなせるでしょう。実際、番組の構成は、流布したドグマに沿って学生の証言を巧みに再解釈するものになっています。つまり、全体的に、この番組の特徴は、サバイバーの具象化（objectification）、サバイバーの証言に対する憐憫と懐疑が入り混じった聴衆の反応、そして、「レイプした男の側の責任のはぐらかし」でした。さらに、アルコフとグレイは、大学での女子学生たちの対処法についても報告しています。彼女たちは、こうした屈辱的経験の再発や対象化を招かないように、自分たちの怒りに耳を傾ける相手を求めていました。たとえば彼女たちは、〈匿名の告発〉というテクニックを考えつき、女子トイレの壁にレイプ犯の名前のリストを書き始めました。これに対して大学当局は、こうした解放の言説を封じ込めにかかりました。清掃係には壁の名前を見つけ次第、消し去るよう指示し、名前の挙がっていた男たちには通知し、彼らに告訴の手助けまで申し出ていたのです（Alcoff & Gray, 1991, p. 260）。

アルコフとグレイが見て取ったことは、私たちの社会で屈辱的に残虐な目に遭わされた多くの人びとの経験に相通じるものがあります。つまり、信じてもらえないのです。その社会において優勢で支配的なナラティヴには、そのような不快なストーリィを許容する余地がほとんどないのです。アルコフとグレイの著作を、ムルハーン（Mulhern, 1994）やスパノスら（Spanos et al., 1994）の著作と比較すると、興味深い事実が明らかとなります。ムルハーンらは、オカルト組織や宇宙人による虐待を受けて精神科患者や心理療法のクライエントとなった人びとから得た報告を検討し、次のように述べています。

メンタルヘルスの専門家による報告では、多重人格障害のために治療中の患者のうち二五〜五〇パーセントが、幼児期早期のトラウマ的記憶を回復している。それらの記憶に含まれるのは、魔術的儀式による拷問、近親者によるレ

イプ、性的誘惑であった。他にも、生贄のための殺人、嬰児殺しや、悪魔崇拝の地下組織的カルトのメンバーによるカニバリズムまであった。そして、こうした報告例は、北米では過去十年間に増加の一途を辿った。

(Mulhern, 1994, p. 265)

以上の恐怖体験のリストに、さらにスパノスらはUFOによる誘拐や、前世の別人格の報告群を付け加えています。ムルハーンもスパノスらも、患者の主張を裏付ける確たる証拠はなく、「空想上の虚構」(Spanos et al.) か「社会的妄想」(Mulhern) の一種であるとの結論に至っています。

このようにムルハーンやスパノスらは、悪魔崇拝による虐待や、夜空に浮かぶ銀色の宇宙船による連れ去りは、少なくともクライエントや患者が報告するような意味で実際に起きた出来事ではないという論を説得的に展開しています。しかし、それらは、人がなぜその種のストーリィを構成することを選び取るかという、当の理由については問題にしていません。この点に関してはアルコフとグレイの見解からは、単に聞いてもらいたいがために〈空想的〉ストーリィを作り上げるよう駆られる人が、一部には存在すると想像できます。「愛していると思っていた父親や家族の友人から侵害的暴行を受けた」というストーリィをもつ女性が数多くいます。心理療法は、フロイトが「誘惑理論」(Masson, 1988) を捨て去ったときから今日に至るまで、そのような女性のストーリィを信じるに足る根拠を何も提供していません。さらにいえば、そうした女性たちが自分自身のストーリィを語るようになったことの理由についてさえも見出していないのです。性的な加害者とされた男性に関しては、実際のところ、裁判に訴えるだけの証拠を見出すことは相当に難しいのも事実なのです (Etherington, 1995)。

以上の議論は、部分的にはナラティヴの修辞的次元に関わっています。ストーリィをもっともらしく、また影響力をもたせるように語るためには、どのようにしたらよいのでしょうか。メイヤーが論じているように心理学や心理療法の〈科学〉は、長らくこうした修辞については不問に付してきました。そこで本章では、以下において性的虐待からホロコーストへと話題を移し、心理療法におけるトラウマの語られ方という修辞学を検討してみることにします。確かにホロコーストは、究極的な恐怖に満ちた、特異な出来事を表わしてはいます。しかし、私の思うところでは、それは近代社会を特徴付けるエピソードの一つとみなし得るものです。ナチスによる大量虐殺のサバイバーは、自らのストーリィを語ろうともがいてきました。そのもがきには、サバイバーという人びととの談話における本質的なダイナミクスが多分に現われているといえるでしょう。

ダニエリは、戦後、人びとがホロコースト・サバイバーの体験から目を逸らしてきたことを振り返り、サバイバーと社会との間に長期間に渡る「沈黙の申し合わせ」が成立していたと指摘しています。この点に関して彼は、「解放の後も、戦時中と同様にサバイバーは、社会からの根深い仕打ちの犠牲者であり続けた。その仕打ちの中身は、彼らの経験に向けられた無視、忌避、抑圧、否定だった」と述べています(Danieli, 1988a, p. 220)。ダニエリが研究したのは、ホロコースト・サバイバーであるクライエントに対するセラピストの反応です。セラピストらは、自分のクライエントのストーリィを目の前にして、打ちのめされ、疑いを抱く気分が生じたと報告しています。「多くの者は、距離を取るというやり方を用いた。つまり、まるで〈SF物語〉か〈まる五千年前の出来事〉であるかのように、ストーリィを聞いたのである」(Danieli, 1988a, p. 224)。また、セラピストのなかには、自分自身を守るために理論的な専門用語を並べ立てる者もいました。たとえば、あるセラピストは、「ホロコーストに刺激されて、サバイバーの子孫が報告した夢イメージを〈前性器期サディズム〉と呼んでいた。その夢には、数百もの死体でいっぱいになった穴が現われていた。鉄条網にからまるばらばらの手足、こなごなになって空中に吹き飛ばされた赤ん坊、泣き叫んで食べ物を求める骸骨……」(Danieli, 1988a, p. 225)。

上に引用したセラピストたちのことを、無神経で思いやりに欠けると非難しても、サバイバーの談話のダイナミクスを理解するためには何の益にもなりません。セラピストが「前性器期サディズム」という診断を下したのは、アウシュヴィッツのもつイメージに対する反応です。そして、セラピストは、長期間の社会的構成のプロセスによって、そのように振る舞う立場に置かれ、そのような考えを働かせる権限を授けられてきたのです。悲劇を個人の問題に帰結させる個別化は、近代文化の特徴なのです。近代社会は、出来事の意味を個別な私的ストーリィの内に包み込み、オフィスに座った一人の人間（セラピスト）にストーリィを聞く荷を負わせているのです。そして、近代文化の特徴は、人びとの〈内面生活〉を科学的な心理学理論という〈流布されたドグマ〉に刻み込むところにあります（Alcoff & Gray, 1991）。近代社会において支配的で優勢なナラティヴは、進歩、発展、向上を旨とします。そのような支配的なナラティヴには、喪失というストーリィが入り込む余地はなきに等しいのです。

「沈黙の申し合わせ」は、二つの側面から成り立っています。一つは聞かない側、もう一つは言わない側です。言わないというのは、おそらく経験を言葉に置き換える難しさに由来すると考えられます。ある種の経験は、ある種の人びとにとって〈言語に絶する〉ものとなります。そして、うまく言い表わせなかったり、誤解される危険を冒すよりは、黙っている方がましということになったりします。アブラモヴィッチ（Abramovitch, 1986）は、アウシュヴィッツにおける医師メンゲルによる人体実験のサバイバーに対するインタビューに解説を加えています。その男性は、四十年の間、家族にすら沈黙を守ってきました。彼は、停めてあった車のなかをインタビューの場として選びました。その車は、ドアも窓も閉められていました。そこでのインタビューについてアブラモヴィッチは、「何度も何度も繰り返し、彼はことばの壁に突き当たっているようにみえた。自分が経験してきたことを、正確に言い表わすことばが見つからないようだった。〈自分の苦しみを表わすことばが、どこにもない〉と言っていた」と記述しています（Abramovitch, 1986, p. 204）。

ホロコースト当時にはまだ子どもだったサバイバーが覚えているのは、両親や親類についての断片的なストーリィに過ぎないかもしれません。その子どもたちにとっては、語るべきナラティヴが欠け、さらにはストーリィを共有する他者が欠けています。ホグマン（Hogman, 1985）とメイザーら（Mazor et al., 1990）は、数多くの子どものサバイバーにインタビューしています。多くは、両親を亡くした子どもたちです。そこで見出されたコーピングのパターンは、さまざまでした。しかし、インタビューを受けたとき、子どもたちの大半は、確かに人生早期のナラティヴを能動的に再構成しようと試みていました。たとえば、史実を探求し、写真や遺品を収集し、両親や当時の自分について知っている人びとから話を聞こうとしていました。なかにはフィクションや詩を創作するなど、自らの思いを書き記すことに熱心な者も少数ながらいました。それは、自分が居場所を見出せるストーリィを構成する手段だったのでしょう。インタビューからは、子どもたちの多くが、時代が過ぎるに連れて次第に個人的な歴史の再構成プロセスへと駆り立てられていたことが明らかになりました。戦争直後には、移住、就職、結婚にエネルギーが注がれていたのが、後年になって幼児期の記憶やストーリィの想起や回復が徐々に求められるようになったのだと思われます。

ホロコースト・サバイバーの語りについては、これまでに証言の収集がなされてきています。それも、ホロコースト・サバイバーのディスコースの特徴的な一側面となっています。証言の収集の目的は、次世代のための歴史的なアーカイブや記録を残すことにありました。その試みは、エルサレムにおけるヤド・バシェム・ホロコースト慰霊博物館を皮切りに、各国で今も進行中の証言プロジェクトへと展開しています。証言プロジェクトに参加したサバイバーは、まず年代順にホロコースト経験のストーリィを語るよう求められます。そこには、アーキヴィスト（archivist）が居て要所要所で明確化のための質問を差し挟むことがありました。しかし、語られたストーリィについて解釈が示されることはなく、またどのような心理療法的な応対もなされませんでした。ところが、逆説的なことに、ほとんどの証言者は、そこでの経験を〈心理療法的〉と評し、自分の子どもたちにこの種の遺産を遺せることに高い意義を感じたと報告しています（Krell, 1985a）。

自分のストーリィを語ったホロコースト・サバイバーについての調査研究からは、いくつかの主要なテーマが浮き上がってきます。それは以下のようにまとめられます。

（1）〈言語に絶する〉ことを言葉にする作業は、人間の精神にとって、大いなる挑戦に他ならない。そのためには、人間の創造的能力のすべてが注ぎ込まれる。
（2）世界には、それらのストーリィを語る道を阻む、強大な文化的圧力が存在している。
（3）サバイバーにとっては、過去を思い出すよりもむしろ、今を生きようとする方が必要なときがある。
（4）多くのサバイバーは、社会的な貢献という観点から自らのストーリィを語ることに意味を見出している。〈証言〉を実行する手段は多岐に渡り、なかには文化的・政治的方向性をもつものもある。

エルンハウス（Ehrenhaus, 1993）は、ベトナム戦争のサバイバー、すなわち退役軍人を対象とした研究によっても同様のテーマを見出しています。

何が信じるのに足ることで、何が語り得ることなのかは、それぞれの地域共同体において決まっています。したがって、現実（reality）が社会的に構成されたものならば、信じるに足ることや語り得ることは、その地域共同体が維持されているか否かに左右されることになります。マッキンタイヤーの言を借りるならば、それらは、ナラティヴを語り続けることを可能にするような〈伝統〉に左右されるのです。たとえば、残酷で屈辱的な仕打ちに遭った人びとは、近代社会に優勢なナラティヴのなかから自分の経験を説明できるものを見つけることができません。残酷で屈辱的な仕打ちに遭った人びとは、〈伝統〉にそぐわない自分を感じることになります。このような状況において人びとは、自らの個人的なストーリィを、地域共同体のそれとしっくり位置づけるための機会を探し求めることになります。カウンセラーやセラピストは、このように人びとが個人的なストーリィを地域共同体に位置づける機会を探るプロセスにおいて機能することになります。では、そのプロセスにおいてカウンセラーやセラピストが果たしている役割は、どのようなものでしょうか。

大別すれば、以下の二通りの考え方ができるでしょう。一つは、クライエントや患者が、もっともしっくりすると感じるようなディスコースを〈どこか他の場所に〉見つける手助けという役割を取ることがあります。もう一つは、ある種の文化的ナラティヴに招き入れるための仲介役を務めるという役割があります。多くのセラピストは、これまでに後者のアプローチを採ってきました。たとえば、マッソン（Masson, 1988）が報告しているように、性的な児童虐待のサバイバーに対する心理療法においては、キリスト教会の公式見解が反映されていました。そうした事件をなかったことにし、たとえあったとしても取るに足らないこととみなしてきたのです。しかし、近年になると、バスとデイビス（Bass & Davis, 1988）に賛同するセラピストは、人びとの心理的な苦痛の多くが隠蔽された性的虐待に端を発しているという見方を、声高に訴えてきています。キリスト教会の公式見解への仲介役をとるにしろ、バスとデイビス（Bass & Davis, 1988）の見解への仲介役をとるにしろ、いずれにしろセラピストは、今日では心理療法の意味を決定づける司法システムに巻き込まれる危険に晒されることになります。なぜならば、それぞれの役割が体現している特定の倫理的立場が、裁判所に代表される大がかりな公式判断の舞台で雌雄を決することとなるからです。このような場面で社会構成主義的な観点が提供しなくてはならないのは、サバイバーのストーリィの〈真実性〉やクライエントのナラティヴの意味を探る枠組みであると思われます。そのためには、ただ単に記憶の心理学に依拠するのではなく、広範な社会文化的、歴史的コンテクストを考慮する必要があるのです。

サバイバーが語るストーリィは、何が正しく、何が誤っているかをコミュニケーションする手段であるという意味で道徳（moral）の物語といえます。しかし、ストーリィを真摯に受け止めようとするならば、心理療法は、必然的に道徳のディスコースに風穴を開けることになるでしょう。ストーリィは、出来事の〈評価〉をめぐって構造化されています。つまり、ストーリィとは、出来事の単なる歴年記ではないのです。ストーリィによる出来事の説明は、道徳的価値観という地平に対抗しようとします。ナラティヴ・セラピィには、こうした〈道徳〉の再発見が伴われるものなのです。

5　心理療法、場所、そしてナラティヴの意味

キース・バッソ（Keith Basso）は、長年に渡って西部アパッチ族を研究している社会人類学者です（Basso, 1984）。この部族は、中西部アリゾナに居住する北米原住民です。彼がとりわけ関心をもって探求しているのは、この部族の人びとと、そこに伝わるストーリィ、居住地域の風土との関連性です。バッソは、インフォーマントの一人による次のような陳述を引いています。

「白い岩が山の頂に高くそびえている」と呼ばれる山のことをふと思い出しました。それは、どこか私の母方の祖母を思わせるのです。その岩がどのようにして山の頂きに置かれたのかを説明するストーリィを覚えています。私が聴いたストーリィは、まるで射られた矢のようでした。その後、その山の名前を聞いたとき、気がつきました。名前がまるで絵みたいなのです。ストーリィというものは、矢のようにあなたを動かします。ストーリィによって、あなたは正しく生きることができるでしょう。ストーリィによって、あなたはまた違った自分自身に変わるのです。

（ベンソン・ルイス氏、六四歳、1979）（Basso, 1984, p. 21）

この陳述は、西部アパッチ族の人びとにとって、場所がどのような意味をもつかを分かりやすく言い表わしています。なかでも、場所とストーリィ、そして〈正しく生きる〉ということとの間のつながりがよく分かります。

西部アパッチ族の文化では、通常、地名は文章の形式を備えています。たとえば、「連なった岩山の平らな頂上から水が流れ落ちている」とか「窪地に泥水が溜まっている」といった具合です。これらの地名は、日々の日常会話で、まさに所在を指すために用いられています。しかも、それは、バッソが言うように〈歴史物語〉の重要な部分を担っているのです。それらの地名は、〈昔々〉に起きた出来事を説明しています。また、集団のメンバーにとって、適切な行為が何であるかを知らせるための、倫理的なメッセージをやり取りするのにも用いられています。アパッチ族の他の物語行為は別にして、〈歴史物語〉の言語学的な構造については、たいていは地名に始まり地名に終わるということになっています。ここから分かるのは、土地の特徴がモラル規則と深く結びついていること、そしてそれらの規則が地域共同体における行動の指針となっているということです。

西部アパッチ族の歴史物語の一例を、下記に示します。

昔々、ある男が、居留地のはずれで、一頭の牛を殺した。その牛の持ち主は、白人だった。男は、「男たちがあちらこちらに立っている」にあるチベクに住む警官に逮捕された。警官もまたアパッチ族だった。その警官は、男をアパッチ砦の軍司令官のもとに連行した。司令官が警官に「何が欲しい」と尋ねた。彼は「弾薬と食料が必要です」と答えた。警官は、白人の牛を殺した男については、一言も話さなかった。その夜、人びとは口々に警官に諭した。「まず、あの男について報告しなくてはならない」。次の日、警官は司令官のもとを再び訪ねた。「今度は何がほしい」と再び問われた。警官は「昨日、私は〈こんにちは〉〈さようなら〉と言うつもりでしたが、うっかり言い忘れていました」と答えた。またもや彼は、逮捕した男については言わずじまいだった。こうしたやり取りについて、何者かが覚えていたのだろう。警官は男をチベクに連れ帰り、「男たちがあちらこちらに立っている」で釈放した。

これが、「男たちがあちらこちらに立っている」で起きたことである。

(Basso, 1984, p. 38)

このストーリィは、白人さながらに振る舞い過ぎた、一人のアパッチ族の身に起きた出来事を表わしています。アパッチ族の聴き手にとってストーリィの内容は、容易に受け容れられるものです。なぜならば、圧制と飢餓の時代、食べるためならば白人の牛が殺されても当然と考えることができるからです。逆に受け容れられないのは、彼を捕らえ、権力者に差し出そうと考えた、もう一人のアパッチ族の方です。上記ストーリィでは、警官に呪術が使われたことが暗に匂わされています。「〈こんにちは〉〈さようなら〉と言うつもりでしたが、うっかり言い忘れていました」というのは、その表われです。バッソのインフォーマントは、このストーリィを「自分の生まれた地域のメンバーを向こうに回し、よそ者と手を握った人間が行なった、情け容赦ない告発」と締め括っています（Basso, 1984, p. 39）。

こうしたストーリィは、西部アパッチ族の人びとの間でどのように生きているのでしょうか。それは、思春期を迎えた少女の儀式での出来事を観察することで明らかになってきます。この儀式に加わる少女は、髪を束ねてはならないという慣わしがあります。ところが、白人の学校に通う一人の少女が、ピンクのプラスチック製ヘア・カーラー（当時、彼女の学校の同年代グループでは、これが流行最先端と思われていた）を着けて、その席に姿を現わしたのでした。激しい非難の雰囲気が漂っていました。しかし、その儀式の席上では、面と向かって彼女の服装を言い立てる者はいませんでした。二週間の後、ある家の誕生日パーティでも、彼女は諌められませんでした。ところが、そこで彼女の祖母が語ったのが、白人さながらに振る舞い過ぎた、あの警官の話だったのです。バッソは、次のように報告しています。

> ストーリィが語り終えられると、その娘は立ち上がった。そして、物も言わずに踵を返し、自分の家の方へと歩き去っていった。私には何が起きたのか分からず、彼女が立ち去った理由を、彼女の祖母に尋ねた。あの娘は、急に具合が悪くなったのかと。「いいえ」と祖母は答えた。「私は彼女を矢で射抜いたのです」。（Basso, 1984, p. 40）

バッソは、この事例の顚末について「事件が起きてからおよそ二年後、私はこの娘と再会した。そして、一連の出来事について彼女の記憶を尋ねている。彼女は、警官のストーリィを聞いて深く揺るがされたことを、はっきりと覚えていた。そして、〈男たちがあちらこちらに立っている〉の近くを通ったり、それについて考えたりするたびに、どれほど自分にとって大切な教訓となる経験をしたかを、思い出していたのである」と記して、話を結んでいます。

これらの西部アパッチ族のストーリィがナラティヴ・セラピィにもつ含意には、少なくとも二つの側面があります。第一にストーリィを語ることが社会的な活動であるということを、その具体的なあり方を含めて明瞭に表わす好例となっています。アパッチ族は、歴史物語の引用の仕方を、狩りの喩えを使って表現しています。ストーリィが標的の人物に与える影響は、「矢に射られる」かのようなのです。大地は「絶えず忍び寄る人びと」なのです。アパッチ族のストーリィが影響力をもつ、もう一つの側面は、誰もが一つのストーリィを知っているということです。つまり、共同体の構成員は、誰でもナラティヴの共有資源にアクセスできる文化的環境となっており、それらのストーリィは、そのような環境において機能しているのです。しかも、ストーリィは、人びとの頭のなかに留まっているだけではないのです。風景のなかに位置づけられてもいるのです。細やかな文化のモラルを伝えるストーリィは、その文化の人びとが行き交い、暮らしている物理的世界と密接な関係にあるのです。チェニー（Cheney, 1989）が指摘しているようにストーリィの言語は〈コンテクスト化〉され、場所に結びついているのです。

ナラティヴにとって場所がどれほどの意義をもつかは、哲学者のマッキンタイアの著作を吟味すれば、詳細に理解できます。彼は、道徳上の論点に関する現代の多くの論争を検討しました。そして、その論争がはらむ欠点を分析したことで、著名な哲学者です。彼は、正しい行為や〈善き生活〉を導く役割を果たす抽象的な道徳の原則を同定することが実際には不可能であると主張しました。彼は、道徳に関する判断が執り行なわれるのは〈伝統〉というコンテクストにおいてであるとして、むしろそれを理解することの必要性を強調しました。こうした伝統は、社会集団に属するメンバーが積み重ねてきた知識の総体から成り立っています。それらは、主にストーリィを介してやり取りされているのです。マッキンタイアが言わんとする伝統とは、静的で不変な道徳の物語群を指しているのではありません。そうではなくて、生きた伝統とは〈絶えざる議論〉とみなされなければならないとされています。彼は、「伝統は活力あるときには、抗争《コンフリクト》を絶え間なく具現するものである」と指摘しています（MacIntyre, 1981, p. 222. 篠崎訳『美徳なき時代』二七二頁）。また、彼は、以下のようにも述べています。

> ある制度――たとえば、大学、農場、病院――が（諸）実践の伝統の担い手であるときには、そこでの共同の生活は、部分的とはいえ中核的な重要さをもって、「大学とは何であり、何であるべきか」「よい農場とは何か」「よい医療とは何か」をめぐる絶えざる議論によって形成されるだろう。
> （MacIntyre, 1981, p. 222. 同二七二頁）

マッキンタイアは、「物語的統一性」（narrative unity）という概念を導入しました。人は、人生上の選択をする途上でさまざまな難局に直面しますが、この概念は、そうした難局を意味づけるための手段とされます。彼は、「私たちは皆、物語的統一性を探求して生きており、自分の人生を語るストーリィのなかで一貫性を創出し、維持しようと試みている」と述べています。さらに、彼は、「このプロセスを探求と捉えることで、私たちは、どこかに〈善き人生〉というものが存在するとの感じを抱き、それが見つけ出され、人びとによって実際に生きられるのを待っていると思うようになるかもしれない」とも指摘しています。ただ、実際のところ、私たちは、そうした〈良き人生〉が存在すると思っても、それがどのようなものであるかに関しては、おぼろげな印象をもっているのに過ぎないのです。

〈探求〉という中世的概念は、鉱山業者が金鉱を、地質学者が石油を探索するように、あらかじめ十分に特徴づけられた何かを探索するということではまったくない点である。探求の目標が最終的に理解されうるのは、探求の過程においてであり、それも、どんな探求にも挿話的事件をもたらす、多様な個々の害悪、危険、誘惑、気晴らしに遭遇し対処することをとおして初めて可能となるのだ。探求とは常に、求められているものの性格と自己認識(self-knowledge)との両者に関する教育なのである。

(MacIntyre, 1981, p. 219. 同二六九頁)

しかし、マッキンタイアにとっては、この探求は常に伝統と結びついているのです。

「私は何を行なうべきか」との問いに答えられるのは、「どんな(諸)物語のなかで私は自分の役を見つけるのか」という先立つ問いに答えを出せる場合だけである。私たちが人間の社会に仲間入りするということは、一つか複数の負わされた役回り——私たちが選り抜かれて与えられた役割のこと——をもってなのであり、その役回りが何であるかを学んで初めて、どのように他の人びとは私たちに応答するか、そしてその人たちに対する私たちの応答はどのように説明されるのが適切か、を理解できるのだ。

(MacIntyre, 1981, p. 216. 同二六五頁)

したがって、物語的統一性を構成するという目標は、純粋に個人レベルでは成し遂げ得ないものなのです。つまり、「どのような人生のナラティヴであろうと、絡み合ったナラティヴ群の一部なのである」ということになります。

マッキンタイアが中世風の探求という概念を持ち出したのは、偶然ではありません。なぜならば、さまざまなやり方が用いられつつも、彼の大きな目標は、近代主義者の思考を乗り越えることにあったからです。そのために、彼は、より早期の〈伝統的〉思考モードとの間の密接な関連性を指摘してきたのです。マッキンタイアが提唱した物語的統一性という着想は、ポーキングホーン（Polkinghorne, 1991）が同じトピックについて展開した議論と比較すると、さらに有用な示唆を与えるものとなります。ポーキングホーンは、その論文のなかで「自己概念」という着想を根本的に再生し、より十全に働かせるものとして「ライフ・ストーリィ」を取り上げています。「ライフ・ストーリィ」も、「自己語り」も、「自己を概念化するためのオルタナティヴな手段」であり、「人間存在の時間的、発達的次元を明るみに出す」ものなのです。ここでポーキングホーンは（最近の彼の著作では、必ずしもあてはまらないことですが）、本書の第3章と第4章で概観した近代主義的セラピストの主流派の著作に特徴的に想定されている多くの思い込みを吟味しています。その思い込みとは、心理療法の目指すところは、「クライエントの過去と未来を首尾一貫させる」ために個別のナラティヴを構築するというものでした。したがって、セラピストは、「クライエントが非機能的なプロットに片をつけることの援助に携わっている」ことになります（Polkinghorne, 1991, p. 150）。これはまさしく、個別的で自律的な自己という人間のイメージに根ざした心理療法の目指すところなのです。

ラシター（Lassiter, 1987）は、米国政府が一万人超のアメリカ原住民、ナバホ族を移住させた結果、彼らにもたらした甚大な精神的苦痛について描き出しています。それは、一九七四年の強制移住法（Navajo-Hopi Land Settlement：ACT）に従って執行されたものです。そしてこの法律は、石炭やウランの採掘企業の求めに応じて制定されたというものなのです。ナバホの人びとの身に降りかかったことは、近代の産業社会が進歩した結果、数え切れぬ人びとの身に起きたことの縮図とみなせるでしょう。過去三世代のどこかの時点で、経済的理由や戦争によって移住した経験がない家族が、この世の中にどれほど残っているでしょうか。ナバホの例では、住み慣れた土地や、そこにまつわるストーリィから引き剝がされた影響がメンタルヘルスの専門家によって直接に観察されています。専門家たちの報告では、暴力、犯罪、アルコール依存、うつ病、自殺の発生率が異常なまでに高く、その結果、精神科サービスの利用は従来の八倍に増大していました。社会政策による社会変化と個人の生活レベルはどのように関連しているのでしょうか。人びとは、社会変化を受けた場合、自らの物語的統一性をどのように再構成するのでしょうか。ナバホ族の辿った運命は、それらの影響を如実に表わしています。ラシターは、こうしたプロセスを考察し、以下のように結論付けています。

近代的な自己は、個人の利得のために操作し、搾取できる存在として、基本的に外界を認識している。だが、ナホバ族のように、おおむね前近代に属する人びとにとっては、より上位の生態学的な地域共同体——大いなる自己——と切り離しては、健康で十全な自己はあり得ない。地域共同体の一部のバランスをどこかしら崩せば、それは自身を傷つけることに通じる。ナホバ族にとって、返礼もなく大地から何かを得るばかりで、自分がその場所での生活の一部と化さないということは、聖なるバランスを崩し、遂には病に至るということなのである。

(Lassiter, 1987, p. 228)

今の時代を生きる私たちは、さまざまな生活上の問題に直面します。そして、それらに対して有意義に関わることを求められています。そのために、心理療法やカウンセリングは、なんとかして「聖なるバランス」(Reason, 1993) の再建に貢献できる方途を探さなくてはなりません。私は、そのように思っています。私たちが、互いにつながりをもち、そしてまた、現在の私たちを作り出した伝統ともつながりを保つためには、ストーリィが必要です。では、そうしたストーリィを発見する手段として、果たして心理療法は、本当に役立つのでしょうか。このことを私たちは、真剣に考えてみる必要があるでしょう。

監訳者あとがき

今、なぜ、心理療法が、このように必要とされるようになったのだろうか。

皆さんは、このような疑問をもったことはないでしょうか。実際のところ、心理療法が正式な社会的活動の一種とみなされるようになったのは、歴史的にみるならば、ごく最近のことです。少なくとも心理療法は、それ自体としては最近まで存在していませんでした。本書のなかでも指摘されているように聖職者、法律家、医者といった職業は、昔から存在していました。しかし、それに対してセラピストやカウンセラー、ましてや臨床心理士といった職業は、ヨーロッパでさえも十八世紀や十九世紀の前半には存在すらしていませんでした。つまり、それ以後に心理療法を成り立たせるような何かが起こったのです。いったい何が起こったのでしょうか。そして、近年における心理療法や臨床心理学の興隆は、どのような要因で起きたのでしょうか。心理療法は、どのような要因を背景として社会の表舞台に現れ、現在のような形を取るようになったのでしょうか。

これと関連して、「日本の心理療法や臨床心理学は、今後どうなっていくのだろうか」ということも、気になるところです。日本でも心理療法や臨床心理学の人気は、年々高くなってきています。そのきっかけは、一九九〇年代において学校での苛《いじ》めによる自殺が相次いだことでした。それを契機として一九九五年にスクールカウンセラーが試験的に導入されました。また、一九九五年の阪神淡路大震災で臨床心理士の活動が評価されたことも、臨床心理士の活動が社会的に注目される契機となっています。近年では、災害だけでなく、犯罪などの被害者支援に対しても心理療法が求められるようになっています。このように考えると心理療法や臨床心理学の発展は、何らかの被害者の心的外傷に対処することが契機となっているといえるでしょう。米国で臨床心理学が飛躍的に発展したのは、第二次世界大戦の帰還兵の心的外傷に対処するためでした。

心的外傷からの回復を援助することが心理療法や臨床心理学の発展につながったとすると、次の疑問が湧いてきます。それは、「昔の人びとは、今と比べようもないほど多くの、そして悲惨な出来事に遭遇しているだろう。多くの災害や飢饉、繰り返される戦争、治安の乱れや疫病などによる近親者の死などで、人びとは、心の傷を負っていたはずである。人びとは、どのようにしてその傷を癒やしていたのであろうか」というものです。

本書は、このような疑問を考えるのに、とても重要なヒントを与えてくれます。著者のマクレオッド教授は、心理療法の起源に関して、ふたつの見方を示しています。ひとつは、科学の発展が心理学や精神医学の発展につながり、それが心理療法という新しい形態の介入法の発明につながったという見方です。この観点に立つならば、心理療法は、日常生活で生じてくる感情や行動の問題に対して科学的に妥当な理論と手続きを適用する活動ということになります。つまり、この見解は、近代社会に広く浸透している科学の進歩という枠組みのなかで心理療法が生じてきたという考えです。エビデンスベイスト・アプローチによる心理療法の効果研究などは、そのような科学的発展の最たるものでしょう。

もうひとつは、科学の進歩とは逆に過去の古い文化的伝統に遡る回帰とみなす見方です。この観点では、あらゆる文化は、その構成員がさまざまな問題を取り扱うことを可能にする対処様式を持っていると考えます。つまり、それぞれの文化は、集団間や対人間の緊張状態、怒りや喪失の感情、目的や意味への問いといった問題に対する固有の対処法を備えているとみなすのです。そして、それらの対処様式は、地域共同体で親しく語り合うことを通して人びとを〈癒やすもの〉として世代を重ね、日常生活の一部になっていたと考えます。

このような見方では、心理療法は、共同体における物語りという、伝統的な対処様式を近代産業社会の価値やニーズを取り入れて変容させた対処方法、つまり現代において存在が認められた〈癒やし〉の一形態とみなします。心理療法は、かつては普通の人びとの物語りによって執り行なわれてきた〈癒やし〉の行為が変容したものということになるのです。

本書において解説されている物語り（ナラティヴ）論の観点に立つならば、心理療法は、伝統的社会の〈癒やし〉に端を発し、それが近代社会の発展にともなって科学的体裁を整えたことで、社会の重要な構成要素になったと理解できます。心理療法は、まさに社会の近代化の産物なのです。さらに時代は、ポストモダンの社会に移行しつつあります。そのような現代社会にあっては、当然のことながら、心理療法もまた新たな物語りの形態が求められることになってきています。本書は、社会との関連で変化発展しつつある心理療法のあり方を、物語り（ナラティヴ）論の観点から見事に分析しています。本書で示された見解は、さまざまな学派が重なり合って混乱している日本の心理療法の状況を理解するのにも、非常にわかりやすい参照枠を提供するものとなります。私が本書を訳出する意義があると感じた理由のひとつは、このような点にあります。

私の研究室では、ナラティヴ論や質的研究法について集中的に議論していた時期がありました。そのようなとき、最初に本書の学問的意義と魅力に気づいたのは、ナラティヴ論を専門とする野村晴夫さんでした。当時、博士課程に在籍していた野村さんが、本書の訳出を強く希望したことをきっかけとして翻訳に取りかかることになりました。訳出に当たっては、野村さんが訳の第一稿を作成し、私が、日本語としての自然さと分かりやすさを考慮して、「である調」を「ですます調」にするなど、文章全体の再構成を行ないました。幸い、本書の訳出過程において、野村さんとともに、英国スコットランドのダンディにマクレオッド教授を訪ね、本書のアイデアについて詳しく意見を交換することができました。また、本書の出版される二〇〇七年三月には、出版記念を兼ねて教授が来日し、「物語りと心理療法」に関する講演とシンポジウムを開催することになっています。出版にあたっては、松山由理子さんと誠信書房の皆様に多大な協力を得ました。記して感謝します。

二〇〇七年年二月

監訳者　下　山　晴　彦

れること』深沢道子・西本知子訳（1998）日本評論社.
Rogers, C. R.（1951）『クライアント中心療法』保坂亨・諸富祥彦・末武康弘共訳（2005）岩崎学術出版社.
Rorty, R.（1980）『哲学と自然の鏡 』野家啓一監訳（1993）産業図書.
Rosen, S.（1982）『私の声はあなたとともに――ミルトン・エリクソンのいやしのストーリー』中野善行・青木省三監訳（1996）二瓶社.
Sacks, O.（1985）『妻を帽子とまちがえた男』高見幸郎・金沢泰子訳（1992）晶文社.
Spence, D. P.（1987）『フロイトのメタファー――精神分析の新しいパラダイム』妙木浩之訳（1992）産業図書.
White, M. & Epston, D.（1990）『物語としての家族』小森康永訳（1992）金剛出版.
Williams, R.（1961）『長い革命』若松繁信ほか訳（1983）ミネルヴァ書房.

Freud, S. (1905)『フロイト著作集第5巻 性欲論・症例研究』懸田克躬・高橋義孝ほか訳(1969)人文書院(表題：あるヒステリー患者の分析の断片).

Gendlin, E. T. (1962)『体験過程と意味の創造』筒井健雄訳(1993)ぶっく東京.

Gendlin, E. T. (1969)『フォーカシング』村山正治・都留春夫・村瀬孝雄訳(1997〈注：原著第2版の翻訳〉)福村出版.

Gergen, K. J. (1994)『もう一つの社会心理学——社会行動学の転換に向けて』杉万俊夫・矢守克也・渥美公秀監訳(1998)ナカニシヤ出版.

Giddens, A. (1991)『モダニティと自己アイデンティティ——後期近代における自己と社会』秋吉美都・安藤太郎・筒井淳也訳(2005)ハーベスト社.

Glaser, B. & Strauss, A. (1967)『データ対話型理論の発見——調査からいかに理論をうみだすか』後藤隆・大出春江・水野節夫訳(1996)新曜社.

Greenberg et al (1993)『感情に働きかける面接技法——心理療法の統合的アプローチ』岩壁茂訳(2006)誠信書房.

Hoffman, L. (1992)「家族療法のための再帰的視点」S. マクナミー・K. J. ガーゲン編, 野口裕二・野村直樹訳(1997)『ナラティヴ・セラピー——社会構成主義の実践』金剛出版 pp. 23-57.

Holmes, J. (1993)『ボウルビィとアタッチメント理論』黒田実郎・黒田聖一訳(1996)岩崎学術出版社.

Jaynes, J. (1977)『神々の沈黙——意識の誕生と文明の興亡』柴田裕之訳(2005)紀伊國屋書店.

Kleinman, A. (1988)『病いの語り——慢性の病いをめぐる臨床人類学』江口重幸・五木田紳・上野豪志訳(1996)誠信書房.

Kovel, J. (1981)『批判的精神医学——反精神医学その後』宮崎隆吉ほか訳(1985)悠久書房.

Lodge, D. (1995)『恋愛療法』高儀進訳(1997)白水社.

Lyon, D. (1994)『ポストモダニティ』合庭惇訳(1996)せりか書房.

MacIntyre, A. (1981)『美徳なき時代』篠崎榮訳(1993)みすず書房.

McNeill, J. T. (1951)『キリスト教牧会の歴史』吉田信夫訳(1987)日本基督教団出版局.

Murray, H. A. (1938)『パーソナリティ』外林大作訳編(1961-1962)誠信書房.

Ong, W. J. (1982)『声の文化と文字の文化』桜井直文・林正寛・糟谷啓介訳(1991)藤原書店.

Polkinghorne, R. E. (1991)「実践のポストモダン的認識論」安藤哲郎ほか訳(2001)『心理学とポストモダニズム——社会構成主義とナラティヴ・セラピーの研究』こうち書房 pp. 175-200.

Polster, E. (1987)『あなたの人生も物語になる——ゲシュタルト療法における魅せら

邦訳文献

Andersen, T. (1992)「〈リフレクティング手法〉をふりかえって」S.マクナミー・K. J. ガーゲン編，野口裕二・野村直樹訳 (1997)『ナラティヴ・セラピー――社会構成主義の実践』金剛出版 pp. 89-118.

Anderson, T. & Goolishian, H. (1992)「クライエントこそ専門家である――セラピーにおける無知のアプローチ」S.マクナミー・K.J.ガーゲン編，野口裕二・野村直樹訳 (1997)『ナラティヴ・セラピー――社会構成主義の実践』金剛出版 pp. 59-88.

Aries, P. (1962)『〈子供〉の誕生』杉山光信・杉山恵美子訳 (1980) みすず書房

Bass, E & Davis, L (1988)『生きる勇気と癒す力――性暴力の時代を生きる女性のためのガイドブック』原美奈子・二見れい子訳 (1997) 三一書房.

Benjamin, W. (1969)『ベンヤミン著作集第7巻 文学の危機』高木久雄・佐藤康彦訳 (1969) 晶文社 (表題：物語作者).

Berger et al. (1974)『故郷喪失者たち――近代化と日常意識』高山真知子ほか訳 (1977) 新曜社.

Bettelheim, B (1976)『昔話の魔力』 波多野完治・乾侑美子訳 (1978) 評論社.

Bruner, J. S. (1983)『乳幼児の話しことば――コミュニケーションの学習』寺田晃・本郷一夫訳 (1988) 新曜社.

Bruner, J. S. (1986)『可能世界の心理』田中一彦訳 (1998) みすず書房.

Bruner, J. S. (1990)『意味の復権――フォークサイコロジーに向けて』岡本夏木・仲渡一美・吉村啓子訳 (1999) ミネルヴァ書房.

Bruner et al. (1956)『思考の研究』岸本弘ほか訳 (1969) 明治図書出版.

Burke, K. (1969)『動機の文法』森常治訳 (1982) 晶文社.

Campbell, J. (1949)『千の顔をもつ英雄』平田武靖ほか訳 (2004) 人文書院.

deShazer, S. (1985)『短期療法解決の鍵』小野直広訳 (1994) 誠信書房.

Ellenberger, H. F. (1970)『無意識の発見――力動精神医学発達史』木村敏・中井久夫監訳 (1980) 弘文堂.

Epston et al (1992)「書き換え療法――人生というストーリーの再著述」S. マクナミー・K. J. ガーゲン編，野口裕二・野村直樹訳 (1997)『ナラティヴ・セラピー――社会構成主義の実践』金剛出版 pp. 139-182.

Freud, S. (1900)『フロイト著作集第2巻 夢判断』高橋義孝訳 (1968) 人文書院.

Therapy and Victims of Violence. New York: Brunner/Mazel, pp. 254–77.

Wurf, E. and Markus, H. (1991) 'Possible selves and the psychology of personal growth', in A.J. Stewart, J.M. Healy, jr. and D. Ozer (eds), *Approaches to Understanding Lives. Perspectives in Personality Vol. 3, Part A*. London: Jessica Kinsley. pp. 39–62.

Yalom, I.D., Brown, S. and Bloch, S. (1975) 'The written summary as a group psychotherapy technique', *Archives of General Psychiatry*, 36: 605–13.

Young, D.M. and Beier, E.G. (1982) 'Being asocial in social places: giving the client a new experience', in J.C. Anchin and D.J. Kiesler (eds), *Handbook of Interpersonal Psychotherapy*. New York: Pergamon.

Young, K. (1986) *Taleworlds and Storyrealms: the Phenomenology of Narrative*. Dordrecht: Martinus Nijhoff.

Zhu, S.H. and Pierce, J.P. (1995) 'A new scheduling method for time-limited counseling', *Professional Psychology: Research and Practice*, 26 (6): 624–5.

Zipes, J. (1979) *Breaking the Magic Spell: Radical Theories of Folk and Fairy Tales*. New York: Routledge.

Dynamic Psychotherapy. New York: Basic Books.
Sugarman, J. and Martin, J. (1995) 'The moral dimension: a conceptualization and empirical demonstration of the moral nature of psychotherapeutic conversations', *The Counseling Psychologist*, 23: 324–47.
Taylor, C. (1989) *Sources of the Self*. Cambridge, MA: Harvard University Press.
Thorne, B. (1985) *The Quality of Tenderness*. Norwich: Norwich Centre Publications.
Tomkins, S.S. (1979) 'Script theory: differential magnification of affects', in H.E. Howe and R.E. Dienstbier (eds), *Nebraska Symposium on Motivation*, vol. 26. Lincoln, NE: University of Nebraska Press. pp. 201–36.
Tomkins, S.S. (1987) 'Script theory', in J. Aronoff, A.I. Rubin and R.A. Zucker (eds), *The Emergence of Personality*. New York: Springer. pp. 147–216.
Trevarthen, C. (1995) 'The child's need to learn a culture', *Children and Society*, 9 (1): 5–19.
Tseng, W. and Hsu, J. (1972) 'The Chinese attitude toward parental authority as expressed in Chinese children's stories', *Archives of General Psychiatry*, 26: 28–34.
Turner, V. (1964) 'An Ndembu doctor in practice', in A. Kiev (ed.), *Magic, Faith and Healing: Studies in Primitive Psychiatry Today*. New York: Free Press. pp. 230–63.
Turner, V. (1982) *From Ritual to Theatre: the Human Seriousness of Play*. New York: Performing Arts Society Publications.
van den Broek, P. and Thurlow, R. (1991) 'The role and structure of personal narratives', *Journal of Cognitive Psychotherapy*, 5: 257–73.
van Langenhove, L. and Harré, R. (1993) 'Positioning and autobiography: telling your life', in N. Coupland and J.F. Nussbaum (eds), *Discourse and Lifespan Identity*. London: Sage. pp. 81–100.
Viney, L. (1990) 'Psychotherapy as shared reconstruction', *International Journal of Personal Construct Psychotherapy*, 3: 437–56.
Viney, L. (1993) *Life Stories: Personal Construct Therapy with the Elderly*. Chichester: Wiley.
Vogel, D. (1994) 'Narrative perspectives in theory and therapy', *Journal of Constructivist Psychology*, 7: 243–61.
Vygotsky, L. (1978) *Mind in Society*. Cambridge, MA: Harvard University Press.
Wallas, L. (1986) *Stories for the Third Ear*. New York: Norton.
Wallas, L. (1991) *Stories that Heal: Reparenting Adult Children of Dysfunctional Families Using Hypnotic Stories in Psychotherapy*. New York: Norton.
Walter, T. (1996) 'A new model of grief: bereavement and biography', *Mortality*, 1 (1): 7–25.
Weber, A.L. (1992) 'The account-making process: a phenomenological approach', in T.L. Orbuch (ed.), *Close Relationship Loss: Theoretical Approaches*. New York: Springer. pp. 174–91.
White, M. (1989) *Selected Papers*. Adelaide, South Australia: Dulwich Centre Publications.
White, M. (1992) 'Deconstruction and therapy', in D. Epston and M. White (eds), *Experience, Contradiction, Narrative and Imagination*. Adelaide, South Australia: Dulwich Centre Publications. pp. 109–52.
White, M. and Epston, D. (1990) *Narrative Means to Therapeutic Ends*. New York: Norton.
Widdershoven, G.A.M. (1993) 'The story of life: hermeneutic perspectives on the relationship between narrative and life history', in R. Josselson and A. Lieblich (eds), *The Narrative Study of Lives*. London: Sage. pp. 1–21.
Wiener, W. and Rosenwald, G.C. (1993) 'A moment's monument: the psychology of keeping a diary', in R. Josselson and A. Lieblich (eds), *The Narrative Study of Lives*, London: Sage. pp. 30–58.
Wiggins, J.B. (ed.) (1975) *Religion as Story*. New York: Harper and Row.
Wigrem, J. (1994) 'Narrative completion in the treatment of trauma', *Psychotherapy*, 31: 415–23.
Williams, R. (1961) *The Long Revolution*. London: Chatto and Windus.
Wilson, J.P. (1988) 'Treating the Vietnam veteran', in F.M. Ochberg (ed.), *Post-Traumatic*

Shotter, J. (1975) *Images of Man in Psychological Research*. London: Methuen.
Sluzki, C.E. (1992) 'Transformations: a blueprint for narrative changes in therapy', *Family Process*, 31 (3): 217–30.
Smith, M.B., Bruner, J.S. and White, R.W. (1956) *Opinions and Personality*. New York: Wiley.
Snyder, M. (1996) 'Our "other history": poetry as a meta-metaphor for narrative therapy', *Journal of Family Therapy*, 18: 337–59.
Sollod, R.N. (1978) 'Carl Rogers and the origins of client-centered therapy', *Professional Psychology*, 9: 93–104.
Sollod, R.N. (1982) 'Non-scientific sources of psychotherapeutic approaches', in P.W. Sharkey (ed.), *Philosophy, Religion and Psychotherapy: Essays in the Philosophical Foundations of Psychotherapy*. Washington, DC: University Press of America. pp. 47–73.
Spanos, N.P., Burgess, C.A. and Burgess, M.F. (1994) 'Past-life identities, UFO abductions and Satanic ritual abuse', *International Journal of Clinical and Experimental Hypnosis*, 42: 433–46.
Spence, D.P. (1982a) *Narrative Truth and Historical Truth: Meaning and Interpretation in Psychoanalysis*. New York: Norton.
Spence, D.P. (1982b) 'Narrative persuasion', *Psychoanalysis and Contemporary Thought*, 6: 457–81.
Spence, D.P. (1986) 'Narrative smoothing and clinical wisdom', in T.R. Sarbin (ed.), *Narrative Psychology: the Storied Nature of Human Conduct*. New York: Praeger. pp. 211–32.
Spence, D.P. (1987) *The Freudian Metaphor: Toward Paradigm Change in Psychoanalysis*. New York: Norton.
Spence, D.P. (1989) 'Rhetoric vs. evidence as a source of persuasion: a critique of the case study genre', in M.J. Packer and R.B. Addison (eds), *Entering the Circle: Hermeneutic Investigation in Psychology*. New York: Addison-Wesley. pp. 201–21.
Spence, D.P. (1994) 'Narrative truth and putative child abuse', *International Journal of Clinical and Experimental Hypnosis*, 42: 289–303.
Spera, S.P., Buhrfeind, E.D. and Pennebaker, J.W. (1994) 'Creative writing and coping with job loss', *Academy of Management Journal*, 37: 722–33.
Stacey, J. (1996) 'Conquering heroes: the politics of cancer narratives', in P. Duncker and V. Wilson (eds), *Cancer: Through the Eyes of Ten Women*. London: Pandora. pp. 1–34.
Starker, S. (1988) 'Do-it-yourself therapy: the prescription of self-help books by psychologists', *Psychotherapy*, 25: 142–6.
Stein, N.L. (1982) 'The definition of a story', *Journal of Pragmatics*, 6: 487–507.
Stein, N.L. and Glenn, C.G. (1979) 'An analysis of story comprehension in elementary school children', in R.O. Freedle (ed.), *Advances in Discourse Processes: New Directions in Discourse Processing Vol. 2*. Norwood, NJ: Ablex.
Stein, N.L. and Policastro, M. (1984) 'The concept of a story: A comparison between children's and teachers' viewpoints', in H. Mandl, N.L. Stein and T. Trabasso (eds), *Learning and Comprehension of Text*. Hillsdale, NJ: Lawrence Erlbaum. pp. 113–55.
Steiner, C. (1974) *Scripts People Live: Transactional Analysis of Life Scripts*. New York: Grove Press.
Stiles, W.B. (1995) 'Disclosure as a speech act: is it psychotherapeutic to disclose?', in J.W. Pennebaker (ed.), *Emotion, Disclosure and Health*. Washington, DC: American Psychological Association. pp. 71–92.
Stiles, W.B. and Shapiro, D.A. (1989) 'Abuse of the drug metaphor in psychotherapy process–outcome research', *Clinical Psychology Review*, 9: 521–43.
Strupp, H., Wallach, M. and Wogan, M. (1964) 'Psychotherapy experience in retrospect: questionnaire study of former patients and their therapists', *Psychological Monographs: General and Applied*, 78 (11), Whole No. 588.
Strupp, J.H. and Binder, J.L. (1984) *Psychotherapy in a New Key: A Guide to Time-Limited*

Psychologist, 47: 671–2.
Russell, R.L. and van den Broek, P. (1992) 'Changing narrative schemas in psychotherapy', *Psychotherapy*, 29: 344–54.
Russell, R.L., van den Broek, P., Adams, S., Rosenberger, K. and Essig, T. (1993) 'Analyzing narratives in psychotherapy: a formal framework and empirical analyses', *Journal of Narrative and Life History*, 3 (4): 337–60.
Ruth, J.-K. and Kenyon, G.M. (1996) 'Biography in adult development and aging', in J.E. Birren, G.M. Kenyon, J.-K. Ruth, J.J.F. Schroots and T. Svensson (eds), *Aging and Biography: Explorations in Adult Development*. New York: Springer. pp. 1–20.
Ryle, A. (1990) *Cognitive–Analytic Therapy: Active Participation in Change: a New Integration in Brief Psychotherapy*. Chichester: Wiley.
Sacks, O. (1985) *The Man who Mistook his Wife for a Hat*. London: Duckworth.
Sarbin, T.R. (1986) 'The narrative as a root metaphor for psychology', in T.R. Sarbin (ed.), *Narrative Psychology: the Storied Nature of Human Conduct*. New York: Praeger, pp. 1–37.
Sarbin, T.R. (1989a) 'Emotions as situated actions', in L. Cirillo, B. Kaplan and S. Wapner (eds), *Emotions in Ideal Human Development*. Hillsdale, NJ: Erlbaum. pp. 77–99.
Sarbin, T.R. (1989b) 'Emotions as narrative emplotments', in M.J. Packer and R.B. Addison (eds), *Entering the Circle: Hermeneutic Investigation in Psychology*. Albany, NY: State University of New York Press. pp. 185–201.
Sarbin, T.R. (1995a) 'A narrative approach to "repressed memories"', *Journal of Narrative and Life History*, 5: 51–66.
Sarbin, T.R. (1995b) 'On the belief that one body may be host to two or more personalities', *International Journal of Clinical and Experimental Hypnosis*, 43: 163–83.
Sass, L.A. (1987) 'Schreber's Panopticon: psychosis and the modern soul', *Social Research*, 54: 101–47.
Sass, L.A. (1990) 'The self and its vicissitudes: an "archaeological" study of the psychoanalytic avant-garde', *Social Research*, 57: 551–607.
Schafer, R. (1976) *A New Language for Psychoanalysis*. New Haven, CT: Yale University Press.
Schafer, R. (1980) 'Narration in the psychoanalytic dialogue', *Critical Inquiry*, 7: 29–53.
Schafer, R. (1992) *Retelling a Life: Narration and Dialogue in Psychoanalysis*. New York: Basic Books.
Scheff, T.J. (1977) 'The distancing of emotion in ritual', *Current Anthropology*, 18: 483–505.
Scheff, T.J. (1981) 'The distancing of emotion in psychotherapy', *Psychotherapy: Theory, Research and Practice*, 18: 46–53.
Scheff, T.J. (1990) *Microsociology: Discourse, Emotion and Social Structure*. Chicago: University of Chicago Press.
Scheibe, K.E. (1986) 'Self-narratives and adventure', in T.R. Sarbin (ed.), *Narrative Psychology: the Storied Nature of Human Conduct*, New York: Praeger. pp. 129–51.
Scogin, F., Jamison, C. and Davis, N. (1990) 'Two-year follow-up of bibliotherapy for depression in older adults', *Journal of Consulting and Clinical Psychology*, 58: 665–7.
Scull, A. (1979) *Museums of Madness: the Social Organization of Insanity in Nineteenth Century England*. London: Allen Lane.
Scull, A. (ed.) (1981) *Mad-houses, Mad-doctors and Madmen*. Pennsylvania, PA: University of Pennsylvania Press.
Scull, A. (1989) *Social Order/Disorder: Anglo-American Psychiatry in Historical Perspective*. London: Routledge.
Sheinberg, M. (1992) 'Navigating treatment impasses at the disclosure of incest: combining ideas from feminism and social constructionism', *Family Process*, 31 (3): 201–16.
Shortt, J.W. and Pennebaker, J.W. (1992) 'Talking versus hearing about Holocaust experiences', *Basic and Applied Social Psychology*, 13: 165–79.

Bacon. pp. 291–349.

Progoff, I. (1975) *At a Journal Workshop*. New York: Dialogue House.

Rainer, T. (1980) *The New Diary*. London: Angus and Roberston.

Rappaport, J. and Simkins, R. (1991) 'Healing and empowering through community narrative', *Prevention in Human Services*. 10: 29–50.

Reason, P. (1993) 'Reflections on sacred experience and sacred science', *Journal of Management Inquiry*, 2 (3): 273–83.

Rennie, D.L. (1990) 'Toward a representation of the client's experience of the psychotherapy hour', in G. Lietaer, J. Rombauts and R. Van Balen (eds), *Client-Centered and Experiential Therapy in the 90s*. Leuven, Belgium: Leuven University Press. pp. 155–72.

Rennie, D.L. (1992) 'Qualitative analysis of the client's experience of psychotherapy: the unfolding of reflexivity', in S.G. Toukmanian and D.L. Rennie (eds), *Psychotherapy Process Research: Paradigmatic and Narrative Approaches*. London: Sage. pp. 211–33.

Rennie, D.L. (1994a) 'Storytelling in psychotherapy: the client's subjective experience', *Psychotherapy*, 31: 234–43.

Rennie, D.L. (1994b) 'Human science and counselling psychology: closing the gap between research and practice', *Counselling Psychology Quarterly*, 7: 251–86.

Rennie, D.L. and Toukmanian, S.G. (1992) 'Explanation in psychotherapy process research', in S.G. Toukmanian and D.L. Rennie (eds), *Psychotherapy Process Research: Paradigmatic and Narrative Approaches*. London: Sage. pp. 234–51.

Rice, L.N. and Kerr, G.P. (1986) 'Measures of client and therapist vocal quality', in L.S. Greenberg and W.M. Pinsof (eds), *The Psychotherapeutic Process: a Research Handbook*. New York: Guilford Press, pp. 73–106.

Richardson, L. (1992) 'The consequences of poetic representation: writing the other, rewriting the self', in C. Ellis and M.G. Flaherty (eds), *Investigating Subjectivity: Research on Lived Experience*. New York: Sage.

Riessman, C.K. (1988) 'Worlds of difference: contrasting experience in marriage and narrative style', in A.D. Todd and S. Fisher (eds), *Gender and Discourse: The Power of Talk*. Norwood, NJ: Ablex. pp. 151–73.

Riessman, C.K. (1993) *Narrative Analysis*. New York: Sage.

Rinsley, R. and Bergmann, E. (1983) 'Enchantment and alchemy: the story of Rumplestiltskin', *Bulletin of the Menninger Clinic*, 47: 1–13.

Rogers, C.R. (1951) *Client-Centered Therapy: Its Current Practice, Implications and Theory*. London: Constable.

Rorty, R. (1980) *Philosophy and the Mirror of Nature*. Oxford: Blackwell.

Rosch, E. and Mervis, C.B. (1975) 'Family resemblances: studies in the internal structure of categories', *Cognitive Psychology*, 7: 573–605.

Rosen, S. (ed.) (1982) *My Voice Will Go with You: the Teaching Tales of Milton H. Erickson*. New York: Norton.

Rosenbaum, R. (1994) 'Single-session therapies: intrinsic integration', *Journal of Psychotherapy Integration*, 4 (3): 229–52.

Rubin, R.J. (ed.) (1978) *Bibliotherapy Sourcebook*. Phoenix, AR: Oryx Press.

Runyan, W.M. (1980) 'Alternative accounts of lives: an argument for epistemological relativism', *Biography*, 3: 209–24.

Runyan, W.M. (1991) '"Progress" as an approach to epistemological problems in the study of lives', in A.J. Stewart, J.M. Healy, jr. and D. Ozer (eds), *Approaches to Understanding Lives. Perspectives in Personality Vol. 3, Part B*. London: Jessica Kinsley. pp. 17–33.

Russell, R.L. (1991) 'Narrative in views of humanity, science and action: lessons for cognitive therapy', *Journal of Cognitive Psychotherapy*, 5: 241–56.

Russell, R.L. and Luciarello, J. (1992) 'Narrative, Yes; Narrative ad infinitum, No!', *American* infinity of constructed ones', *Psychotherapy*, 29: 253–61.

Ong. W.J. (1982) *Orality and Literacy: the Technologizing of the Word*. London: Routledge.

Orlinsky, D., Grawe, K. and Parks, B.K. (1994) 'Process and outcome in psychotherapy – noch einmal', in A.E. Bergin and S.L. Garfield (eds), *Handbook of Psychotherapy and Behavior Change*, 4th edn. Chichester: Wiley. pp. 270–378.

Paivio, A. (1986) *Mental Representation: a Dual Coding Approach*. New York: Oxford University Press.

Palumbo, J. (1992) 'Narratives, self-cohesion, and the patient's search for meaning', *Clinical Social Work Journal*, 20: 249–70.

Parker, I., Georgaca, E., Harper, D., McLaughlin, T. and Stowell-Smith, M. (1995) *Deconstructing Psychopathology*. London: Sage.

Parry, A. and Doan, R.E. (1994) *Story Re-Visions: Narrative Therapy in the Post-Modern World*. New York: Guilford.

Parson, E.R. (1985) 'Ethnicity and traumatic stress: the intersecting point in psychotherapy', in C.R. Figley (ed.), *Trauma and its Wake. Vol. 1*. New York: Brunner/Mazel. pp. 211–37.

Payne, M. (1996) 'Person-centred and systemic models', in S. Palmer, S. Dainow and P. Milner (eds), *Counselling: the BAC Counselling Reader*. London: Sage. pp. 15–22.

Penn, P. and Frankfurt, M. (1994) 'Creating a participant text: writing, multiple voices, narrative multiplicity', *Family Process*, 33: 217–32.

Pennebaker, J.W. (1988) 'Confiding traumatic experiences and health', in S. Fisher and J. Reason (eds), *Handbook of Life Stress, Cognition and Health*. Chichester: Wiley.

Pennebaker, J.W. (1993a) 'Putting stress into words: health, linguistic and therapeutic implications', *Behaviour Research and Therapy*, 31: 539–48.

Pennebaker, J.W. (1993b) 'Social mechanisms of constraint', in D.W. Wegner and J.W. Pennebaker (eds), *Handbook of Mental Control*. Englewood Cliffs, NJ: Prentice-Hall. pp. 200–19.

Pennebaker, J.W., Barger, S.D. and Tiebout, J. (1989) 'Disclosure of traumas among Holocaust survivors', *Psychosomatic Medicine*, 51: 577–89.

Pennebaker, J.W., Colder, M. and Sharp, L.K. (1990) 'Accelerating the coping process', *Journal of Personality and Social Psychology*, 58: 528–37.

Pennebaker, J.W. and Harber, K.D. (1993) 'A social stage model of collective coping: the Loma Prieta earthquake and the Persian Gulf War', *Journal of Social Issues*, 49 (4): 125–45.

Pennebaker, J.W., Kiecolt-Glaser, J.K. and Glaser, R. (1988) 'Disclosure of traumas and immune function: health implications for psychotherapy', *Journal of Consulting and Clinical Psychology*, 56: 239–45.

Polanyi, L. (1982) 'Linguistic and social constraints on storytelling', *Journal of Pragmatics*, 6: 509–24.

Polkinghorne, D.E. (1988) *Narrative Knowing and the Human Sciences*, Albany, NY: State University of New York Press.

Polkinghorne, D.E. (1991) 'Narrative and the self-concept', *Journal of Narrative and Life History*, 1: 135–53.

Polkinghorne, D.E. (1992) 'Postmodern epistemology of practice', in S. Kvale (ed.), *Psychology and Postmodernism*. London: Sage. pp. 146–65.

Polkinghorne, D.E. (1996) 'Narrative knowing and the study of lives', in J.E. Birren, G.M. Kenyon, J.-K. Ruth, J.J.F. Schroots and T. Svensson (eds), *Aging and Biography: Explorations in Adult Development*. New York: Springer. pp. 77–99.

Polonoff, D. (1987) 'Self-deception', *Social Research*, 54 (1): 45–54.

Polster, E. (1987) *Every Person's Life is Worth a Novel*. New York: Norton.

Prince, R. (1981) 'Variations in psychotherapeutic procedures', in H.C. Traindis and J.G. Draguns (eds), *Handbook of Cross-Cultural Psychopathology*, vol. 6. Boston, MA: Allyn and

Minami, M. and McCabe, A. (1991) '*Haiku* as a discourse regulation device: a stanza analysis of Japanese children's personal narratives', *Language in Society*, 20: 577–99

Mishler, E.G. (1986) *Research Interviewing: Context and Narrative*. Cambridge, MA: Harvard University Press.

Mishler, E.G. (1991) 'Representing discourse: the rhetoric of transcription', *Journal of Narrative and Life History*, 1 (4): 255–80.

Mishler, E.G. (1995) 'Models of narrative analysis: a typology', *Journal of Narrative and Life History*, 5: 87–123.

Miyake, K. and Yamazaki, K. (1995) 'Self-conscious emotions, child rearing, and child psychopathology in Japanese culture', in J.P. Tangnay and K.W. Fischer (eds), *Self-Conscious Emotions: the Psychology of Shame, Guilt, Embarrassment and Pride*. New York: Guilford Press. pp. 488–504.

Mollica, R.F. (1988) 'The trauma story: the psychiatric care of refugee survivors of violence and torture', in F.M. Ochberg (ed.), *Post-Traumatic Therapy and Victims of Violence*. New York: Brunner/Mazel. pp. 295–314.

Monk, G., Winslade, J., Crocket, K. and Epston, D. (eds) (1996) *Narrative Therapy in Practice: The Archaeology of Hope*. San Francisco: Jossey-Bass.

Monks, J. (1995) 'Life stories and sickness experience: a performance perspective', *Culture, Medicine and Psychiatry*, 19: 453–78.

Moras, K. (1993) 'The use of treatment manuals to train psychotherapists: observations and recommendations', *Psychotherapy*, 30: 581–6.

Morrow-Bradley, C. and Elliott, R. (1986) 'Utilization of psychotherapy research by practising psychotherapists', *American Psychologist*, 41: 188–97.

Mulhern, S. (1994) 'Satanism, ritual abuse, and multiple personality disorder', *International Journal of Clinical and Experimental Hypnosis*, 42: 265–88.

Murray, H.A. (1938) *Explorations in Personality: a Clinical and Experimental Study of Fifty Men of College Age*. New York: Oxford University Press.

Neimeyer, R.A. (1994) 'The role of client-generated narratives in psychotherapy', *Journal of Constructivist Psychology*, 7: 229–42.

Neimeyer, R.A. (1995) 'Constructivist psychotherapies: features, foundations and future directions', in R.A. Neimeyer and M.J. Mahoney (eds), *Constructivism in Psychotherapy*. Washington, DC: American Psychological Association. pp. 11–38.

Neimeyer, R.A. and Mahoney, M.J. (eds) (1995) *Constructivism in Psychotherapy*. Washington, DC: American Psychological Association.

Neugebauer, R. (1978) 'Treatment of the mentally ill in medieval and early modern England: a reappraisal', *Journal of the History of the Behavioral Sciences*, 14: 158–69.

Neugebauer, R. (1979) 'Early and modern theories of mental illness', *Archives of General Psychiatry*, 36: 477–83.

Ogles, B.M., Lambert, M.J. and Craig, D.E. (1991) 'Comparison of self-help books for coping with loss: expectations and attributions', *Journal of Counseling Psychology*, 38: 387–93.

Omer, H. (1987) 'Therapeutic impact: a nonspecific major factor in directive psychotherapies', *Psychotherapy*, 24: 52–7.

Omer, H. (1990) 'Enhancing the impact of therapeutic interventions', *American Journal of Psychotherapy*, 44: 218–31.

Omer, H. (1993a) 'Quasi-literary elements in psychotherapy', *Psychotherapy*, 30: 59–66.

Omer, H. (1993b) 'Short-term psychotherapy and rise of the life-sketch', *Psychotherapy*, 30: 668–73.

Omer, H. (1996) 'Three styles of constructive therapy', in M.F. Hoyt (ed.), *Constructive Therapies*, vol. 2. New York: Guilford Press. pp. 319–33.

Omer, H. and Strenger, C. (1992) 'The pluralist revolution: from the one true meaning to an

Dryden (eds), *Handbook of Counselling Psychology*. London: Sage. pp. 65–86.
McLeod, J. and Balamoutsou, S. (1996) 'Representing narrative process in therapy: qualitative analysis of a single case', *Counselling Psychology Quarterly*, 9: 61–76.
Macmurray, J. (1961) *Persons in Relation*. London: Faber.
McNeill, J.T. (1951) *A History of the Cure of Souls*. New York: Harper and Row.
Mahoney, M.J. (1995) 'Theoretical development in the cognitive and constructive psychotherapies', in M.J. Mahoney (ed.), *Cognitive and Constructive Psychotherapies: Theory, Research and Practice*. New York: Springer. pp. 3–19.
Mahrer, A.R. (1989) *The Integration of Psychotherapies: a Guide for Practicing Therapists*. New York: Human Sciences Press.
Mair, J.M.M. (1977) 'The community of self', in D. Bannister (ed.), *New Perspectives in Personal Construct Theory*. London: Academic Press.
Mair, M. (1988) 'Psychology as storytelling', *International Journal of Personal Construct Psychology*, 1: 125–37.
Mair, M. (1989a) *Beyond Psychology and Psychotherapy: a Poetics of Experience*. London: Routledge.
Mair, M. (1989b) 'Psychology as a discipline of discourse'. Paper presented at a Conference on 'Psychology, Psychotherapy and Story-Telling', Psychotherapy Section of the British Psychological Society, Dumfries, Scotland.
Mair, M. (1990a) 'Telling psychological tales', *International Journal of Personal Construct Psychology*, 3: 121–35.
Mair, M. (1990b) 'Speaking the truth'. Paper presented at a Conference on 'Developing a Language for Psychological Research', Psychotherapy Section of the British Psychological Society, University of London.
Mancuso, J.C. (1986) 'The acquisition and use of narrative grammar structure', in T.R. Sarbin (ed.), *Narrative Psychology: The Storied Nature of Human Conduct*, New York: Praeger, pp. 91–110.
Mandler, J.M. (1984) *Scripts, Stories and Scenes: Aspects of Schema Theory*. Hillsdale, NJ: Lawrence Erlbaum.
Markus, H.R. and Kitayama, S. (1991) 'Culture and the self: implications for cognition, emotion and motivation', *Psychological Review*, 98 (2): 224–53.
Martin, W. (1986) *Recent Theories of Narrative*. Ithaca, NY: Cornell University Press.
Masson, J.M. (1985) *The Assault on Truth: Freud and Child Sexual Abuse*. Harmondsworth: Penguin.
Masson, J.M. (1988) *Against Therapy: Emotional Tyranny and the Myth of Psychological Healing*. New York: Atheneum.
Masson, J. (1989) *Against Therapy*. Glasgow: Collins.
Masson, J.M. (1990) *Final Analysis: the Making and Unmaking of a Psychoanalyst*. London: HarperCollins.
Maultsby, M.C. (1971) 'Systematic written homework in psychotherapy', *Psychotherapy*, 8: 195–8.
Mazor, A., Gampel, Y., Enright, R.D. and Orenstein, R. (1990) 'Holocaust survivors: coping with post-traumatic memories in childhood and 40 years later', *Journal of Traumatic Stress*, 3: 1–14.
Meichenbaum, D. (1995) 'Changing conceptions of cognitive behavior modification: retrospect and prospect', in M.J. Mahoney (ed.), *Cognitive and Constructive Psychotherapies: Theory, Research and Practice*. New York: Springer. pp. 20–6.
Michaels, S. (1991) 'The dismantling of narrative', in A. McCabe and C. Peterson (eds), *Developing Narrative Structure*. Hillsdale, NJ: Lawrence Erlbaum. pp. 303–52.
Miller, G.A. (1969) 'Psychology as a means of promoting human welfare', *American Psychologist*, 24: 1063–75.

Lieblich, A. and Josselson, R. (eds) (1994) *Exploring Identity and Gender: the Narrative Study of Lives, Vol. 2*. London: Sage.

Lindsay-Hartz, J., de Rivera, J. and Mascolo, M.F. (1995) 'Differentiating shame and guilt and their effects on motivation', in J.P. Tangnay and K.W. Fischer (eds), *Self-Conscious Emotions: the Psychology of Shame, Guilt, Embarrassment and Pride*. New York: Guilford Press. pp. 274–300.

Lister, E.D. (1982) 'Forced silence: a neglected dimension of trauma', *American Journal of Psychiatry*, 139 (7): 872–6.

Lodge, D. (1995) *Therapy: a Novel*. London: Secker and Warburg.

Logan, R.D. (1987) 'Historical change in prevailing sense of self', in K. Yardley and T. Honess (eds), *Self and Identity: Psychosocial Perspectives*. Chichester: Wiley. pp. 13–26.

Lomas, P. (1981) *The Case for a Personal Psychotherapy*. Oxford: Oxford University Press.

Luborsky, L., Barber, J.P. and Diguer, L. (1992) 'The meanings of narratives told during psychotherapy: the fruits of a new observational unit', *Psychotherapy Research*, 2: 277–90.

Luborsky, L. and Crits-Christoph, P. (eds) (1990) *Understanding Transference: the CCRT Method*. New York: Basic Books.

Luborsky, L., Popp, C., Luborsky, E. and Mark, D. (1994) 'The core conflictual relationship theme', *Psychotherapy Research*, 4: 172–83.

Lukinsky, J. (1990) 'Reflective withdrawal through journal writing', in J. Mezirow (ed.), *Fostering Critical Reflection in Adulthood:* a *Guide to Transformative and Emancipatory Learning*. San Francisco, CA: Jossey-Bass. pp. 213–34.

Lynch, G. (1996) 'Living in a world of words and silence: counselling and psychotherapy after Wittgenstein'. Unpublished paper. Available from Department of Community Studies, University College Chester, Cheyney Rd, Chester CH1 4BJ, UK.

Lynch, G. (1997) 'Therapeutic theory and social context: a social constructionist approach', *British Journal of Guidance and Counselling*, 25 (1): 5–16.

Lyness, K. and Thomas, V. (1995) 'Fitting a square peg in a square hole: using metaphor in narrative therapy', *Contemporary Family Therapy*, 17 (1): 127–42.

Lyon, D. (1994) *Postmodernity*. Buckingham: Open University Press.

McAdams, D.P. (1985) *Power, Intimacy, and the Life Story: Personological Inquiries into Identity*. New York: Guilford Press.

McAdams, D.P. (1991) 'Self and story', in A.J. Stewart, J.M. Healy, jr. and D. Ozer (eds), *Approaches to Understanding Lives. Perspectives in Personality Vol. 3, Part B*. London: Jessica Kinsley. pp. 133–59.

McAdams, D.P. (1993) *The Stories We Live By: Personal Myths and the Making of the Self*. New York: William Murrow.

McAdams, D.P. (1994) 'Can personality change? Levels of stability and growth across the life span', in T.F. Heatherton and J.L. Weinberger (eds), *Can Personality Change?* Washington, DC: American Psychological Association. pp. 299–313.

McAdams, D.P. (1996) 'Narrating the self in adulthood', in J.E. Birren, G.M. Kenyon, J.-K. Ruth, J.J.F. Schroots and T. Svensson (eds), *Aging and Biography: Explorations in Adult Development*. New York: Springer. pp. 131–48.

MacIntyre, A. (1981) *After Virtue: A Study in Moral Theory*. London: Duckworth.

McKay, V.C. (1993) 'Making connections: narrative as the expression of continuity between generations of grandparents and grandchildren', in N. Coupland and J.F. Nussbaum (eds), *Discourse and Lifespan Identity*. London: Sage. pp. 173–86.

McKinney, F. (1976) 'Free writing as therapy', *Psychotherapy: Theory, Research and Practice*, 13: 183–7.

McLeod, J. (1993) *An Introduction to Counselling*. Buckingham: Open University Press.

McLeod, J. (1996) 'Qualitative research methods in counselling psychology', in R. Woolfe and W.

Kiev, A. (ed.)(1964) *Magic, Faith and Healing: Studies in Primitive Psychiatry Today*. New York: Free Press.

Klein, M.H., Mathieu-Coughlan, P. and Kiesler, D.J. (1986) 'The Experiencing scales', in L.S. Greenberg and W.M. Pinsof (eds), *The Psychotherapeutic Process: a Research Handbook*. New York: Guilford Press. pp. 21–72.

Kleinman, A. (1988) *The Illness Narratives: Suffering, Healing and the Human Condition*. New York: Basic Books.

Knights, B. (1995) *The Listening Reader: Fiction and Poetry for Counsellors and Psychotherapists*. London: Jessica Kingsley.

Kovel, J. (1981) 'The American mental health industry', in D. Ingleby (ed.), *Critical Psychiatry: the Politics of Mental Health*. Harmondsworth: Penguin. pp. 72–101.

Krell, R. (1985a) 'Child survivors of the Holocaust: 40 years later', *Journal of the American Academy of Child Psychiatry*, 24: 378–80.

Krell, R. (1985b) 'Therapeutic value of documenting child survivors', *Journal of the American Academy of Child Psychiatry*, 24: 397–400.

Labov, W. (1972) *Language in the Inner City: Studies in the Black English Vernacular*. Philadelphia, PA: University of Philadelphia Press.

Labov, W. and Waletzky, J. (1967) 'Narrative analysis: oral versions of personal experience', in J. Helm (ed.), *Essays on the Verbal and Visual Arts*. Seattle, WA: University of Washington Press. pp. 12–44.

Lahad, M. (1992) 'Story-making in assessment method for coping with stress: six-piece story-making and BASIC Ph', in S. Jennings (ed.), *Dramatherapy: Theory and Practice 2*. London: Routledge. pp. 150–63.

Laird, J. (1989) 'Women and stories: restorying women's self-constructions', in M. McGoldrick, C.M. Anderson and F. Walsh (eds), *Women in Families: a Framework for Family Therapy*. New York: Norton. pp. 127–65.

Landrine, H. (1992) 'Clinical implications of cultural differences: the referential versus the indexical self', *Clinical Psychology Review*, 12: 401–15.

Lange, A. (1994) 'Writing assignments in the treatment of grief and traumas from the past', in J. Zeig (ed.), *Ericksonian Methods: the Essence of the Story*. New York: Brunner/Mazel. pp. 377–92.

Lange, A. (1996) 'Using writing assignments with families managing legacies of extreme traumas', *Journal of Family Therapy*, 18: 375–88.

Langellier, K.M. (1989) 'Personal narratives: perspectives on theory and research', *Text and Performance Quarterly*, 9: 243–76.

Lankton, S.R. and Lankton, C.H. (1986) *Enchantment and Intervention in Family Therapy: Training in Ericksonian Approaches*. New York: Brunner/Mazel.

Lassiter, C. (1987) 'Relocation and illness: the plight of the Navajo', in D.M. Levin (ed.), *Pathologies of the Modern Self: Postmodern Studies in Narcissism, Schizophrenia and Depression*. New York: New York University Press. pp. 221–30.

Lazarus, R.S. (1984) 'On the primacy of cognition', *American Psychologist*, 39: 124–9.

Lee, C.C. and Armstrong, K.L. (1995) 'Indigenous models of mental health intervention: lessons from traditional healers', in J.G. Pomterotto, J.M. Casas, L.A. Suzuki and C.M. Alexander (eds), *Handbook of Multicultural Counseling*. London: Sage. pp. 441–56.

Lewis, H.B. (1989) 'Some thoughts on the moral emotions of shame and guilt', in L. Cirillo, B. Kaplan and S. Wapner (eds), *Emotions in Ideal Human Development*, Hillsdale, NJ: Lawrence Erlbaum. pp. 35–51.

Lewis, J., Clark, D. and Morgan, D. (1992) *Whom God Hath Joined Together: the Work of Marriage Guidance*. London: Routledge.

Lieblich, A. and Josselson, R. (eds) (1994) *Exploring Identity and Gender: the Narrative Study of*

Erlbaum. pp. 359–87.

Heikkinen, R.L. (1996) 'Experiencing aging as elucidated by narratives', in J.E. Birren, G.M. Kenyon, J.-K. Ruth, J.J.F. Schroots and T. Svensson (eds), *Aging and Biography: Explorations in Adult Development*. New York: Springer. pp. 187–204.

Hermans, H.J.M. and Hermans-Jansen, E. (1995) *Self-Narratives: The Construction of Meaning in Psychotherapy*. New York: Guilford Press.

Hill, C.E. (1986) 'An overview of the Hill counselor and client verbal response modes category systems', in L.S. Greenberg and W.M. Pinsof (eds), *The Psychotherapeutic Process: a Research Handbook*. New York: Guilford Press. pp. 131–60.

Hill, C.E. (1989) *Therapist Techniques and Client Outcomes: Eight Cases of Brief Psychotherapy*. London: Sage.

Hillman, J. (1975) 'The fiction of case history: a round', in J.B. Wiggins (ed.), *Religion as Story*. New York: Harper and Row. pp. 123–74.

Hillman, J. (1983) *Healing Fiction*. Barrytown, NJ: Station Hill Press.

Hobson, R. (1985) *Forms of Feeling: the Heart of Psychotherapy*. London: Tavistock.

Hoffman, L. (1992) 'A reflexive stance for family therapy', in S. McNamee and K.J. Gergen (eds), *Therapy as Social Construction*. London: Sage. pp. 7–24.

Hogman, F. (1985) 'Role of memories in lives of World War II orphans', *Journal of the American Academy of Child Psychiatry*, 24: 390–6.

Holifield, E.B. (1983) *A History of Pastoral Care in America: From Salvation to Self-Realization*. Nashville, TN: Abingdon Press.

Holland, S. (1979) 'The development of an action and counselling service in a deprived urban area', in M. Meacher (ed.), *New Methods of Mental Health Care*. London: Pergamon. pp. 124–56.

Holmes, J. (1993) *John Bowlby and Attachment Theory*. London: Routledge.

Howard, G.S. (1991) 'Culture tales: a narrative approach to thinking, cross-cultural psychology and psychotherapy', *American Psychologist*, 46: 187–97.

Howe, D. (1993) *On Being a Client: Understanding the Process of Counselling and Psychotherapy*. London: Sage.

Hoyt, M.F. (1996) 'Introduction: some stories are better than others', in M.F. Hoyt (ed.), *Constructive Therapies*, vol. 2. New York: Guilford Press. pp. 1–32.

Humphreys, K. (1993) 'Expanding on the pluralist revolution: a comment on Omer and Strenger (1992)', *Psychotherapy*, 30: 176–7.

Hyden, L.-C. (1995) 'The rhetoric of recovery and change', *Culture, Medicine and Psychiatry*, 19: 73–90.

Invernizzi, M.A. and Abouzeid, M.P. (1995) 'One story map does not fit all: a cross-cultural analysis of children's written story retellings', *Journal of Narrative and Life History*, 5: 1–19.

Janoff-Bulman, R. (1991) 'Understanding people in terms of their assumptive worlds', in A.J. Stewart, J.M. Healy, Jr. and D. Ozer (eds), *Approaches to Understanding Lives. Perspectives in Personality Vol. 3, Part A*. London: Jessica Kinsley. pp. 99–116.

Jaynes, J. (1977) *The Origin of Consciousness in the Breakdown of the Bicameral Mind*. Boston, MA: Houghton Mifflin.

Josselson, R. and Lieblich, A. (eds) (1993) *The Narrative Study of Lives*. London: Sage.

Josselson, R. and Lieblich, A. (eds) (1995) *Interpreting Experience: the Narrative Study of Lives, Vol. 3*. London: Sage.

Keen, E. (1995) 'Narrative construction in treating Multiple Personality Disorder', *Journal of Narrative and Life History*, 5: 247–53.

Kenyon, G.M. (1996) 'The meaning/value of personal storytelling', in J.E. Birren, G.M. Kenyon, J.-K. Ruth, J.J.F. Schroots and T. Svensson (eds), *Aging and Biography: Explorations in Adult Development*. New York: Springer. pp. 21–9.

Hermeneutics and Psychological Theory: Interpretive Perspectives on Personality, Psychotherapy and Psychopathology. New Brunswick, NJ: Rutgers University Press. pp. 28–51.

Gergen, K.J. (1990) 'Therapeutic professions and the diffusion of deficit', *The Journal of Mind and Behavior*, 11: 353–68.

Gergen, K.J. (1991) *The Saturated Self: Dilemmas of Identity in Modern Life*. New York: Basic.

Gergen, K.J. (1994) *Toward Transformation in Social Knowledge*, 2nd edn. London: Sage.

Gergen, K.J. (1996) 'Beyond life narratives in the therapeutic encounter', in J.E. Birren, G.M. Kenyon, J.-K. Ruth, J.J.F. Schroots and T. Svensson (eds), *Aging and Biography: Explorations in Adult Development*. New York: Springer. pp. 205–23.

Gergen, M.M. and Gergen, K.J. (1993) 'Autobiographies and the shaping of gendered lives', in N. Coupland and J.F. Nussbaum (eds), *Discourse and Lifespan Identity*. London: Sage. pp. 28–54.

Gersie, A. (1991) *Storymaking in Bereavement: Dragons Fight in the Meadow*. London: Jessica Kingsley.

Gersie, A. and King, N. (1990) *Storymaking in Education and Therapy*. London: Jessica Kingsley.

Giddens, A. (1991) *Modernity and Self-Identity: Self and Society in the Late Modern Age*. Cambridge: Polity Press.

Glaser, B. and Strauss, A. (1967) *The Discovery of Grounded Theory*. Chicago, IL: Aldine.

Glaser, S. (1980) 'Rhetoric and psychotherapy', in M.J. Mahoney (ed.), *Psychotherapy Process: Current Issues and Future Directions*. New York: Plenum. pp. 313–34.

Glasgow, R.E. and Rosen, G.M. (1978) 'Behavioral bibliotherapy: a review of self-help behavior therapy manuals', *Psychological Bulletin*, 85: 1–23.

Goncalves, O.F. (1994) 'From epistemological truth to existential meaning in cognitive narrative psychotherapy', *Journal of Constructivist Psychology*, 7: 107–18.

Goncalves, O.F. (1995a) 'Hermeneutics, constructivism and cognitive-behavioral therapies: from the object to the project', in R.A. Neimeyer and M.J. Mahoney (eds), *Constructivism in Psychotherapy*. Washington, DC: American Psychological Association. pp. 195–230.

Goncalves, O.F. (1995b) 'Cognitive narrative psychotherapy: the hermeneutic construction of alternative meanings', in M.J. Mahoney (ed.), *Cognitive and Constructive Psychotherapies: Theory, Research and Practice*. New York: Springer. pp. 139–62.

Goolishian, H. and Anderson, H. (1987) 'Language systems and therapy: an evolving idea', *Psychotherapy*, 24: 529–38.

Graham. H. (1992) *The Magic Shop: an Imaginative Guide to Self-Healing*. London: Rider.

Graham, H. (1995) *Mental Imagery in Health Care*. London: Chapman and Hall.

Greenberg, G. (1994a) *The Self on the Shelf: Recovery Books and the Good Life*. Albany, NY: State University of New York Press.

Greenberg, G. (1994b) 'If a self is a narrative: social constructionism in the clinic', *Journal of Narrative and Life History*, 5: 269–83.

Greenberg, L.S., Rice, L.N. and Elliott, R. (1993) *Facilitating Emotional Change: The Moment-by-Moment Process*. New York: Guilford Press.

Greening, T.C. (1977) 'The uses of autobiography', in W. Anderson (ed.), *Therapy and the Arts: Tools of Consciousness*. New York: Harper and Row. pp. 46–81.

Greenspan, H. (1992) 'Lives as texts: symptoms as modes of recounting in the life histories of Holocaust survivors', in G.C. Rosenwald and R.L. Ochberg (eds), *Storied Lives: The Cultural Politics of Self-Understanding*, New Haven, CT: Yale University Press. pp. 145–64.

Gustafson, J.P. (1992) *Self-Delight in a Harsh World: The Main Stories of Individual, Marital and Family Psychotherapy*. New York: Norton.

Halmos, P. (1965) *The Faith of the Counsellors*. London: Constable.

Harber, K.D. and Pennebaker, J.W. (1992) 'Overcoming traumatic memories', in S. Christianson, (ed.) *The Handbook of Emotion and Memory: Research and Theory*. Hillsdale, NJ: Lawrence

181–279.
Epston, D. (1989) *Collected Papers*. Adelaide, South Australia: Dulwich Centre Publications.
Epston, D. and White, M. (eds) (1992) *Experience, Contradiction, Narrative and Imagination*. Adelaide, South Australia: Dulwich Centre Publications.
Epston, D. and White, M. (1995) 'Termination as a rite of passage: questioning strategies for a therapy of inclusion', in R.A. Neimeyer and M.J. Mahoney (eds), *Constructivism in Psychotherapy*. Washington, DC: American Psychological Association. pp. 339–54.
Epston, D., White, M. and Murray, K. (1992) 'A proposal for a re-authoring therapy: Rose's revisioning of her life and a commentary', in S. McNamee and K.J. Gergen (eds), *Therapy as Social Construction*. London: Sage. pp. 96–115.
Etherington, K. (1995) *Adult Male Survivors of Childhood Sexual Abuse*. London: Pitman.
Farson, R. (1978) 'The technology of humanism', *Journal of Humanistic Psychology*, 18: 5–35.
Feldman, C.F. (1989) 'Monologue as problem-solving narrative', in K. Nelson (ed.), *Narratives from the Crib*. Cambridge, MA: Harvard University Press. pp. 98–119.
Finnegan, R. (1992) *Oral Traditions and the Verbal Arts: a Guide to Research Practices*. London: Routledge.
Fisher, W.R. (1985) 'The narrative paradigm: an elaboration', *Communication Monographs*, 52: 347–67.
Fisher, W.R. (1984) 'Narration as a human communication paradigm: the case of public moral argument', *Communication Monographs*, 51: 1–22.
Foucault, M. (1967) *Madness and Civilization: a History of Insanity in the Age of Reason*. London: Tavistock.
Frank, J.D. (1973) *Persuasion and Healing: a Comparative Study of Psychotherapy*. Baltimore, MD: Johns Hopkins Press.
Frank, J.D. (1987) 'Psychotherapy, rhetoric, and hermeneutics: implications for practice and research', *Psychotherapy*, 24: 293–302.
Fransella, F. (1985) 'Individual psychotherapy', in E. Button (ed.), *Personal Construct Theory and Mental Health*. Beckenham: Croom Helm. pp. 86–104.
Freedheim, D.K. (ed.) (1992) *History of Psychotherapy: a Century of Change*. Washington, DC: American Psychological Association.
Freud, S. (1900 [1953]) 'The interpretation of dreams', in *Standard Edition*, vol. 4. London: Hogarth Press. pp. 1–338.
Freud, S. (1905 [1953]) 'Fragment of an analysis of a case of hysteria', in *Standard Edition*, vol. 7. London: Hogarth Press. pp. 7–122.
Gadamer, H. (1975) *Truth and Method*. New York: Continuum.
Ganaway, G. (1989) 'Historical versus narrative truth: clarifying the role of exogenous trauma in the etiology of MPD and its variants', *Dissociation*, 2: 205–20.
Garfinkel, H. (1957) 'Conditions of successful degradation ceremonies', *American Journal of Sociology*, 63: 420–4.
Gee, J.P. (1986) 'Units in the production of narrative discourse', *Discourse Processes*, 9: 391–422.
Gee, J.P. (1991) 'A linguistic approach to narrative', *Journal of Narrative and Life History*, 1 (1): 15–39.
Gendlin, E.T. (1962) *Experiencing and the Creation of Meaning*. New York: Free Press.
Gendlin, E.T. (1969) 'Focusing', *Psychotherapy*, 6: 4–15.
Georges, E. (1995) 'A cultural and historical perspective on confession', in J.W. Pennebaker (ed.), *Emotion, Disclosure and Health*. Washington, DC: American Psychological Association. pp. 11–24.
Gergen, K.J. (1985) 'The social constructionist movement in modern psychology', *American Psychologist*, 40: 266–75.
Gergen, K.J. (1988) 'If persons are texts', in S.B. Messer, L.A. Sass and R.L. Woolfolk (eds),

Csikszentmihalyi, M. and Beattie, O.V. (1979) 'Life themes: a theoretical and empirical exploration of their origins and effects', *Journal of Humanistic Psychology*, 19 (1): 45–63.

Cushman, P. (1990) 'Why the self is empty: toward a historically-situated psychology', *American Psychologist*, 45: 599–611.

Cushman, P. (1992) 'Psychotherapy to 1992: a historically situated interpretation', in D.K. Freedheim (ed.), *History of Psychotherapy: a Century of Change*. Washington, DC: American Psychological Association. pp. 21–64.

Cushman, P. (1995) *Constructing the Self, Constructing America: A Cultural History of Psychotherapy*. Reading, MA: Addison-Wesley.

Danieli, Y. (1988a) 'Confronting the unimaginable: psychotherapists' reactions to victims of the Nazi Holocaust', in J.P. Wilson, Z. Harel and B. Kahana (eds), *Human Adaptation to Extreme Stress: From the Holocaust to Vietnam*. New York: Plenum Press. pp. 219–38.

Danieli, Y. (1988b) 'Treating survivors and children of survivors of the Nazi Holocaust', in F.M. Ochberg (ed.), *Post-Traumatic Therapy and Victims of Violence*. New York: Brunner/Mazel. pp. 278–94.

Davis, K. (1986) 'The process of problem (re)formulation in psychotherapy', *Sociology of Health and Illness*, 8 (1): 44–74.

de Rivera, J. (1989) 'Choice of emotion and ideal development', in L. Cirillo, B. Kaplan and S. Wapner (eds), *Emotions in Ideal Human Development*. Hillsdale, NJ: Erlbaum. pp. 7–34.

de Rivera, J. (1991) 'The structure and dynamics of emotion', in A.J. Stewart, J.M. Healy, jr. and D. Ozer (eds), *Approaches to Understanding Lives. Perspectives in Personality Vol. 3, Part A*. London: Jessica Kinsley. pp. 191–212.

deShazer, S. (1985) *Keys to Solution in Brief Therapy*. New York: Norton.

de Vries, B. and Lehman, A.J. (1996) 'The complexity of personal narratives', in J.E. Birren, G.M. Kenyon, J.-K. Ruth, J.J.F. Schroots and T. Svensson (eds), *Aging and Biography: Explorations in Adult Development*. New York: Springer. pp. 149–66.

DeWaele, J. and Harre, R. (1976) 'The personality of individuals', in R. Harré (ed.), *Personality*. Oxford: Blackwell.

Docherty, R.W. (1989) 'Post-disaster stress in the emergency rescue services', *Fire Engineers Journal*, August, pp. 8–9.

Dryden, W., Horton, I. and Mearns, D. (1995) *Issues in Professional Counsellor Training*. London: Cassell.

Dryden, W. and Thorne, B. (eds) (1991) *Training and Supervision for Counselling in Action*. London: Sage.

Edelson, M. (1993) 'Telling and enacting stories in psychoanalysis and psychotherapy: implications for teaching psychotherapy', *The Psychoanalytic Study of the Child*, 48: 293–325.

Efran, J.S. (1994) 'Mystery, abstraction, and narrative psychotherapy', *Journal of Constructivist Psychotherapy*, 7: 219–27.

Ehrenhaus, P. (1993) 'Cultural narratives and the therapeutic motif: the political containment of Vietnam veterans', in D.K. Mumby (ed.), *Narrative and Social Control: Critical Perspectives*. London: Sage. pp. 77–96.

Ellenberger, H.F. (1970) *The Discovery of the Unconscious: The History and Evolution of Dynamic Psychiatry*. London: Allen Lane.

Elliott, R. (1991) 'Five dimensions of therapy process', *Psychotherapy Research*, 1: 92–103.

Emde, R.N. and Oppenheim, D. (1995) 'Shame, guilt and the Oedipal Drama: developmental considerations concerning morality and the referencing of critical others', in J.P. Tangnay and K.W. Fischer (eds), *Self-Conscious Emotions: the Psychology of Shame, Guilt, Embarrassment and Pride*. New York: Guilford Press. pp. 413–36.

Enns, C.Z., McNeilly, C.L., Corkery, J.M. and Gilbert, M.S. (1995) 'The debate about delayed memories of child sexual abuse: a feminist perspective', *The Counseling Psychologist*, 23:

tive turn" in psychotherapy and psychiatry', *Social Science and Medicine*, 43 (11): 1569–78.

Brown, P. (1993) 'Psychiatric intake as a mystery story', *Culture, Medicine and Psychiatry*, 17: 255–80.

Brown, G.W. and Harris, T.O. (1978) *Social Origins of Depression: a Study of Psychiatric Disorder in Women*. London: Tavistock.

Bruner, E.M. (1986) 'Ethnography as narrative', in V.W. Turner and E.M. Bruner (eds), *The Anthropology of Experience*. Chicago, IL: University of Illinois Press. pp. 139–55.

Bruner, J.S. (1983) *Child's Talk: Learning to Use Language*. Oxford: Oxford University Press.

Bruner, J.S. (1986) *Actual Minds, Possible Worlds*. Cambridge, MA: Harvard University Press.

Bruner, J.S. (1987) 'Life as narrative', *Social Research*, 54 (1): 11–32.

Bruner, J.S. (1990) *Acts of Meaning*. Cambridge, MA: Harvard University Press.

Bruner, J.S. (1991) 'The narrative construction of reality', *Critical Inquiry*, 18: 1–21.

Bruner, J.S. (1993) 'The autobiographical process', in R. Folkenflik (ed.), *The Culture of Autobiography: Constructions of Self-Representation*. Stanford, CA: Stanford University Press. pp. 38–56.

Bruner, J.S., Goodnow, L.L. and Austin, G.A. (1956) *A Study of Thinking*. New York: Wiley.

Bruner, J.S. and Luciarello, J. (1989) 'Monologue as narrative recreation of the world', in K. Nelson (ed.), *Narratives from the Crib*. Cambridge, MA: Harvard University Press. pp. 73–97.

Bucci, W. (1993) 'The development of emotional meaning in free association: a multiple code theory', in A. Wilson and J.E. Gedo (eds), *Hierarchical Concepts in Psychoanalysis: Theory, Research and Clinical Practice*. New York: Guilford Press. pp. 3–47.

Bucci, W. (1995) 'The power of the narrative: a multiple code account', in J.W. Pennebaker (ed.), *Emotion, Disclosure and Health*. Washington, DC: American Psychological Association. pp. 93–124.

Burke, K. (1966) *Language as Symbolic Action*. Berkeley, CA: University of California Press.

Burke, K. (1969) *A Grammar of Motives*. Berkeley, CA: University of California Press.

Burns, R.B. (1979) *The Self Concept: Theory, Measurement, Development and Behaviour*. London: Longman.

Burton, A. (1965) 'The use of written productions in psychotherapy', in L. Pearson (ed.), *Written Communications in Psychotherapy*. Springs, IL: Thomas.

Cain, C. (1991) 'Personal stories: identity acquisition and self-understanding in Alcoholics Anonymous', *Ethos*, 19: 210–51.

Campbell, J. (1949) *The Hero with a Thousand Faces*. New York: Bollinger.

Carlson, R. (1988) 'Exemplary lives: the uses of psychobiography for theory development', *Journal of Personality*, 56 (1): 105–38.

Cath, C. and Cath, S. (1978) 'On the other side of Oz: psychoanalytic aspects of fairy tales', *The Psychoanalytic Study of the Child*, 33: 621–39.

Cheney, J. (1989) 'Postmodern environmental ethics: ethics as bioregional narrative', *Environmental Ethics*, 11: 117–34.

Clarke, K.M. (1989) 'Creation of meaning: an emotional processing task in psychotherapy', *Psychotherapy*, 26: 139–48.

Clarkson, P. (1995) *The Therapeutic Relationship*. London: Wurr.

Cohen, L.H., Sargent, M.H. and Sechrest, L.B. (1986) 'Use of psychotherapy research by professional psychologists', *American Psychologist*, 41: 198–206.

Cohen, L.J. (1994) 'Phenomenology of therapeutic reading with implications for research and practice of bibliotherapy', *The Arts in Psychotherapy*, 21 (1): 37–44.

Craig, C. (1996) *Out of History: Narrative Paradigms in Scottish and British Culture*. Edinburgh: Polygon.

Crites, S. (1971) 'The narrative quality of experience', *Journal of the American Academy of Religion*, 39: 291–311.

Bamberg, M. (1991) 'Narrative activity as perspective taking: the role of emotionals, negations, and voice in the construction of the story realm', *Journal of Cognitive Psychotherapy*, 5 (4): 275–90.

Barrett-Lennard, G. (1996) 'Carl Rogers' helping system: journey and substance.' Unpublished manuscript.

Bass, E. and Davis, L. (1988) *The Courage to Heal: A Guide for Women Survivors of Child Sexual Abuse*. New York: Harper and Row.

Basso, K.H. (1984) '"Stalking with stories": names, places, and moral narratives among the Western Apache', in E.M. Bruner (ed.), *Text, Play and Story: The Construction and Reconstruction of Self and Society*. Washington, DC: American Ethnological Society. pp. 19–55.

Baumeister, R.F. (1987) 'How the self became a problem: a psychological review of historical research', *Journal of Personality and Social Psychology*, 52 (1): 163–76.

Baumeister, R.F. (1994) 'The crystallization of discontent in the process of major life change', in T.F. Heatherton and J.L. Weinberger (eds), *Can Personality Change?*. Washington, DC: American Psychological Association. pp. 281–97.

Baumeister, R.F., Stillwell, A.M. and Heatherton, T.F. (1995) 'Interpersonal aspects of guilt: evidence from narrative studies', in J.P. Tangnay and K.W. Fischer (eds), *Self-Conscious Emotions: the Psychology of Shame, Guilt, Embarrassment and Pride*. New York: Guilford Press. pp. 255–73.

Benjamin, W. (1969) *Illuminations*. New York: Schocken.

Berger, P. (1983) 'On the obsolescence of the concept of honour', in S. Hauerwas and A. MacIntyre (eds), *Revisions: Changing Perspectives in Moral Philosophy*. Notre Dame, IN: University of Notre Dame Press. pp. 172–81.

Berger, P., Berger, B. and Kellner, H. (1974) *The Homeless Mind*. Harmondsworth: Penguin.

Bergin, A.E. and Garfield, S.L. (1994) (eds), *Handbook of Psychotherapy and Behavior Change*, 4th edn. New York: Wiley.

Bergner, R.M. (1987) 'Undoing degradation', *Psychotherapy*, 24: 25–30.

Bergner, R.M. and Staggs, J. (1987) 'The positive therapeutic relationship as accreditation', *Psychotherapy*, 24: 315–20.

Berne, E. (1975) *What Do You Say After You Say Hello? The Psychology of Human Destiny*. London: Corgi.

Bernstein, B. (1972) 'Social class, language and socialization', in P.P. Giglioli (ed.), *Language and Social Context: Selected Readings*. Harmondsworth: Penguin. pp. 157–78.

Bettelheim, B. (1976) *The Uses of Enchantment: the Meaning and Importance of Fairy Tales*. Harmondsworth: Penguin.

Birren, J.E. and Birren, B.A. (1996) 'Autobiography: exploring the self and encouraging development', in J.E. Birren, G.M. Kenyon, J.-K. Ruth, J.J.F. Schroots and T. Svensson (eds), *Aging and Biography: Explorations in Adult Development*. New York: Springer. pp. 283–99.

Birren, J.E., Kenyon, G.M., Ruth, J.-K., Schroots, J.J.F. and Svensson, T. (eds) (1996) *Aging and Biography: Explorations in Adult Development*. New York: Springer.

Borden, W. (1992) 'Narrative perspectives in psychosocial interventions following adverse life events', *Social Work*, 37: 135–41.

Bozarth, J.D. (1984) 'Beyond reflection: emergent modes of empathy', in R.F. Levant and J.M. Shlien (eds), *Client-Centered Therapy and the Person-Centered Approach: New Directions in Theory, Research and Practice*. New York: Praeger. pp. 59–75.

Bravo, A., Davite, L. and Jalla, D. (1990) 'Myth, impotence, and survival in the concentration camps', in R. Samuel and P. Thompson (eds), *The Myths We Live By*. London: Routledge. pp. 95–110.

Brewer, W.F. and Lichtenstein, E.H. (1982) 'Stories are to entertain: a structural–affect theory of stories', *Journal of Pragmatics*, 6: 473–86.

Brown, B., Nolan, P., Crawford, P. and Lewis, A. (1996) 'Interaction, language and the "narra-

引用・参考文献

Abramovitch, H. (1986) 'There are no words: two Greek-Jewish survivors of Auschwitz', *Psychoanalytic Psychology*, 3: 201–16.

Albee, G.W. (1977) 'The Protestant ethic, sex and psychotherapy', *American Psychologist*, 32: 150–61.

Alcoff, L. and Gray, L. (1991) 'Survivor discourse: transgression or recuperation?', *Signs: Journal of Women in Culture and Society*, 18: 260–90.

Andersen, T. (1992) 'Reflections on reflecting with families', in S. McNamee and K.J. Gergen (eds), *Therapy as Social Construction*. London: Sage. pp. 54–68.

Anderson, H. and Goolishian, H. (1992) 'The client is the expert: a not-knowing approach to therapy', in S. McNamee and K.J. Gergen (eds), *Therapy as Social Construction*. London: Sage. pp. 25–39.

Angus, L.E. (1992) 'Metaphor and communication interaction in psychotherapy: a multimethodological approach', in S.G. Toukmanian and D.L. Rennie (eds), *Psychotherapy Process Research: Paradigmatic and Narrative Approaches*. London: Sage. pp. 187–210.

Angus, L. (1996a) 'Narrative and psychotherapy: a multiperspectival approach'. Paper delivered to the Annual Convention of the American Psychological Association, Toronto, August 1996.

Angus, L. (1996b) 'An intensive analysis of metaphor themes in psychotherapy', in J.S. Mio and A. Katz (eds), *Metaphor: Pragmatics and Applications*. New York: Erlbaum. pp. 73–84.

Angus, L. and Hardtke, K. (1994) 'Narrative processes in psychotherapy', *Canadian Psychology*, 35 (2): 190–203.

Angus, L. and Rennie, D. (1988) 'Therapist participation in metaphor generation: collaborative and noncollaborative styles', *Psychotherapy*, 25: 552–60.

Angus, L. and Rennie, D.L. (1989) 'Envisioning the representational world: the client's experience of metaphoric expression in psychotherapy', *Psychotherapy*, 26: 372–9.

Ariès, P. (1962) *Centuries of Childhood*. New York: Knopf.

Aveline, M.O. (1986) 'The use of written reports in brief group psychotherapy training', *International Journal of Group Psychotherapy*, 36: 477–82.

Averill, J.R. (1991) 'Emotions as episodic dispositions, cognitive schemas, and transitory social roles: steps toward an integrated theory of emotion', in A.J. Stewart, J.M. Healy, jr. and D. Ozer (eds), *Approaches to Understanding Lives. Perspectives in Personality Vol. 3, Part A*. London: Jessica Kinsley. pp. 139–67.

Bagarozzi, D.A. and Anderson, S.A. (1989) *Personal, Marital and Family Myths: Theoretical Formulations and Clinical Strategies*. New York: Norton.

Bakan, D. (1966) *The Duality of Human Existence: Isolation and Communion in Western Man*. Boston, MA: Beacon Press.

Bakan, D. (1976) 'Politics and American psychology', in K. Riegel (ed.), *Psychology: Theoretical–Historical Perspectives*. New York: Springer. pp. 87–99.

Baker, S.B., Daniels, T.G. and Greeley, A.T. (1990) 'Systematic training of graduate-level counselors: narrative and meta-analytic reviews of three programmes', *Counseling Psychologist*, 18: 355–421.

ハ行

マ行

ヤ行

ラ行

タ行

ナ行

事項索引

256, 277

マ行

マーラー（Mahrer, A. R.）　186
マイケルズ（Michaels, S.）　93
マイケンバウム（Meichenbaum, D.）　30, 130, 135, 137
マクアダムス（McAdams, D. P.）　117-121, 268
マクニール（McNeill, J. T.）　15
マクマレイ（Macmurray, J.）　172, 211, 212
マクレオッド（Mcleod, J.）　70, 271
マッキンタイア（MacIntyre, A.）　7, 49, 51, 175, 176, 232, 291, 297-299
マッケイブ（McCabe, A.）　93
マッソン（Masson, J. M.）　292
マホーニー（Mahoney, M. J.）　30
マンドラー（Mandler, J. M.）　90
ミナミ（Minami, M.）　93
ムルハーン（Mulhern, S.）　286, 287
メイザー（Mazor, A.）　289
メイヤー（Mair, M. ）　201, 266, 267, 287
メスメル（Mesmer, A.）　21
モレノ（Moreno, J. L.）　30
モロー-ブラッドレイ（Morrow-Bradley, C.）　31

ヤ行

ヤング（Young, D. M.）　229
ユング（Jung, C. G.）　22, 24, 30, 41

ラ行

ライス（Rice, L. N.）　220
ラザルス（Lazarus, R. S.）　79
ラシター（Lassiter, C.）　299, 300
ラッセル（Russell, R. L.）　132, 133, 138, 139, 143, 144, 268
ラハド（Lahad, M.）　106
ラパポート（Rappaport, J.）　277
ラボフ（Labov, W.）　89, 91
ラング（Lange, A.）　44, 145
ランゲンホフ（van Langenhove, L.）　231
ランジュリエ（Langellier, K. M.）　204, 205, 264
ランドリン（Landrine, H.）　87
リースマン（Riessman, C. K.）　92, 93
リービッヒ（Lieblich, A.）　271
リヒテンシュタイン（Lichtenstein, E. H.）　90
リンゼイ-ハーツ（Lindsay-Hartz, J.）　79, 80, 182, 271
リンチ（Lynch, G.）　52, 258, 275
ルイス（Lewis, H. B.）　182, 183, 271
ルービン（Rubin, R. J.）　150
ルキンスキー（Lukinsky, J.）　145
ルボルスキー（Luborsky, L.）　107, 108, 110, 121
レヴィ・ストロース（Lévi-Strauss, C. G.）　41
レニー（Rennie, D. L.）　140-142, 144, 221, 268, 270
ローガン（Logan, R. D.）　170
ローゼンバウム（Rosenbaum, R.）　276
ローゼンワルド（Rosenwald, G. C.）　146
ローティ（Rorty, R.）　270
ロジャーズ（Rogers, C. R.）　3, 14, 26, 30, 41, 84, 169, 185
ロシュ（Rosch, E.）　96
ロッジ（Lodge, D.）　240-242, 259
ロロ・メイ（May, R.）　86

ワ行

ワイナー（Wiener, W.）　146
ワレツキー（Waletzky, J.）　89, 91

ナ行

ナイツ（Knights, B.） 266
ナイメイヤー（Neimeyer, R. A.） 65, 95

ハ行

バーガー（Berger, P.） 20
パーカー（Parker, I.） 275
バーギン（Bergin, A. E.） 268
バーク（Burke, K.） 90, 133
バーグナー（Bergner, R. M.） 185
ハートキー（Hardtke, K.） 139, 140, 143, 144
ハーバー（Harber, K. D.） 148, 191
パール（Peale, N. V.） 283
パールズ（Perls, F. S.） 30
バーレット-レナード（Barrett-Lennard, G.） 26
バーン（Berne, E.） 107, 112
バーンスタイン（Bernstein, B.） 75
バイヤー（Beier, E. G.） 229
バインダー（Binder, J. L.） 108
ハウ（Howe, D.） 181
バウマイスター（Baumeister, R. F.） 77, 170
バガロッズィ（Bagarozzi, D. A.） 113
バス（Bass, E.） 292
バッソ（Basso, K. H.） 293-295
パットナム（Putnam, J. J.） 22
バラマウトソー（Balamoutsou, S.） 70, 271
パリー（Parry, A.） 237
ハリス（Harris, T. O.） 192
ハルモス（Halmos, P.） 20
ハレ（Harre, R.） 231
ハワード（Howard, G. S.） 94
バンデューラ（Bandura, A.） 130
バンバーグ（Bamberg, M.） 264
ハンフリーズ（Humphreys, K.） 44
ピアジェ（Piaget, J.） 54
ビーティー（Beattie, O. V.） 87
ヒル（Hill, C. E.） 214, 218
ヒルマン（Hillman, J.） 32, 114
ビレン（Birren, B. A.） 277
ビレン（Birren, J. E.） 277
フーコー（Foucault, M.） 176, 187, 285
ブッチ（Bucci, W.） 121-124, 209, 211
ブラウン（Brown, P.） 192
フランク（Frank, J. D.） 16, 267
フランクフルト（Frankfurt, M.） 180, 219
ブリル（Brill, A. A.） 22
ブルーナー（Bruner, J. S.） 53, 54, 62-68, 70, 90, 94, 103, 138, 164, 167, 176, 213, 270
ブルーワー（Brewer, W. F.） 90
フロイト（Freud, S.） 3, 22-24, 26, 28, 30, 32, 41, 43, 44, 107, 112-115, 124, 159-161, 287
ベイカン（Bakan, D.） 26, 119
ペイビオ（Paivio, A.） 122
ペイン（Payne, M.） 169
ベック（Beck, A. T.） 30, 130
ベッテルハイム（Bettelheim, B.） 112
ペネベイカー（Pennebaker, J. W.） 33, 146-150, 191, 192, 213
ペン（Penn, P.） 180, 219
ポーキングホーン（Polkinghorne, D. E.） 84-86, 158, 299
ホームズ（Holmes, J.） 160, 161
ホーリーフィールド（Holifield, E. B.） 13, 14, 21, 22
ホール（Hall, C.） 22
ホグマン（Hogman, F.） 289
ボザルス（Bozarth, J. D.） 152
ホフマン（Hoffman, L.） 196
ポランニー（Polanyi, L.） 89
ポリカストロ（Policastro, M.） 89
ホワイト（White, M.） vii, 164-169, 176, 179, 187, 188, 225, 228, 236,

サ行

タ行

人名索引

監訳者紹介

下山晴彦（しもやま　はるひこ）

1957年　静岡県に生まれる
1980年　東京大学教育学部卒業
1983年　東京大学大学院教育学研究科博士課程中退
現　在　東京大学大学院臨床心理学コース教授，博士（教育学）
（専攻　臨床心理学）
主要著訳書　『臨床心理学の理論と実際』東京大学出版会 1997，『心理臨床の発想と実践』岩波書店 2000，デビソン，ニール『異常心理学』（共訳）誠信書房 1998，ヘイヴンズ『心理療法におけることばの使い方』誠信書房 2001，『講座臨床心理学 全6巻』（編著）東京大学出版会 2001-2002，マツィリア，ホール編『専門職としての臨床心理士』（編訳）東京大学出版会 2003，『臨床心理学全書 全13巻』（共監修）誠信書房 2004，『心理学の新しいかたち 全11巻』誠信書房 2004-2006，ブルック，ボンド『認知行動療法ケースフォーミュレーション入門』（編訳）金剛出版 2006，デビソン，ニールほか『テキスト臨床心理学 4 巻——精神病と物質関連障害』（編訳）誠信書房 2006，『テキスト臨床心理学 3 巻——不安と身体関連障害』（編訳）誠信書房 2007，他

訳者紹介

野村晴夫（のむら　はるお）

1970年　東京都に生まれる
1993年　東京大学文学部卒業
2003年　東京大学大学院教育学研究科博士課程単位取得退学
現　在　北海道教育大学教育学部助教授
著訳書　『専門職としての臨床心理士』（共訳）東京大学出版会 2003，『よくわかる臨床心理学』（共著）ミネルヴァ書房 2003，『心理学の新しいかたち 9 巻　臨床心理学の新しいかたち』（共著）誠信書房 2004，『心理学の新しいかたち 6 巻　発達心理学の新しいかたち』（共著）誠信書房 2005

ジョン・マクレオッド
物語りとしての心理療法——ナラティヴ・セラピィの魅力

2007年3月15日　第1刷発行

監訳者　下　山　晴　彦
発行者　柴　田　淑　子
印刷者　西　澤　利　雄

発行所　株式会社　誠　信　書　房
〒112-0012　東京都文京区大塚3-20-6
電話　03（3946）5666
http://www.seishinshobo.co.jp/

あづま堂印刷　協栄製本　落丁・乱丁本はお取り替えいたします
検印省略　無断で本書の一部または全部の複写・複製を禁じます
©Seishin Shobo, 2007
Printed in Japan
ISBN978-4-414-41423-3 C3011

心理学の新しいかたち①

心理学論の新しいかたち

ISBN4-414-30152-1

下山晴彦編著

本書は、従来の科学至上主義を超え、科学的知の相対性を認め、他の思考に開かれた発想で人間の心の在り方を横断的に探ることを目指している。学問のアイデンティティ、将来像について、心理学以外の分野で活躍中の第一線の研究者も加わり、持論を展開する。

目　次

A5判並製　定価(本体3200円＋税)

心理学の新しいかたち ⑨

臨床心理学の新しいかたち

ISBN4-414-30160-2

下山晴彦編著

日本の臨床心理学は独自の歴史と伝統に基づいて発展してきた。それはスクールカウンセラーを始めとしてさまざまな社会的場面で活用されている。それを受けて専門活動としてのアカウンタビリティを社会に提示することを目指して本巻が編まれた。

目　次

A5判並製　定価(本体3200円＋税)

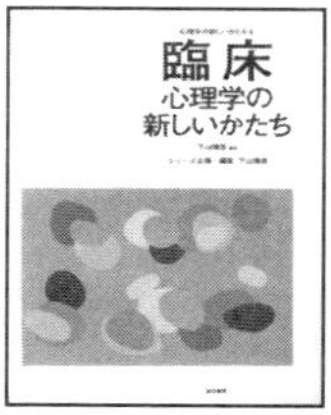

臨床心理学全書 第４巻

臨床心理実習論

ISBN4-414-41324-9

下山晴彦編

日本の臨床心理学の伝統を基礎にしつつも，学派の違いを越えて活動内容やレベルを一定以上に保つための教育訓練プログラムを確立することを目指し，臨床心理学の教育と訓練のモデルを提示した書。大学院における教育訓練のカリキュラムを構成する際に役立つ。

目次

B5判並製　定価(本体5100円＋税)

悲しみに言葉を

喪失とトラウマの心理学

ISBN4-414-30296-X

ジョン・H.ハーヴェイ著　安藤清志監訳

人生は大なり小なりの喪失に満ちている。人が体験する喪失感は，共感的な聞き手に話すことによって癒される。近親者の死，老化，病気や貧困など，あらゆる喪失を論じ，それを乗り超えて，生きる希望を見出している。

目次

A5判並製　定価(本体3800円＋税)

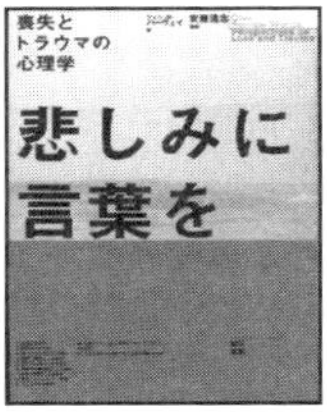

テキスト臨床心理学3

不安と身体関連障害

ISBN978-4-414-41343-4

G.C. デビソン他著　下山晴彦編訳

パニック障害など［心の問題］とエイズ・拒食／過食症などの［身体の問題］を病気ごとに取り上げる。個々の特徴・最新の治療法・防止法まで目を配り，理解を深める助けとする。

目　次

B5判並製　定価(本体3200円＋税)

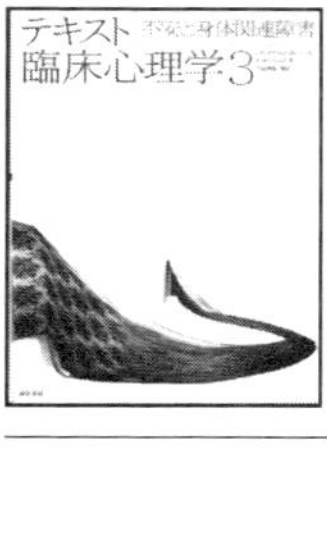

テキスト臨床心理学4

精神病と物質関連障害

ISBN978-4-414-41344-1

G.C. デビソン他著　下山晴彦編訳

DSM- Ⅳ -TR の診断基準に基づいた徹底した症例の分類と，それに対する介入法・成果・問題点が丁寧かつ豊富な情報量で解説される。SAD，エイズ，自殺など，社会問題と風俗を精力的にピックアップし，現代臨床心理学のデータベースとしても申し分ない。

目　次

B5判並製　定価(本体3200円＋税)